Las trampas del dinero

Psicología

Biografía

Daniel Ariely Nació en Nueva York en 1968. De nacionalidad israelí fue soldado y tuvo que abandonar a causa de un accidente que le causó graves quemaduras. Estudió Física y Matemáticas en la Universidad de Tel Aviv, y posteriormente Filosofía. Viajó a Estados Unidos obteniendo un master en Psicología Cognitiva en la Universidad de Carolina del Norte, doctorándose en Negocios en la Universidad de Duke, en la que posteriormente ha sido profesor de Economía de Conducta. Es jefe del grupo de investigación eRationality en el Media Lab del Instituto Tecnológico de Massachussets. Publica en numerosas revistas académicas y en periódicos tales como *The New York Times*, *Wall st. Journal*, *The New Yorker* y *Scientific American*, e interviene en programas de radio y televisión en Nacional Public Radio, CNN y CNBC.

Dan Ariely y Jeff Kreisler
Las trampas del dinero
Cómo controlar tus impulsos, gastar con inteligencia y vivir mejor

Traducción de de Iván Barbeitos

Ariel

Obra editada en colaboración con Editorial Planeta – España

Título original: *Dollars and Sense*

Diseño de portada: Milan Bozic
Adaptación de portada: Planeta Arte & Diseño

© 2017, Dan Ariely
© 2017, Jeff Kreisler

© 2018, Traducción: Iván Barbeitos García

© 2018: Editorial Planeta, S. A.- Barcelona, España
Derechos exclusivos de edición en español reservados para todo el mundo
y propiedad de la traducción.

Derechos reservados

© 2020, Ediciones Culturales Paidós, S.A. de C.V.
Bajo el sello editorial PAIDÓS M.R.
Avenida Presidente Masarik núm. 111,
Piso 2, Polanco V Sección, Miguel Hidalgo
C.P. 11560, Ciudad de México
www.planetadelibros.com.mx
www.paidos.com.mx

Primera edición impresa en España: abril de 2018
ISBN: 978-84-344-2758-7

Primera edición impresa en México en Booket: febrero de 2020
ISBN: 978-607-747-858-4

Impreso en los talleres de Litográfica Ingramex, S.A. de C.V.
Centeno núm. 162-1, colonia Granjas Esmeralda, Ciudad de México
Impreso en México –*Printed in Mexico*

AL DINERO

Por las cosas maravillosas que hace *por* nosotros, las cosas horribles que nos hace *a* nosotros, y todo el espacio gris que hay entre unas cosas y otras.

Índice

Introducción

En 1975, Bob Eubanks presentó durante un tiempo un concurso de televisión llamado *The Diamond Head Game*.* Grabado en Hawái, este concurso tenía una fase de bonificación bastante peculiar denominada «El volcán del dinero», en la que los concursantes tenían que entrar en una gran urna de cristal que se transformaba en un furioso túnel de viento lleno de dinero. Los billetes volaban, giraban y se arremolinaban alrededor de cada concursante, que debía esforzarse por atrapar todos los que pudiera antes de que se acabase el tiempo. Los participantes se volvían completamente locos dentro del volcán del dinero, estirándose, agarrando, dando vueltas y moviendo espasmódicamente sus brazos en el tornado de billetes. Era digno de ver: estaba meridianamente claro que, durante los quince segundos que duraba la prueba, no había nada en el mundo más importante que el dinero.

En cierto modo, todos estamos metidos en el volcán del dinero. Es cierto que jugamos de una manera menos intensa y visible, pero sin duda hemos jugado, y han jugado con nosotros, durante muchos años y de incontables formas. La mayoría de nosotros pensamos en el dinero duran-

---

* Lit. «El juego de la cabeza de diamante». Cabeza de Diamante es uno de los conos volcánicos más conocidos de Hawái, ubicado junto a la capital, Honolulú. (*N. del t.*)

te gran parte del tiempo: cuánto tenemos, cuánto necesitamos, cómo ganar más, cómo conservar el que tenemos, y cuánto ganan, gastan y ahorran nuestros vecinos, amigos y colegas. Lujos, facturas, oportunidades, libertad, estrés: el dinero afecta a todas y cada una de las facetas de la vida moderna, desde los presupuestos familiares a las políticas nacionales, pasando por las listas de la compra y las cuentas de ahorro.

Y, dado que el mundo financiero se vuelve progresivamente más sofisticado, que se crean hipotecas, préstamos y seguros cada vez más complejos, que vivimos más y más tras nuestra jubilación, y que nos encontramos con nuevas tecnologías financieras, opciones financieras más elaboradas y mayores retos financieros, cada vez tenemos más cosas en las que pensar.

El hecho de pensar mucho en el dinero sería algo positivo si gracias a ello tomásemos mejores decisiones, pero por desgracia no es así. En realidad, las malas decisiones en relación con el dinero son uno de los sellos distintivos de la humanidad. Somos geniales a la hora de arruinar nuestras vidas financieras. Enhorabuena, compañeros humanos: somos los mejores.

Consideremos las siguientes cuestiones:

➢ ¿Hay alguna diferencia entre pagar con tarjeta de crédito o en efectivo? En ambos casos gastamos lo mismo, ¿no? Lo cierto es que varios estudios demuestran que estamos más dispuestos a pagar más cuando lo hacemos con tarjeta de crédito: hacemos compras más caras y dejamos más propinas. Además, es más probable que subestimemos o nos olvidemos de cuánto gastamos al utilizar el método de pago más usado, que sin duda adivinarán: las tarjetas de crédito.

➢ ¿Cuál es la mejor opción? ¿Un cerrajero que abre una puerta en dos minutos y nos cobra 100 dólares, o uno que tarda una hora y cobra los mismos 100 dólares? La mayoría de la gente piensa que la del que tarda más es la mejor, ya que se ha esforzado más y el precio del servicio por hora es menor. Sin embargo, ¿qué pasa si el cerrajero más lento tuvo que hacer varios intentos, rompiendo varios instrumentos antes de tener éxito, y por ello nos cobra 120 dólares en vez de 100? Curiosamente, la mayoría de la gente sigue pensando que este cerrajero es mejor que el más rápido, aunque nos haya hecho perder una hora de nuestro tiempo por su incompetencia.

➤ ¿Ahorramos lo suficiente para nuestra jubilación? ¿Realmente sabemos, aunque sea vagamente, cuánto habremos ganado y ahorrado para entonces, cómo habrán crecido nuestras inversiones, o cuáles serán nuestros gastos durante los años que vivamos después? ¿No? Los planes de jubilación nos atemorizan hasta tal punto que, en el conjunto de la sociedad, actualmente ahorramos menos del 10 por ciento de lo que necesitamos, no tenemos ninguna seguridad de estar ahorrando lo suficiente, y estamos convencidos de que tendremos que trabajar hasta los 80 años, incluso aunque nuestra esperanza de vida es de setenta y ocho. Bueno, no llegar a jubilarse es una forma de reducir los costes de jubilación.

➤ ¿Empleamos nuestro tiempo de forma inteligente? ¿O gastamos más tiempo conduciendo en busca de una gasolinera que nos permita ahorrarnos unos pocos céntimos del que empleamos en buscar una hipoteca más barata?

Pensar a todas horas en el dinero no solo no mejora nuestra capacidad para tomar decisiones, sino que a veces el simple hecho de pensar en el dinero nos influye profunda y peligrosamente.[1] El dinero es el principal motivo de divorcio y la primera causa de estrés de los habitantes de Estados Unidos, y está más que demostrado que a la mayoría de la gente le cuesta mucho más resolver sus problemas cuando tiene preocupaciones económicas.[2-4] Un conjunto de estudios pusieron de manifiesto que a menudo los ricos actúan de manera menos ética que el ciudadano medio, especialmente cuando se les recuerda que son ricos, mientras que otro estudio descubrió que el mero hecho de observar imágenes de dinero hace que la gente sea más propensa a robar cosas de su oficina, contratar a un colega sospechoso, o mentir para obtener más dinero.[5, 6] Pensar en dinero nos trastoca la mente.

Dada la importancia del dinero —en nuestras vidas, en la economía y en la sociedad—, y en vista de los desafíos asociados al hecho de pensar en el dinero de manera racional, ¿qué podemos hacer para mejorar nuestra forma de pensar? La respuesta habitual a esta pregunta suele ser «educación financiera», o, por utilizar un término más sofisticado, «alfabetización financiera». Por desgracia, las lecciones de alfabetización financiera, como las relacionadas con la compra de un coche o la búsqueda de una hipoteca, tienden a olvidarse con rapidez, y su impacto a largo plazo en nuestras decisiones es prácticamente nulo.

Por tanto, este libro no pretende «alfabetizarnos financieramente» ni decirnos qué debemos hacer con nuestro dinero cada vez que abramos nuestra cartera. En lugar de esto, lo que haremos será explorar algunos de los errores más comunes que cometemos en relación con el dinero, y, lo que es más importante, por qué cometemos estos errores. De esta forma, cuando nos enfrentemos a nuestra próxima decisión financiera, estaremos más capacitados para comprender los elementos en juego y, con suerte, para tomar mejores decisiones. O al menos decisiones mejor fundamentadas.

En primer lugar, presentaremos a unas cuantas personas y sus historias, mostrando qué fue lo que hicieron en determinadas situaciones financieras, y a continuación explicaremos lo que la ciencia nos dice sobre sus experiencias. Algunas de estas historias son reales, y otras están, como en las películas, «basadas en hechos reales». Algunas de las personas son razonables; otras son estúpidas. Es posible que den la impresión de ajustarse demasiado bien a ciertos estereotipos, porque resaltamos, o incluso exageramos, algunas de sus características con el fin de destacar ciertos comportamientos comunes. Esperamos que todos los lectores sepan reconocer la humanidad, los errores y los presagios de cada una de las historias, y darse cuenta de cuánto se asemejan a nuestras vidas.

Este libro pone de manifiesto cómo pensamos en el dinero y los errores que cometemos al hacerlo. Trata sobre las brechas existentes entre nuestra comprensión consciente del funcionamiento del dinero, la forma en la que realmente lo utilizamos, y cómo deberíamos pensar en el dinero y utilizarlo de manera racional. Explica los desafíos a los que todos nos enfrentamos al razonar sobre el dinero y los errores más comunes que cometemos al gastarlo.

¿Seremos capaces de gastar nuestro dinero más sabiamente después de leer este libro? Por supuesto. Tal vez. Un poco. Es probable.

Como mínimo, creemos que mostrar las complejas fuerzas que se esconden tras las elecciones monetarias que consumen nuestro tiempo y controlan nuestras vidas puede ayudar a mejorar nuestros asuntos financieros. Creemos también que si podemos comprender el impacto del dinero en nuestra forma de pensar seremos capaces de tomar mejores decisiones *no financieras*. ¿Por qué? Porque nuestras decisiones en relación con el dinero afectan a más cosas que al dinero en sí. Los mismos elementos que dan forma a nuestra realidad en el ámbito del dinero también influyen en el resto de los aspectos importantes de nuestra vida: cómo empleamos nuestro tiempo, gestionamos nuestra carrera, aceptamos a otras personas, creamos relaciones, buscamos la felicidad y, en última instancia, entendemos el mundo que nos rodea.

En resumen, este libro pretende que todo sea mejor. ¿Acaso esto no compensa su precio de venta?

Parte I

¿QUÉ ES EL DINERO?

1

No apueste por ello

George Jones* necesita relajarse. Su trabajo es estresante, sus hijos gritan a todas horas y su economía no es precisamente desahogada. Por ello, en un viaje de trabajo a Las Vegas aprovecha para entrar en uno de los casinos. Tras estacionar su coche en un aparcamiento público, gratuito y bien vigilado, se dirige sin prisas y distraído a otro universo, el del casino.

El sonido le saca de su trance: música de los ochenta y de cajas registradoras mezcladas con el tintineo de las monedas y de miles de máquinas tragaperras. Se pregunta cuánto tiempo lleva dentro ya. No hay ningún reloj a la vista, pero a juzgar por los ancianos pegados a sus tragaperras, parece haber pasado toda una vida. Probablemente no hayan pasado más de cinco minutos, por lo que no puede estar muy lejos de la entrada. Sin embargo, no es capaz de ver la entrada... ni la salida... ni ninguna puerta, ni ventana, ni pasillo ni ruta de escape. Solo se ven luces parpadeantes, camareras ligeras de ropa, signos del dólar y gente que está eufórica o deprimida... sin que parezca existir una emoción intermedia.

---

* No nos referimos al cantante, sino a una persona ficticia. En este caso, podemos perfectamente suponer que no sabe cantar, ni siquiera en karaoke.

¿Una partida en las tragaperras? Claro, ¿por qué no? Con la primera moneda está *a punto* de lograr el premio gordo, así que se pasa quince minutos echando una moneda tras otra, persiguiendo el escurridizo premio. No logra alcanzarlo, pero *casi* lo consigue unas cuantas veces.

Cuando se queda sin efectivo, George saca doscientos dólares de un cajero automático —sin preocuparse por la comisión de 3,50 dólares, ya que la compensará de sobra con sus primeras ganancias— y se sienta en la mesa de *blackjack*. A cambio de 10 relucientes billetes de 20 dólares, la crupier le entrega una colorida pila de fichas de plástico rojo. Cada una de ellas lleva grabada por un lado una imagen del casino rodeada de algunas plumas, una flecha y un tipi, y por el otro su valor: 5 dólares; sin embargo, no parecen dinero real, sino más bien juguetes. George se las pasa entre los dedos, repiquetea con ellas sobre la mesa, observa como fluctúan las pilas de los demás y codicia el montón arcoíris de la crupier. George le pide que sea buena con él. «Cariño, nada de esto es mío; si por mí fuera te lo daría todo.»

Una camarera muy guapa y muy simpática entrega a George una copa gratis. ¡¿Gratis?! ¡Genial! Ya se siente un ganador, así que le da una de las fichas de juguete a modo de propina.

George juega, se divierte y se decepciona. Gana un poco, pero pierde más. A veces, cuando la suerte parece sonreírle, dobla su apuesta y arriesga cuatro fichas en vez de dos, o seis en vez de tres. Al final, pierde los 200 dólares. De algún modo, no logra igualar las hazañas de sus compañeros de mesa, que amasan enormes pilas de fichas y al minuto siguiente ya están sacando a relucir grandes fajos de billetes para comprar más. Algunos no pierden el buen humor, otros se enfadan cuando los demás les «pisan su carta», pero ninguno da la impresión de poder permitirse perder 500 o 1.000 dólares en una hora. Sin embargo, es lo que ocurre una y otra vez.

Esa misma mañana, George había vuelto al hotel estando ya a pocos pasos de la cafetería porque podía ahorrarse 4 dólares haciéndose el café en su habitación. Por la noche, sin embargo, había perdido cuarenta fichas de 5 dólares sin pestañear, e incluso había dado una de propina a la crupier por ser tan maja.

¿QUÉ ESTÁ PASANDO AQUÍ?

Los casinos han perfeccionado el arte de separarnos de nuestro dinero, así que debemos reconocer que es un poco tramposo por nuestra parte empezar con este tema. Sin embargo, la experiencia de George nos ofrece ejemplos muy claros de algunos de los errores psicológicos que solemos cometer con el dinero, incluso en entornos menos maliciosos.

A continuación, resumimos algunos de los factores que entran en juego bajo las deslumbrantes y cegadoras luces de los casinos. En los siguientes capítulos profundizaremos en ellos.

Contabilidad mental. A George le preocupa su situación financiera —como lo demuestra su decisión de ahorrarse el dinero del café por la mañana—, y sin embargo se gasta despreocupadamente 200 dólares en un casino. Esta contradicción ocurre en parte porque pone el gasto del casino en una «cuenta mental» distinta a la del gasto del café. Al sacar dinero y convertirlo en fichas de plástico, lo que hace es crear de manera inconsciente un fondo de «entretenimiento», mientras que el café pertenece a los llamados «gastos diarios». Este truco le ayuda a tener una actitud diferente ante los dos tipos de gasto, a pesar de que en realidad proceden de una sola cuenta: «el dinero de George».

El precio de lo gratuito. George está encantado con su aparcamiento y sus bebidas gratis. Ciertamente, no paga por ellas de forma directa, pero todas estas cosas «gratis» consiguen que George entre en el casino de buen humor y afectan a su juicio, por lo que de hecho lo «gratis» acaba teniendo un elevado coste. Hay un dicho que afirma que las mejores cosas de la vida son gratis, y tal vez sea así, pero a menudo lo gratuito acaba siendo caro de maneras imprevistas.

El dolor de pagar. Al utilizar las coloridas fichas del casino para apostar o dar propinas, George no siente que está gastando dinero, sino más bien que está jugando a un juego. Y al no sentir la pérdida de dinero con cada ficha, al no ser plenamente consciente de que lo está gastando, medita menos sus elecciones y tiene menos en cuenta las consecuencias de sus decisiones. Las piezas de plástico no parecen tan reales como los billetes, por lo que las apuesta alegremente.

Relatividad. La propina de 5 dólares que George le da a la camarera —por darle una bebida gratis— y la comisión de 3,50 del cajero automático parecen poca cosa comparadas con las pilas de fichas que le rodean en la mesa de *blackjack* o los 200 dólares que saca del cajero automático. Esas son cantidades de dinero *relativamente* pequeñas, y precisamente porque piensa en ellas en términos relativos le resulta más fácil gastarlas. Unas horas antes, sin embargo, los 4 dólares del café le habían parecido demasiado gasto comparados con los 0 dólares de hacérselo en su habitación del hotel.

Expectativas. Rodeado por la vista y el sonido del dinero —cajas registradoras, luces de neón, signos del dólar—, George casi se cree el mismísimo James Bond, 007, sofisticado y elegante triunfador capaz de vencer tanto a un casino como a un supervillano.

Autocontrol. El juego, por supuesto, es un tema muy serio —incluso una adicción— para mucha gente. Sin embargo, en este caso podemos decir simplemente que George, influido por su estrés, su entorno, el amable servicio y las oportunidades «fáciles», no es capaz de resistirse a la inmediata tentación de las apuestas a cambio del lejano beneficio de disponer de 200 dólares más cuando se jubile.

Podría parecer que todos estos errores están específicamente asociados a los casinos, pero lo cierto es que el mundo se parece mucho más a un casino de lo que estamos dispuestos a reconocer. De hecho, en 2016, Estados Unidos incluso eligió al propietario de un casino como presidente. Aunque no todos optamos por huir del estrés apostando en un casino, sí nos solemos enfrentar a situaciones similares de toma de decisiones en las que intervienen factores como la contabilidad mental, la búsqueda de lo barato, el dolor de pagar, la relatividad y el autocontrol, entre muchos otros. Los errores cometidos por George en el casino también se cometen en muchos aspectos de la vida diaria, y están estrechamente relacionados con nuestra mala comprensión de la naturaleza del dinero.

Aunque la mayoría de nosotros creemos entender correctamente el concepto del dinero, la sorprendente verdad es que muchas veces no entendemos qué es, qué hace por nosotros, ni, más sorprendente aún, qué nos hace a nosotros.

2

La oportunidad llama a su puerta

Así pues, ¿qué es exactamente el dinero? ¿Qué hace por nosotros y cómo nos afecta?

Está claro que George no pensó en nada de esto en el casino, y el resto de nosotros tampoco pensamos mucho en ello, si es que alguna vez lo consideramos siquiera. Sin embargo, es importante plantearse estas cuestiones, pues constituyen un buen punto de partida.

El dinero representa *VALOR*. El dinero en sí mismo no vale nada, pero representa el valor de aquellas cosas que podemos conseguir con él. Es una especie de mensajero del valor.

¡Genial! El dinero permite hacer una valoración de los bienes y servicios, lo cual a su vez facilita su intercambio. A diferencia de nuestros ancestros, no tenemos que emplear mucho tiempo negociando, regateando, saqueando o expoliando para poder satisfacer nuestras necesidades básicas, lo cual es bueno, ya que muy pocos sabemos manejar la ballesta o la catapulta.

El dinero posee ciertas características especiales que lo hacen especialmente útil:

- ➤ Es **general**: Lo podemos intercambiar por casi todo.
- ➤ Es **divisible**: Puede emplearse para comprar casi cualquier producto, independientemente de su tamaño.

➢ Es **fungible**: No necesitamos tener una moneda concreta o un billete determinado, ya que ambas cosas pueden reemplazarse por otras del mismo valor. Un billete de 10 dólares puede cambiarse por cualquier otro billete de 10 dólares, sin importar dónde y cómo se haya conseguido.

➢ Es **almacenable**: Puede utilizarse en cualquier momento presente o futuro. El dinero no envejece, ni se estropea, ni se pudre, al contrario que los coches, los muebles, los productos orgánicos o las camisetas de la universidad.

En otras palabras, cualquier cantidad de dinero puede utilizarse en cualquier momento para comprar (casi) todo. Este hecho esencial nos ha ayudado a los humanos —*Homo irrationalis*— a dejar de negociar entre nosotros de forma directa, y a utilizar un símbolo —el dinero— para intercambiar bienes y servicios de manera mucho más eficiente. A su vez, esto proporciona al dinero su característica más destacada e importante: es un *BIEN COMÚN*, lo que significa que puede ser utilizado por cualquiera y para (casi) cualquier cosa.

Considerando todas estas características, resulta fácil darse cuenta de que sin el dinero no existiría la vida moderna tal y como la conocemos. El dinero nos permite ahorrar, probar cosas nuevas, compartir y especializarnos, es decir, convertirnos en profesores, artistas, abogados o granjeros. El dinero nos libera para poder emplear nuestro tiempo y nuestro esfuerzo en la realización de toda clase de actividades, explorar nuestros talentos y pasiones, aprender cosas nuevas y disfrutar del arte, el vino y la música, que probablemente no existirían sin el dinero.

El dinero ha influido en la condición humana tanto o más que cualquiera de los otros grandes avances de la humanidad: más que la rueda, la imprenta, la electricidad o incluso la televisión.

Aunque es importante reconocer la importancia y la utilidad del dinero, no podemos olvidar que, lamentablemente, algunos de sus beneficios son también fuente de desgracias, creando no pocas dificultades. Tal y como dijo el gran filósofo Notorious B.I.G. «Más dinero, más problemas».

Para indagar en las bendiciones y maldiciones del dinero —pues efectivamente son dos caras de la misma moneda, si se nos permite el juego de palabras— pensemos en su naturaleza general. No cabe duda de que la posibilidad de cambiar dinero por una variedad casi infinita de cosas es algo crucial y maravilloso, pero ello también significa que la complejidad a la hora de tomar decisiones en relación con el dinero es increíblemente elevada.

A pesar de lo que dice el popular refrán, lo cierto es que comparar peras con manzanas es bastante fácil. Si nos encontramos junto a un frutero que contiene una manzana y una pera, en todo momento sabríamos decir cuál de las dos queremos exactamente. Sin embargo, si hay dinero de por medio, y tenemos que decidir si estamos dispuestos a pagar 1 dólar o 50 céntimos por una manzana, la decisión se vuelve más difícil. Y si el precio de la manzana es de 1 dólar y el de la pera de 75 céntimos, la dificultad aumenta todavía más. ¡Cada vez que se introduce el dinero en *cualquier* decisión, tal decisión se vuelve más compleja de lo que era!

OPORTUNIDADES PERDIDAS

¿Por qué resultan más complicadas las decisiones monetarias? Por los llamados *COSTES DE OPORTUNIDAD*.

Cuando tenemos en cuenta las especiales características del dinero —que es general, divisible, fungible, almacenable, y, especialmente, un bien común— queda claro que podemos hacer casi cualquier cosa con él. Sin embargo, el hecho de que podamos hacer *casi todo* no significa que podamos hacerlo *todo*: tenemos que elegir, hacer sacrificios, escoger qué es lo que *no* vamos a hacer. Esto significa que, de forma consciente o inconsciente, cada vez que utilizamos el dinero tenemos que considerar los costes de oportunidad.

Los costes de oportunidad son alternativas. Son las cosas a las que renunciamos, en el presente o en el futuro, para poder hacer algo. Representan las oportunidades que sacrificamos cuando tomamos una decisión.

Cuando pensamos en el coste de oportunidad del dinero *deberíamos* pensar que el dinero que gastamos en una cosa no lo podemos gastar en otra, ni ahora ni en cualquier momento posterior.

Imaginemos nuevamente que nos encontramos frente a un frutero, pero que vivimos en un mundo en el que solo existen dos productos: una manzana y una pera. El coste de oportunidad de comprar la manzana es renunciar a la pera, y el coste de oportunidad de comprar la pera es renunciar a la manzana.

De manera similar, los 4 dólares que nuestro amigo del casino George podría haberse gastado en un café también podrían haber pagado un viaje en autobús, o parte de una comida, o un sándwich en las reuniones de Ludópatas Anónimos a las que probablemente tendría que asistir en pocos años. Si se hubiese tomado el café, no habría renunciado a 4 dólares, sino a las oportunidades que esos dólares le hubieran proporcionado comprando otra cosa, en el momento o en el futuro.

Con el fin de se pueda hacer una idea más clara tanto de la importancia del coste de oportunidad como de por qué no solemos tenerlo en cuenta como merece, imagine que cada lunes recibe 500 dólares y que ese es todo el dinero que tiene para gastar durante esa semana. Es muy posible que los primeros días no se preocupe demasiado por las consecuencias de sus decisiones, que no se dé cuenta de a qué está renunciando cuando sale a cenar fuera una noche o se compra esa camisa tan bonita a la que había echado el ojo. Sin embargo, los 500 dólares van desapareciendo, y cuando llega el viernes se da cuenta de que solo le quedan 43 dólares para tres días. Es entonces cuando queda muy claro que el coste de oportunidad es muy real, y que lo que gastó al principio de la semana afecta directamente a lo que puede gastar al final de la misma. Sus decisiones de salir a cenar, tomar una copa o comprar la camisa tan elegante el lunes le deja muy pocas opciones el domingo, cuando solo puede permitirse comprar el periódico o un bocadillo de queso, pero no ambas cosas. El lunes existía un coste de oportunidad que tenía que haber considerado, pero no era evidente; el domingo, sin embargo, está más claro que el agua, pero ya es demasiado tarde (aunque, mirándolo por el lado bueno, al menos tendrá aspecto de intelectual al sentarse a leer el periódico con el estómago vacío).

Así pues, recalquemos que los costes de oportunidad *deberían* tenerse en cuenta a la hora de tomar decisiones financieras. Deberíamos considerar las alternativas a las que renunciamos al optar por gastar dinero ahora, pero lo cierto es que nunca pensamos en ellas lo suficiente, si es que lo hacemos alguna vez. Este es el principal error que cometemos con el dinero, y también la razón por la que incurrimos en muchos otros errores. Son los inestables cimientos sobre los que construimos nuestras casas financieras.

UNA MAYOR AMPLITUD DE MIRAS

Los costes de oportunidad no se restringen al ámbito de las finanzas personales, sino que también operan a nivel global, y así lo señaló el presidente Dwight Eisenhower en un discurso de 1953 sobre la carrera armamentística:

Cada pistola fabricada, cada buque de guerra botado, cada cohete lanzado supone, en última instancia, un robo a aquellos que tienen hambre y no tienen qué comer, a aquellos que tienen frío y no tienen ropa de abrigo. Un mundo tan armado como el actual no gasta solo dinero, sino que también gasta el sudor de sus trabajadores, el genio de sus científicos, las esperanzas de sus niños. El coste de un avión bombardero moderno es este: una escuela nueva en más de treinta ciudades; o dos plantas de energía eléctrica para abastecer sendas ciudades de 60.000 habitantes; o dos hospitales totalmente equipados; u ochenta kilómetros de carreteras bien asfaltadas. Pagamos por un único avión de guerra lo que cuestan 500.000 fanegas de trigo. Pagamos por un único destructor lo que hubiera permitido construir casas para más de 8.000 personas.

Afortunadamente, la mayoría de nuestras relaciones con el coste de oportunidad están más relacionadas con el precio de una manzana que con el de una guerra.

Hace unos años, Dan y un asistente de investigación se presentaron en un concesionario de Toyota y preguntaron a los presentes a qué tendrían que renunciar si se comprasen coche nuevo. Casi ninguno fue capaz de responder. Ninguno de los posibles compradores había dedicado un tiempo significativo a considerar que los miles de dólares que estaban a punto de gastarse en un coche podían haberse empleado en otras cosas. Seguidamente, Dan les presionó un poco más con otra pregunta: ¿qué productos y servicios concretos no podrían adquirir si finalmente se compraban un Toyota? La mayoría respondió que no podrían comprar un Honda, o alguna otra sustitución sencilla. Muy pocos contestaron que no podrían ir a España ese verano ni a

Hawái el verano siguiente, o que no podrían salir a comer a un buen restaurante dos veces al mes durante varios años, o que estarían pagando los préstamos para la universidad durante cinco años más. Parecían ser incapaces o reticentes a pensar en el dinero que estaban a punto de gastarse en términos de su potencial capacidad para comprar una serie de experiencias o productos durante un tiempo en el futuro. Esto se debe a que el dinero es un concepto tan abstracto y general que nos resulta muy difícil imaginar o calcular los costes de oportunidad. En la práctica, lo único que tenemos en mente cuando gastamos dinero es aquello que deseamos comprar.

Nuestra incapacidad para considerar los costes de oportunidad, así como nuestra resistencia general a tenerlos en cuenta, no se limita a la compra de coches, pues en realidad casi nunca comprendemos las alternativas plenamente. Y, por desgracia, cuando no tenemos en cuenta los costes de oportunidad, lo más probable es que nuestras decisiones no sean las mejores.

Veamos un experimento sobre la compra de un equipo de música, realizado por Shane Frederick, Nathan Novemsky, Jing Wang, Ravi Dhar y Stephen Nowlis, y recogido en un artículo académico con un título muy apropiado: «El descuido de los costes de oportunidad». En este experimento, un grupo de participantes tenía que elegir entre un equipo de Pioneer valorado en 1.000 dólares y otro de Sony valorado en 700 dólares, mientras que un segundo grupo debía elegir entre pagar los 1.000 dólares por el equipo de Pioneer o destinar los 1.000 dólares a un paquete que incluía el equipo de Sony *más* un cheque de 300 dólares, que únicamente podía gastarse en discos compactos.

En realidad, ambos grupos tenían que elegir entre diferentes formas de gastarse 1.000 dólares. El primer grupo tenía que decidir entre gastarse todo en un equipo Pioneer o dedicar 700 a un Sony y 300 a otras cosas, y el segundo, entre todo en un Pioneer o 700 en un Sony más 300 en música. Los resultados revelaron que el equipo de Sony resultaba más atractivo si iba acompañado de los 300 dólares en discos compactos que si se vendía solo. ¿Y que tiene esto de extraño? Pues que, estrictamente hablando, 300 dólares sin restricciones deberían tener más valor que 300 dólares que han de gastarse necesariamente en música, ya que con ellos podemos comprar cualquier cosa de ese importe, incluso discos compactos. Pese a ello, cuando los 300 dólares se vinculaban a la compra de música, los participantes en el experimento los encontraban más atractivos, y la razón es que 300 dólares en discos compactos es una opción mucho más concreta y definida que 300 dólares en «otras cosas». En el supuesto de los 300 dólares en discos compactos sabemos perfectamente qué estamos obteniendo, pues es algo tangible y fácil de valorar. Sin embargo, cuando los 300 dólares son abstractos y generales, no solemos tener en mente ninguna imagen concreta de en qué vamos a gastarlos, y por ello las fuerzas emotivas y motivadoras son menos poderosas. Este es solo un ejemplo de cómo cuando pensamos en el dinero de manera general tendemos a subestimar su valor respecto del que le damos cuando disponemos de una representación concreta de ese mismo dinero.[1]

Es verdad que en este ejemplo se utilizan discos compactos, que hoy en día es como pensar en la eficiencia energética de un estegosaurio, pero lo que importa es el fondo de la cuestión: la mayoría de las veces la gente se sorprende cuando se le recuerda que existen formas alternativas de gastarse el dinero, por ejemplo, en unas vacaciones o en un montón de discos compactos. Esta sorpresa sugiere que la gente no suele contemplar diferentes alternativas, y si no lo hace es imposible tener en cuenta los costes de oportunidad.

Esta tendencia a descuidar los costes de oportunidad muestra que nuestra forma de pensar es básicamente defectuosa. Resulta que el aspecto más maravilloso del dinero

—el hecho de que podamos intercambiarlo por cosas muy diferentes ahora y en el futuro— es también la causa principal de que nuestro comportamiento en relación con el dinero sea tan problemático. Aunque deberíamos pensar en el gasto en términos de coste de oportunidad —esto es, que gastamos dinero ahora en algo a cambio de no gastarlo en otra cosa ahora o más adelante—, pensar de esta forma es demasiado abstracto y demasiado difícil, y por lo tanto no lo hacemos.

Para colmo, la vida contemporánea nos ha proporcionado innumerables instrumentos financieros, como tarjetas de crédito, hipotecas, pagos a plazos, préstamos, etc., que dificultan aún más —y a menudo deliberadamente— nuestra capacidad para comprender los efectos futuros de gastar dinero.

Cuando no podemos, o no queremos, pensar en las decisiones económicas como debiéramos, recurrimos a toda clase de atajos mentales. Muchas de estas estrategias nos ayudan a lidiar con la complejidad del dinero, aunque no necesariamente de la forma más deseable o lógica. Y, con frecuencia, nos llevan a valorar las cosas de manera errónea.

3

Una definición de valor

Hace no mucho, durante un viaje en avión, el hijo pequeño de Jeff le pidió a su padre que le leyera un cuento para entretenerle. El problema era que todos los cuentos estaban metidos en las maletas facturadas —¡y eso que su mujer le había dicho explícitamente que los guardase en el equipaje de mano!—, por lo que Jeff decidió inventarse algo a partir del libro *¡Hay un molillo en mi bolsillo!* del Dr. Seuss.*

> ¿Cuánto pagarías por un esquivón? ¿Un zapeón? ¿Un remordón? ¿Un quisquillón?
> ¿Y por una zorzania? ¿Una norcania? ¿Una blorinia importada de Albania?

Aunque puede dar la impresión de que Jeff no hacía más que torturar a los demás pasajeros (además de a su hijo), ¿realmente eran tan diferentes esas preguntas de las que nos solemos encontrar cada día en la vida real?

¿Cómo sabemos lo que estamos dispuestos a pagar por una «Coca-Cola», o por una suscripción a «Netflix», o por un «iPhone»? ¿Qué son estas palabras? ¿Qué son estas cosas?

---

* El libro original *There is a wocket in my pocket* no tiene una edición traducida en España, por lo que se ha optado por poner el título de la latinoamericana. *(N. del t.)*

¿Cómo valoramos esos productos que a un visitante de otro planeta le resultarían tan absurdos y ridículos como la «zámpara detrás de la lámpara» y la «fella de la botella»? Si no tuviéramos ni idea de qué es algo, cuál es su precio y cuánto han pagado por ello otras personas, ¿cómo sabríamos cuánto pagar nosotros?

¿Y qué pasa con el arte? ¿En qué se diferencia un cuadro de Jackson Pollock de una blorinia importada de Albania? Ambas cosas son igual de únicas e inusuales... y probablemente igual de prácticas. Sin embargo, de alguna forma, el arte tiene un precio. En 2015, un comprador pagó 179 millones de dólares por lo que el periódico *The New Yorker* describió como «un Picasso mediocre, de su mediocre último periodo».[1] Otra persona cogió fotografías de Instagram —que se podían ver *gratis* en internet—, las amplió y las vendió por 90.000 dólares.[2] Incluso se dio el caso de que una foto de una patata se vendió por un millón de dólares. ¿Quién fija estos precios? ¿Cómo se establecen estos valores? ¿Realmente alguien desea comprar fotografías de patatas tomadas con el móvil?

No cabe duda de que todos hemos oído hablar del concepto de «valor». El valor refleja el precio económico de algo, lo que estamos dispuestos a pagar por un producto o servicio. En teoría, el valor *debería* ser igual al coste de oportunidad. Debería reflejar con precisión lo que estamos dispuestos a pagar para adquirir una cosa o una experiencia. Y todos *deberíamos* gastar nuestro dinero en función del valor real de las distintas opciones disponibles.

En un mundo ideal, deberíamos ser capaces de calcular con exactitud el valor de cada cosa que compramos: «¿Cuánto vale esto para mí? ¿A cuánto estoy dispuesto a renunciar por conseguirlo? ¿Cuál es el coste de oportunidad en este caso? Eso es lo que pagaré por ello». Sin embargo, tal y como nos recuerdan una y otra vez las revistas de salud y de deporte, no vivimos en un mundo ideal; no todos tenemos los abdominales bien marcados, y no somos capaces de calcular el valor con precisión.

He aquí unos pocos ejemplos (algunos de ellos históricos) en los que los humanos nos hemos equivocado claramente al calcular el valor de las cosas:

➢ Los indios nativos de Estados Unidos vendieron la isla de Manhattan por unos pocos florines y unos cuantos abalorios. ¿Cómo podían haber conocido el valor de algo —la propiedad— de lo que nunca habían oído hablar y que, por lo tanto, desconocían?

➢ El coste de alquilar un apartamento en algunas grandes ciudades puede superar los 4.000 dólares al mes, y ni pestañeamos por ello. Sin embargo, el mero hecho de que el precio de la gasolina aumente apenas 15 céntimos por litro puede hacer cambiar el rumbo de la carrera electoral a la presidencia de un país.

➢ Pagamos 4 dólares por un café en una cafetería, cuando podemos obtener la misma bebida por 1 dólar en cualquier mercado.

➢ Algunas empresas emergentes tecnológicas sin ingresos son valoradas en millones de dólares, o incluso en miles de millones, y nos sorprendemos cuando al final no cumplen tales expectativas.

➢ Hay personas que se gastan 10.000 dólares en unas vacaciones y luego se pasan veinte minutos cada día buscando un aparcamiento gratuito.

➢ Comparamos los precios de los *smartphones*. Creemos que sabemos lo que estamos haciendo, y al final tenemos la impresión de haber hecho una buena elección.

➢ El rey Ricardo III estaba dispuesto a vender su reino, *todo su reino*, a cambio de un caballo. ¡Su reino por un caballo!

Con mucha frecuencia, los sistemas que utilizamos para

calcular el valor de las cosas no tienen conexión alguna con el valor real de las mismas.

Si fuésemos criaturas perfectamente racionales, un libro sobre el dinero versaría sobre el valor que otorgamos a los productos y servicios, ya que, racionalmente, el dinero equivale al coste de oportunidad, y el coste de oportunidad al valor. Sin embargo, no somos racionales, tal y como señalan otros libros de Dan (*Las trampas del deseo, Las ventajas del deseo, ¡Eh, chicos! ¡Somos muuuuy irracionales!*).* Por el contrario, tendemos a utilizar todo tipo de extravagantes trucos mentales para intentar calcular el valor de las cosas, esto es, cuánto estamos dispuestos a pagar por ellas. Así pues, *este* libro trata de nuestros extraños, locos y, sí, totalmente irracionales comportamientos a la hora de tomar decisiones de gasto, y también de las presiones externas que nos llevan a sobrevalorar algunas cosas e infravalorar otras.

Consideramos que estas presiones, estos trucos y estos atajos son «indicadores de valor», indicadores que nos parece que están vinculados con el valor real de un producto o servicio, pero que muy a menudo no lo están. Es cierto que algunos de ellos son bastante precisos, pero muchos son irrelevantes y engañosos, y otros son intencionadamente manipuladores. Y, pese a ello, muchas veces permitimos que estos indicadores modifiquen nuestra percepción del valor.

¿Por qué? No es porque nos guste cometer errores o autoflagelarnos (aunque hay sitios en los que se puede pagar incluso por eso). Utilizamos estos indicadores porque nos resulta demasiado difícil tener en cuenta todos los costes de oportunidad y calcular su valor real. Además, dado que el mundo financiero intenta por todos los medios distraernos y confundirnos, averiguar cuánto estamos dispuestos a pagar por algo resulta todavía más difícil.

Esta dinámica es crucial: está claro que en todo mo-

---

*   Este último no es un título real. Aún.

mento tenemos que luchar contra la compleja naturaleza del dinero y contra nuestra propia incapacidad para tener en cuenta los costes de oportunidad. Y lo que es peor, también tenemos que luchar continuamente contra las presiones externas que intentan que gastemos más, más a menudo y más a la ligera. Existen numerosos agentes externos que desean que nos equivoquemos al calcular el valor real de los productos, precisamente porque nuestro comportamiento y gasto irracional los beneficia. En vista de los retos y desafíos a los que nos enfrentamos, es un milagro que no vivamos en suntuosos apartamentos de miles de millones de dólares, que no bebamos fellas en botellas, y que no tengamos todos preciosas blorinias importadas de Albania.

PARTE II

CÓMO CALCULAMOS EL VALOR DE FORMAS QUE TIENEN POCO QUE VER CON EL VALOR REAL

4

Nos olvidamos de que todo es relativo

Susan Thompkins es la tía Susan de alguien, y todo el mundo tiene alguna versión de la tía Susan. La tía Susan es una mujer realmente alegre y cariñosa, que suele comprar regalos para sus sobrinos y sobrinas cada vez que sale a comprar algo para sí misma o para sus propios hijos. A la tía Susan le encanta comprar en JCPenney, y ha comprado allí desde que era una niña, cuando iba con sus padres y sus abuelos y les ayudaba a encontrar gangas. Siempre se podían encontrar muchos descuentos importantes. Era un juego muy divertido, correr de aquí para allá intentando encontrar el número más alto junto al signo del porcentaje, y se sentía muy orgullosa cuando lograba encontrar el chollo secreto.

Durante años, la tía Susan llevó consigo a los hijos de su hermano para comprarles horrendos jerséis y conjuntos que no pegaban ni con cola, solo porque «¡No podemos dejar pasar semejantes gangas!». Aunque a los niños no les gustaba nada, a ella le encantaba, y encontrar chollos en JCPenney seguía entusiasmando a la tía Susan.

Entonces, de la noche a la mañana, Ron Johnson, el nuevo director ejecutivo de JCPenney, tomó la decisión de poner fin a todo eso, e instauró lo que él mismo llamó «precios sin trampa ni cartón» en todos los productos. Se acabaron las rebajas, las gangas, los cupones y los descuentos.

Al enterarse de la noticia, Susan se puso muy triste, y después realmente furiosa, hasta el punto de que dejó de golpe de ir a JCPenney. Incluso creó con sus amigas un grupo en internet llamado «Odio a Ron Johnson»; y no fue la única, ya que muchos clientes dejaron de ir a JCPenney. Fueron malos tiempos para la empresa, para Susan, para Ron Johnson, e incluso para los horrendos jerséis, ya que ahora nadie los compraba. Los únicos que se alegraron de la situación fueron los sobrinos de Susan.

Un año después, la tía Susan escuchó que JCPenney volvía a tener descuentos. Con precaución, y sin bajar la guardia, regresó. Examinó una fila de trajes, rebuscó en el cajón de las bufandas y pasó revista a un muestrario de pisapapeles. Después, se fijó en los precios: «20% de descuento», «Rebajado», «Liquidación». Aquel día solo compró un par de cosas, pero desde entonces ha vuelto a ser cliente habitual de JCPenney. Vuelve a ser feliz. Y con ello han vuelto las tardes de compras, los jerséis horribles y los hipócritas agradecimientos de sus seres queridos. ¡Hurra!

Un JCPenney por tus pensamientos*

En 2012, Ron Johnson, nuevo director ejecutivo de JCPenney, efectivamente eliminó la práctica tradicional y, sí, algo engañosa, de subir los precios para bajarlos después. Durante décadas, antes de la llegada de Johnson, JCPenney ofrecía habitualmente a clientes como la tía Susan cupones, rebajas y descuentos. Esta práctica consistía en reducir los «precios estándar» de las tiendas, artificialmente inflados, para dar la

* Juego de palabras intraducible que aprovecha la gran similitud fonética en inglés de «JCPenney» y *penny* (penique, céntimo o centavo), para crear una variante de la famosa frase «Un penique por tus pensamientos», que se suele decir a alguien que se ha quedado absorto y sin expresión. *(N. del t.)*

impresión de que lo que se ofrecía eran auténticas «gangas» cuando, de hecho, tras los descuentos, los precios eran prácticamente iguales a los de los demás grandes almacenes. Para obtener los precios finales de venta de cualquier producto, la tienda realizaba la pantomima de elevar primero los precios para después volverlos a bajar de formas muy variadas y creativas, utilizando numerosos carteles, porcentajes, rebajas y descuentos. Y jugaban a este juego una y otra vez.

Ron Johnson quería que los precios no tuviesen «ni trampa ni cartón»: no más descuentos por cupones, cazas de chollos ni trucos comerciales, solo precios reales, muy similares a los de sus competidores y a los antiguos precios «finales», tras su ascenso y descenso. Johnson opinaba que esta nueva forma de actuar era más transparente, más respetuosa y menos manipuladora con sus clientes (y, por supuesto, tenía toda la razón).

El único problema era que los clientes habituales, como la tía Susan, se opusieron desde el principio a este cambio. Detestaban la práctica de «sin trampa ni cartón», y abandonaron a la cadena, mascullando que se sentían engañados, estafados y traicionados por el coste real y verdadero, y que no les gustaba en absoluto la nueva política de precios. En apenas un año, JCPenney sufrió unas asombrosas pérdidas de nada menos que 985 millones de dólares, y Johnson se quedó sin trabajo.

Casi al día siguiente de su despido fulminante, los precios de la mayoría de los productos de JCPenney se incrementaron un 60 por ciento o más: una mesa auxiliar de 150 dólares, por ejemplo, pasó a tener un «precio estándar» de 245 dólares.[1] Sin embargo, no solo los precios habituales volvieron a ser más elevados, sino que se reintrodujeron los descuentos, las rebajas y las liquidaciones: en lugar de poner un único precio, la cadena ofrecía precios «estándar» y «rebajados». Por supuesto, tras las subidas y descuentos, rebajas y liquidaciones, los precios se quedaban prácticamente igual que con la política de Ron Johnson, pero el caso es que no lo parecía; ahora sus clientes habituales tenían de nuevo la impresión de que a JCPenney habían regresado los grandes chollos y gangas.

Bajo la dirección de Johnson, JCPenney ofrecía productos a precios más honestos, pero la nueva política fue rechazada porque los clientes preferían los trucos comerciales. La tía Susan aún le odia. Pensemos por un momento en lo que esto significa: los clientes de JCPenney votaron con sus carteras y eligieron volver a ser manipulados; lo que querían eran gangas, chollos y rebajas, aunque ello implicase volver a inflar los precios normales, que es exactamente lo que acabaron haciendo.

JCPenney —y el propio Ron Johnson—pagaron un alto precio por no comprender bien la psicología de los precios.* Sin embargo, la empresa acabó descubriendo que podía obtener grandes beneficios a costa de nuestra incapacidad para hacer evaluaciones de manera racional. O, como dijo H. L. Mencken: «Nadie se ha arruinado nunca subestimando la inteligencia de los estadounidenses».

¿QUÉ ESTÁ PASANDO AQUÍ?

El caso de la tía Susan y de JCPenney ilustra claramente algunos de los muchos efectos de la *RELATIVIDAD*, una de las fuerzas más poderosas que nos inducen a calcular el valor

---

* Si en algún momento llega usted a estar al mando de una gran cadena de grandes almacenes, y se plantea establecer una nueva política de precios, le sugerimos humildemente que la pruebe primero en un solo almacén, o en dos como mucho, antes de implantarla en todos los demás. A menos que lo que busque sea precisamente que le despidan para cobrar una indemnización millonaria, en cuyo caso nos abstenemos de ofrecerle nuestros consejos.

de las cosas utilizando sistemas que tienen poco que ver con su valor real. En JCPenney, la tía Susan calculaba el valor de los productos basándose en su valor *relativo*, pero ¿en relación con qué? Pues con el precio estándar previo a los descuentos. JCPenney le ayudaba en gran medida a hacer esta comparación, estableciendo cada descuento como porcentaje y añadiendo carteles que anunciaban que un producto estaba «rebajado» o «en liquidación», para que centrase su atención en el increíble precio relativo que le ofrecían.

¿Qué preferiría usted comprar? ¿Una camisa con un precio fijo de 60 dólares, o la misma camisa con un precio de 100 dólares, pero en «¡Oferta! ¡Descuento del 40%! ¡Solo 60 dólares!»?

Es lo mismo, ¿verdad? Una camisa de 60 dólares es una camisa de 60 dólares, independientemente de cómo se anuncie. Así es, pero dado que la relatividad funciona a un nivel subconsciente, tendemos a no considerar ambas camisas como la misma cosa; si fuésemos un cliente habitual como la tía Susan, optaríamos siempre por comprar la camisa rebajada, y nos enfurecería la mera presencia de la camisa con un precio fijo de 60 dólares.

¿Es lógico este comportamiento? *No.* ¿Tiene sentido cuando se entiende el poder de la relatividad? *Sí.* ¿Ocurre con frecuencia? *Sí.* ¿Fue el culpable de que un ejecutivo perdiera su trabajo? *Sin duda.*

A menudo no somos capaces de calcular el valor intrínseco de los productos y servicios. Sin ninguna referencia, ¿cómo podríamos saber el valor de una casa, un sándwich, una medicina o una blorinia de Albania? La gran dificultad a la hora de valorar correctamente las cosas nos hace buscar formas alternativas de cálculo, y es ahí donde entra en juego la relatividad.

Cuando nos resulta difícil establecer el valor de algo, lo comparamos con otras cosas, como un producto de la competencia u otras versiones del mismo producto. En otras palabras: cuando comparamos cosas, creamos valores relativos. No parece algo muy complicado, ¿verdad?

El problema no está en el concepto de relatividad en sí mismo, sino en la manera en la que tendemos a aplicarlo. Si comparásemos cada cosa con todo lo demás, estaríamos teniendo en cuenta el coste de oportunidad y no habría problema alguno. Sin embargo, no es esto lo que hacemos, sino que nos limitamos a comparar una cosa con solo una o dos más, y ahí es donde la relatividad puede engañarnos.

Es cierto que 60 dólares es un precio relativamente barato si se lo compara con 100 dólares, pero ¿y los costes de oportunidad? En realidad, deberíamos comparar 60 dólares con los 0 dólares de no comprar nada, o con todos los demás productos que podríamos comprar con esos 60 dólares. Pero no lo hacemos. No cuando, como hace la tía Susan, nos basamos en el valor relativo, es decir, en comparar el precio actual de un producto con el que tenía antes de ser rebajado (o al menos el que se dice que tenía) para calcular su valor real. Así es como la relatividad nos confunde.

Los precios rebajados de JCPenney eran para los clientes un importante indicio de valor del producto. De hecho, a menudo no solo era un indicio *importante*, sino el *único* que había. El precio de venta —y el ahorro tan cacareado por JCPenney— proporcionaba a los clientes una referencia para poder evaluar lo buena que podía ser la compra.

Los carteles de rebaja de JCPenney ofrecían a los clientes un contexto, y sin ese contexto ¿cómo podríamos determinar el valor de una camisa? ¿Cómo podríamos saber si vale o no los 60 dólares? No podemos. Sin embargo, si la comparamos con una camisa de 100 dólares, la de 60 parece una ganga, ¿verdad? ¡Es como si nos regalaran 40 dólares! ¡Compremos unas cuantas para que los compañeros de nuestros sobrinos se burlen de ellos en el colegio!

Al eliminar las rebajas y los «ahorros», JCPenney eliminó un elemento que ayudaba a sus clientes a sentir que sus decisiones eran correctas. Comparando los precios rebajados con los precios «estándar», tenían la impresión de que estaban realizando elecciones inteligentes, aunque realmente no fuese así.

Dejemos a un lado nuestras carteras por un momento y consideremos el principio de la relatividad de manera más general.

Una de nuestras ilusiones ópticas favoritas es esta imagen de círculos negros y grises:

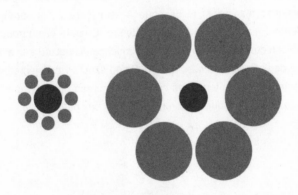

Es obvio que el círculo negro de la derecha es más pequeño que el de la izquierda, ¿no? Pues no, no lo es. Ambos círculos negros son exacta y casi increíblemente del mismo tamaño. A los incrédulos les sugerimos que cubran los círculos grises y comparen los negros tranquilamente. Aquí les esperamos.

La razón por la que esta ilusión nos engaña es porque no comparamos los dos círculos negros entre sí, sino con su entorno inmediato, es decir, con los círculos grises. El círculo negro de la izquierda es grande en comparación con sus círculos grises, mientras que el negro de la derecha es pequeño comparado con sus propios círculos grises. Una vez que se han evaluado sus tamaños de esta forma, la comparación entre los dos círculos negros se realiza entre sus tamaños relativos, en vez de entre los absolutos. Este es un claro ejemplo de relatividad visual.

Como nos encantan las ilusiones ópticas, he aquí otra de nuestras favoritas: el tablero de ajedrez de Adelson:

En ella se puede observar un clásico tablero de ajedrez con un cilindro a un lado que proyecta una sombra sobre los escaques (solo que, por seguir con el tema del capítulo, nuestra versión utiliza un jersey muy feo en lugar de un cilindro). Hay dos escaques marcados: el Escaque A está fuera de la sombra, mientras que el Escaque B está dentro. Cuando comparamos uno con otro, está claro que el A es mucho más oscuro que el B, ¿verdad? Pues no, no es así. A y B son exacta y casi increíblemente del mismo tono. Los que no se lo crean pueden tapar el resto de los escaques y compararlos. No hay prisa.

Para la mente, la relatividad es un mecanismo general que se puede aplicar de muchas formas y en facetas muy distintas de la vida humana. Por ejemplo, Brian Wansink, autor del libro *Mindless Eating*,[2] demostró que la relatividad también puede afectar a nuestra figura, pues muchas veces decidimos cuánto comer no solo en función de cuánta comida deseamos consumir sino en función de las alternativas disponibles. Por ejemplo, si tenemos que elegir entre tres hamburguesas de 150, 200 y 250 gramos, lo más probable es que escojamos la de 200 gramos y nos sintamos perfectamente saciados al terminar de comerla; pero si las opciones son de 200, 250 y 300 gramos, lo más probable es que también en este caso escojamos la opción intermedia y que, aunque hayamos comido más cantidad, cosa que no necesitábamos para obtener nuestro alimento diario o para sentirnos llenos, nos sintamos igual de satisfechos al terminar.

La gente también tiende a comparar la comida con otros objetos de su entorno, como por ejemplo con el tamaño del recipiente en el que se la sirven. En uno de los experimentos, Brian ancló unos tazones con sopa a una mesa y les dijo a los participantes que comiesen hasta que estuvieses satisfechos. Algunos de ellos terminaron el contenido de sus tazones y dejaron de comer, satisfechos, pero hubo un grupo que no se dio cuenta de que estaba comiendo en unos tazones que tenían unos pequeños tubos conectados a la parte de debajo de la mesa y que, a medida que iban comiendo, muy despacio, de forma casi imperceptible, Brian iba bombeando más sopa. Cada vez que se tomaban una cucharada, el tazón se rellenaba a través del tubo. Al final, aquellos que tenían la sopa interminable acabaron comiendo mucho más que los que tenían un tazón normal, y cuando Brian los detuvo (pues tuvo que decirles que parasen), la mayoría dijo que aún tenía hambre. Los que comían en tazones de sopa sin fin no obtenían la sensación de satisfacción por la cantidad de sopa consumida o por su sensación de hambre, sino que juzgaban su satisfacción por la relación entre el nivel de la sopa y el borde del tazón. (Hablando de relaciones, si realizásemos este experimento en nuestras reuniones familiares, muchos de nosotros seguiríamos comiendo sin parar para no tener que hablar con nuestros primos, tíos, tías, padres y abuelos. Aunque claro, eso es otro tipo de relatividad).

Esta clase de comparaciones tampoco se limita a productos de la misma categoría, como la sopa o las hamburguesas. Por ejemplo, cuando el joyero italiano Salvador Assael intentó vender por primera vez las perlas negras tahitianas, tan populares actualmente, no logró encontrar ni un solo comprador. Pese a ello, Assael no se dio por vencido, ni se limitó a incluir algunas perlas negras en sus envíos de perlas blancas, esperando que sus clientes las acabasen aceptando como iguales. En vez de eso, convenció a su amigo y colega neoyorquino Harry Winston para que exhibiese las perlas negras en el escaparate de su tienda de la Quinta Avenida, rodeadas de diamantes y otras piedras preciosas. En muy poco tiempo, las perlas tuvieron un éxito abrumador, y su precio se disparó. Un año antes, estas perlas no valían casi nada, probablemente menos que las ostras de las que salían; y de repente, todo el mundo comenzó a pensar que, si una perla negra se consideraba tan exclusiva como para ser exhibida junto a un elegante dije de zafiros, sin duda debía ser muy valiosa.

Estos ejemplos muestran que la relatividad es un cálculo básico de la mente humana. Si es capaz de influir en la valoración que realizamos de cosas concretas como comida y joyas de lujo, es muy probable que también condicione enormemente cómo pensamos en el dinero y en qué hacer con él.

RELATIVOS FINANCIEROS RELATIVAMENTE COMUNES

Además de la obsesión por las gangas de la tía Susan, hay muchos otros ejemplos en los que el valor relativo acaba enmascarando el valor real de las cosas.

➤ En un concesionario de coches, nos pueden llegar a ofrecer complementos como asientos de cuero y techo solar, seguro de ruedas, ceniceros cromados, y lo más inútil que te puede ofrecer un típico vendedor de coches: una mano extra de pintura. Los vendedores de coches —posiblemente el grupo más ladino y taimado de psicólogos aficionados tras los vendedores de colchones— saben que cuando estás dispuesto a pagar 25.000 dólares, gastos adicionales como un reproductor de CD de 200 dólares parecen baratos o incluso insignificantes. ¿Alguien estaría hoy en día dispuesto a pagar 200 dólares por un reproductor de CD? De hecho, ¿hay alguien que siga escuchando CD? No y no. Pese a ello, como solo supone un 0,8 por ciento del precio total, no le damos importancia, decimos que sí a todo, y finalmente el precio aumenta de forma considerable.

➤ Cuando estamos de vacaciones en un hotel de lujo, no solemos alterarnos cuando nos cobran 4 dólares por un refresco, a pesar de que podemos comprarlo por 1 dólar en cualquier otro sitio. En parte, esto se debe a que somos perezosos y a que en la playa nos gusta sentirnos como reyes, pero también a que, comparados con los miles de dólares que nos estamos gastando en el resto de nuestra escapada tropical, 4 dólares nos parecen calderilla.

➤ Las cajas de los supermercados nos retan a resistirnos a la prensa rosa y a las chucherías, basándose en la misma estrategia: comparados con los 200 dólares de una compra semanal, 2 dólares por una bolsita de gominolas o 6 dólares por una revista con las Kardashian en portada no parecen gran cosa.

➤ ¡Y no nos olvidemos del vino! El buen vino* en los

* En español en el original. *(N. del t.)*

restaurantes cuesta mucho más que en la tienda. Es lógico pagar algo más por la comodidad de disponer de vino durante una cena —si no quisiéramos pagarlo, tendríamos que correr de vez en cuando hasta el coche para dar un trago a nuestro beaujolais barato—, pero también es un tributo al valor relativo frente al absoluto. Seguramente no estamos dispuestos a pagar 80 dólares por una botella cuando la cena va a consistir en nachos con queso, pero si vamos a cenar al exclusivo French Laundry, donde de todas formas vamos a pagar varios cientos de dólares por la comida, pagar 80 dólares más por la bebida no parece tanto en comparación. No obstante, si alguna vez logra reservar una mesa en el famoso restaurante californiano, lo mejor sería que invitase a los autores de este libro, únicamente para confirmar esta hipótesis.

Hablando de supermercados, hace poco Jeff tuvo una curiosa experiencia haciendo la compra. Durante años, sus cereales favoritos habían sido Optimum Slim («Delgadez Óptima»). Para un hombre de barriga prominente y algo fofa, entrado en años y con una limitada ambición deportiva, aquellos cereales ofrecían la cantidad justa de delgadez. La óptima, de hecho.

En la tienda de su barrio siempre habían costado 3,99 dólares el paquete. Un buen día, sin embargo, fue a cogerlos en su lugar habitual y ya no estaban. Buscó y rebuscó, pero no hubo manera de encontrarlos. En ese momento sufrió un ligero ataque de pánico —algo que le suele pasar a todo el mundo cuando no encuentra cosas esenciales, como el mando a distancia o su desayuno favorito— hasta que un dependiente le señaló un paquete nuevo que estaba en el sitio del antiguo. Allí había unos cereales llamados Natures's Path; Organic; Low Fat Vanilla («Camino de la

Naturaleza; Orgánicos; Bajos en grasa; Sabor vainilla»), y en la esquina superior izquierda se podía ver una pequeña foto de los antiguos Optimum Slim y un eslogan: «Nuevo formato, con el mismo sabor de siempre».

Buf. Aliviado, Jeff guardó el Valium y cogió uno de los paquetes, y al hacerlo se fijó en un cartel de la estantería: «*Nature's Path Organic Optimum Slim*; Precio habitual: 6,69$; *OFERTA: 3,99$*».

Increíble, pero cierto. Sus cereales favoritos, que siempre habían costado 3,99 dólares, ahora tenían una nueva imagen y un nuevo precio de... 3,99 dólares, rebajados de su precio «estándar» de ¿6,69 dólares? Una cosa es que la compañía introduzca un nuevo formato para tener una excusa para elevar el precio, y otra que la tienda finja que el precio habitual es una oferta para aumentar las ventas. Y las dos cosas a la vez... eso sí que es usar una buena cantidad de relatividad. La óptima, de hecho.

La tienda y la empresa de cereales no pretendían tentar a Jeff, ya que él ya los compraba desde mucho antes. Su objetivo era captar nuevos clientes que no tenían una referencia para valorar estos «nuevos» cereales. Sin contexto alguno —sin una forma de saber si son sabrosos o sanos, o cuál es su valor real—, esperaban que los clientes quedasen impresionados por el nuevo nombre y la sencilla comparación entre 6,69 y 3,99 dólares, y pensasen: «¡Oye, estos cereales tienen muy buena pinta!».

Supongamos que encontramos algo que siempre hemos querido tener, algo a lo que podemos llamar un *artilugio* (un término bastante común en los libros de texto tradicionales sobre economía, usado para denominar a un producto genérico diseñado tanto para ocultar el hecho de que su valor es cuestionable como para atormentar a los lectores de los tradicionales libros de texto sobre economía). «¡Nuestro artilugio está rebajado! ¡Cincuenta por ciento de descuento!» Genial, ¿no? Un momento, no tan rápido. ¿Por qué debería importarnos lo que *solía* costar algo? El coste antiguo debería ser irrelevante, ya que no es lo que cuesta ahora mismo. Sin embargo, dado que no tenemos forma de saber realmente cuánto vale este precioso artilugio, comparamos el precio *actual* con el precio anterior a la rebaja (llamado precio «estándar»), y lo consideramos un indicador de su increíble valor actual.

Las gangas también nos hacen sentir especiales e inteligentes, pues nos hacen creer que estamos obteniendo un valor que los demás no tienen. Para la tía Susan, el hecho de ahorrarse 40 dólares en una camisa de 100 era lo mismo que tener 40 dólares extras para gastarlos en otra cosa. Si pensásemos racionalmente, no deberíamos medir el valor de lo que *no* gastamos —los 40 dólares—, sino de los 60 dólares que *sí* gastamos. Sin embargo, muchas veces no es así como funcionamos, y no es esto lo que hacemos.

Otro truco comercial en el que se suele utilizar esta clase de comparación es en los descuentos por cantidad (o al por mayor). Si una botella de un champú caro cuesta 16 dólares, y una del doble de tamaño cuesta 25 dólares, de repente una botella más grande y más cara nos parece un buen negocio, lo que hace que con frecuencia olvidemos plantearnos si realmente necesitamos tal cantidad de champú, o incluso si nos conviene esa marca concreta. Además, la práctica del descuento por cantidad sirve para ocultar el hecho de que en realidad no tenemos ni idea de cómo valorar el cóctel químico con el que se elabora un champú.

Si Albert Einstein hubiese sido economista en lugar de físico, seguramente su fórmula de la teoría de la relatividad no habría sido $E = MC^2$, sino tal vez *100 $ > 50 % de 200 $*.

Es posible que leamos estos ejemplos y pensemos «Vale, entiendo que calcular el valor en base a la relatividad es un error». ¡Bien! «Peeeero...», pensará también más de uno, «estas elecciones tienen sentido, ya que en proporción a lo que me estoy gastando, los gastos extras son minúsculos». Pues sí, pero un dólar debería ser un dólar independientemente de lo que estemos gastando o haciendo.

Gastarse 200 dólares en un reproductor de CD solo porque da la casualidad de que estamos comprando un coche de 25.000 dólares es un razonamiento igual de erróneo e irrelevante que el que lleva a gastarse 200 dólares en un reproductor de CD solo porque casualmente llevamos puesta una camisa a cuadros. El problema es que una cosa y otra no nos *parecen* igual de irrelevantes.

Imaginemos que una mañana de sábado salimos de casa para hacer dos recados. En primer lugar, para comprar unas zapatillas deportivas a las que echamos el ojo hace unos días: llegamos a la tienda y cogemos las zapatillas de 60 dólares, pero antes de comprarlas el dependiente nos confía que en otra tienda de la misma calle ese mismo par de zapatillas está rebajado y cuesta 40 dólares. ¿Vale la pena caminar 5 minutos para ahorrarse 20 dólares? Si somos como la mayoría de la gente, la respuesta es sí.

Ahora que tenemos nuestras zapatillas, pasamos al segundo recado. ¡Comprar unos muebles para nuestro jardín, porque por fin ha llegado la primavera! En la tienda, encontramos un estupendo juego de sillas y una mesa con sombrilla por 1.060 dólares, pero, una vez más, cuando vamos a pagar el cajero nos dice que en otra tienda a poca distancia podemos conseguir el mismo juego por 1.040 dólares. ¿Nos molestamos en andar otros 5 minutos para ahorrarnos 20 dólares en esta ocasión? Si somos como la mayoría de la gente, la respuesta en este caso es no.

En ambos casos no nos fijamos en el valor absoluto y verdadero del descuento: 20 dólares por un paseo de 5 minutos. En lugar de eso, consideramos los 20 dólares comparados con 60 y 1.060 dólares, respectivamente. Por un lado, comparamos la ventaja relativa de comprar unas zapatillas de 40 dólares respecto a unas de 60, y decidimos que el ahorro vale la pena. Por otro, comparamos la ventaja relativa de comprar un juego de muebles de 1.040 dólares respecto a otro de 1.060, y decidimos que no la vale. En un caso hay un ahorro del 33 por ciento, y en el otro, del 1,9 por ciento, pero el dinero ahorrado es idéntico en ambos casos: 20 dólares.

Esta es la razón por la que un comprador que no acepta añadir 200 dólares por un reproductor de CD al comprar un coche de 25.000 dólares también utiliza cupones para ahorrarse 25 céntimos en una bolsa de patatas fritas, o se pone a discutir si en un restaurante se debe dejar una propina de un dólar o de dos dólares. Cuando la relatividad entra en juego, podemos descubrir que tomamos decisiones muy rápidas en compras grandes y muy lentas en compras pequeñas, y todo porque tendemos a pensar en porcentajes sobre la cantidad total, en lugar de en cantidades absolutas.

¿Son lógicas estas decisiones? *No.* ¿Son decisiones correctas? *Normalmente, no.* ¿Son decisiones *fáciles*? *Desde luego.* La mayoría de nosotros optamos por la opción más fácil casi siempre. Y ese es solo uno de nuestros grandes problemas.

VAYAMOS CON CALMA

Pensemos a cuál de las siguientes dos preguntas responderíamos con mayor rapidez y decisión: «¿Qué te apetece para cenar?», o «¿Prefieres pollo o pizza para cenar?». En la primera pregunta, las opciones son infinitas, mientras que en la segunda solo necesitamos comparar las dos opciones ofrecidas y decidir cuál de ellas es la que en ese preciso momento nos resulta relativamente más apetecible. Por tanto, la segunda pregunta sería la que tendría una respuesta más rápida, al tratarse de una comparación sencilla. En cualquier caso, la pregunta es trivial: a menos que sea intolerante a la lactosa, ¿qué clase de monstruo escogería pollo en vez de pizza? ¡Qué disparate!

El éxito de la relatividad se basa en dos tipos de atajos mentales a la hora de tomar decisiones: primero, cuando no podemos establecer el valor absoluto de algo, usamos comparaciones; y segundo, tendemos a optar por la comparación *más fácil*. Aylin Aydinli, Marco Bertini y Anja Lambrecht estudiaron cómo funciona la relatividad en los descuentos por correo electrónico, del tipo de las ofertas de Groupon —a las que llamaron «promociones de precios»—, y descubrieron que estas ofertas son capaces de producir un impacto emocional particularmente esclarecedor. En concreto, cuando nos topamos con promociones de precios, solemos dedicar menos tiempo a considerar distintas opciones, y si posteriormente se nos pide que recordemos detalles de la oferta, tendemos a recordar menos información sobre el producto en sí mismo.[3]

Parece que los descuentos son una especie de poción de la estupidez, pues embrutecen nuestro proceso de toma de decisiones. Cuando un producto está «rebajado», somos más impulsivos que cuando el producto cuesta lo mismo pero el precio es «estándar».

Como es muy difícil calcular el valor real de casi todo, cuando algo está rebajado —cuando se nos ofrece una valoración relativa—, optamos por la opción más fácil y tomamos nuestra decisión en base a ese precio rebajado. Igual que los clientes de JCPenney, en lugar de esforzarnos para intentar averiguar el valor absoluto de algo, cuando nos dan la opción escogemos el camino que, comparativamente, exige menor esfuerzo relativo.

La relatividad y nuestra tendencia a escoger la opción más fácil hacen que caigamos en numerosos tipos de influencias y manipulaciones externas ejercidas por los que fijan los precios, como los señuelos. En un experimento, citado en su libro *Las trampas del deseo*, Dan se basó en hipotéticas ofertas de suscripción a la revista *The Economist* para ilustrar el problema de la relatividad. En ese ejemplo, los lectores podían obtener una suscripción de la versión online de la revista por 59 dólares, una suscripción de la versión impresa por 125 dólares, o una suscripción para *ambas* versiones por los mismos 125 dólares.

Si fuésemos unos sabiondos, como los estudiantes de posgrado del Massachusetts Institute of Technology entrevistados por Dan, el 84 por ciento de nosotros elegiría la suscripción de *ambas* versiones, el 16 por ciento optaría por la versión online y ninguno escogería solo la impresa. ¿A que somos listos, mami?

Sin embargo, ¿qué pasaría si nuestras opciones se redujesen a dos: la versión online por 59 dólares o ambas versiones por 125 dólares? De repente, si fuéramos como los que pagan miles de dólares por unos cuantos años más resolviendo problemas en el MIT, actuaríamos de forma muy distinta: el 68 por ciento escogería la versión online, y solo el 32 por ciento decantaría por ambas versiones, cuando en el primer supuesto esta opción fue la preferida del 84 por ciento de los participantes en la encuesta.

Al incluir una opción claramente peor, como la versión exclusivamente impresa —*que nadie escogió*—, *The Economist* logró triplicar sus ventas de la opción conjunta. ¿Por qué? Porque la opción de versión impresa era un señuelo que aprovechaba la relatividad para impulsar a sus lectores hacia dicha opción conjunta.

SUSCRIPCIONES

Bienvenido al
Centro de Suscripción de *The Economist*

Escoja el tipo de suscripción que desea adquirir o renovar.

❑ **Suscripción a la versión online** – 59,00 $
Suscripción anual a www.economist.com
Incluye acceso online a todos los artículos publicados por *The Economist* desde 1997.

❑ **Suscripción a la versión impresa** – 125,00 $
Suscripción anual a la edición impresa de *The Economist*.

❑ **Suscripción a las versiones online e impresa** – 125,00 $
Suscripción anual a la edición impresa de *The Economist* y acceso online a todos los artículos publicados por *The Economist* desde 1997.

Es obvio que pagar 125 dólares por una suscripción a las versiones online *e* impresa es mejor que pagar 125 dólares solo por la versión impresa. Ambas opciones son similares y fáciles de comparar, y establecen un claro valor relativo. Tomamos nuestra decisión basándonos en esta comparación, y nos creemos muy listos por nuestra elección; y claro, después de leer unos cuantos números, nos creemos aún más listos (y ya no digamos cuando dejamos una copia bien visible en nuestro apartamento para que la vean nuestros amigos). Sin embargo, ¿cómo podemos estar seguros de que en realidad no estábamos participando de forma inconsciente en un estudio que demuestra que después de todo no somos tan listos?

El experimento de Dan demostró que la relatividad puede ser (y a menudo es) usada en nuestra contra. Comparamos la versión impresa con la versión conjunta impresa y online solo porque es la comparación más simple, más obvia y más fácil de hacer. Como estas dos opciones eran las más similares entre sí en ofertas y precio, eran sencillas de comparar. El problema era que también facilitaban que olvidásemos, ignorásemos o evitásemos las otras opciones, que hubiesen requerido una comparación más compleja. Cuando nos presentan una comparación sencilla, nos olvidamos del contexto general y del resto de las opciones: en este caso, tanto la opción de la versión online por 59 dólares como de la posibilidad de no gastar nada y no adquirir o renovar una suscripción a *The Economist*. A menudo seguimos el camino de la relatividad; nos gusta contarnos cuentos sobre por qué hacemos las cosas que hacemos, y, cuando nos topamos con la relatividad, los cuentos son más fáciles de contar. Intentamos justificar nuestras acciones de esta forma, incluso aunque realmente la justificación no tenga mucho sentido.

Otra situación en la que tendemos a caer en la comparación más fácil —usando la relatividad para calcular valores cuando no existe otro método más sencillo para hacerlo— es cuando tenemos varias opciones y no nos resulta fácil valorar ninguna de ellas por separado. Para esto, Dan utilizó el ejemplo de la compra de televisores: un Panasonic de 36 pulgadas por 690 dólares, un Toshiba de 42 pulgadas por 850 dólares, y un Philips de 50 pulgadas por 1.480 dólares.

Ante estas opciones, la mayoría de la gente tiende a escoger la opción intermedia, el Toshiba de 850 dólares; el televisor más barato y el más caro actúan como señales de tráfico que nos dirigen hacia el de precio y tamaño medios. En este caso, la relatividad no nos induce a comparar un producto concreto con otro, sino que nos dirige hacia características específicas, como el precio y el tamaño, y nos lleva a considerar el rango de estos atributos de manera relativa. Nos decimos: «Los precios van de 690 a 1.480 dólares», o «Los tamaños van de 36 a 50 pulgadas»; y hacemos nuestra elección basándonos en el rango escogido, normalmente optando por algún punto intermedio.

Cuando no sabemos cuál debería ser el precio de algo, creemos que la mejor decisión consiste en no gastarnos demasiado en un modelo de lujo ni ser demasiado tacaños comprando el más básico, por lo que tendemos a optar por la opción intermedia, que a menudo es la que los vendedores que fijaron las opciones deseaban vender desde el principio. Aunque no tenemos ni idea de si esa es realmente la opción que nos conviene, o de si vale su precio, tirar por la calle de en medio nos parece lo más razonable. No tiene por qué ser una elección incorrecta, pero es una elección que se basa en razones que tienen poco que ver con el valor real: es como comprar una camisa de 60 dólares solo porque antes valía 100; escoger siempre la hamburguesa mediana, aunque las opciones sean 150, 200 o 250 gramos, o 200, 250 o 300 gramos; o comprar un paquete de palomitas de 8 dólares en el cine solo porque también venden un paquete de 9 dólares que nos parece demasiado grande. Cuando existen únicamente dos opciones, no hay problema alguno en utilizar la relatividad, pues en ese caso las decisiones no se basan en los valores absolutos, sino en los relativos.

Por tanto, está claro que a menudo optamos por las comparaciones más fáciles. Vendedores, diseñadores de menús y políticos son muy conscientes de esto, y utilizan este truco cuando planifican sus estrategias. No obstante, ahora nosotros también conocemos el truco; gracias a ello podemos observar el mundo de manera un poco más objetiva y, tal vez, conseguir que el campo de juego comercial sea un poco más justo.

La relatividad también afecta a nuestra forma de valorar los llamados paquetes de productos, esto es, los productos que ofrecen diversos elementos y opciones. En estas situaciones, la relatividad parece ofrecernos una forma de huir de la complejidad, pero en realidad lo que hace es abrir la puerta a otra clase de problemas y aumentar la confusión.

Veamos, por ejemplo, los conocidos «combos» de los restaurantes de comida rápida. Podríamos pedir dos productos por separado, pero ¿por qué no pedirlos juntos y añadir otro por unos pocos céntimos más? ¿Hamburguesa y refresco? Muy bien. ¿No desea también patatas fritas? ¿Tamaño extra grande? ¿Postre? Empaquetar los productos de esta forma nos confunde porque no sabemos dónde debemos poner el valor. Cuando nos enfrentamos a paquetes de este tipo no nos resulta fácil evaluar cada uno de los componentes por separado porque, si eliminamos uno de los componentes, la estructura de precios cambia totalmente. Si por separado tres productos valen 5 dólares cada uno, pero juntos valen solo 12 dólares, ¿cuál es el que individualmente está sobrevalorado? ¿Cuál es el que tiene descuento? ¿O lo tienen los tres? ¿Cuánto vale un refresco en función del tamaño? ¿Y cuánto vale el regalo? ¡Oh, dame un número 1 y ya está! Un momento, que tengo que llamar a mi cardiólogo...

Si somos capaces de identificar esta clase de paquetes de productos, enseguida nos percataremos de que la vida

* El título original de este epígrafe, «A bundle of oy», es un juego de palabras doble. En los países anglosajones, a un bebé recién nacido se le suele llamar «a bundle of joy», que se puede traducir por «un paquete de alegría». En este caso se le da una vuelta de tuerca más, prescindiendo de la jota de «joy» para dejar «oy», interjección de dolor (equivalente a nuestro «ay»), revirtiendo el significado original. De esta manera, se alude simultáneamente a los productos «en paquete» y al doloroso problema de cálculo que estos suponen, por lo que se ha optado por esta traducción. (N. del t.)

está llena de ellos, y muchos parecen diseñados para confundirnos. Cuando nos compramos una casa de 250.000 dólares, esta cantidad no es la que acabamos pagando, solo es una cifra de referencia. En la práctica, lo que pagamos es una cantidad al contado y otra cada mes durante quince o treinta años, que incluye un determinado porcentaje del principal más un tipo de interés que puede variar o no. Además, están los costes del seguro y los impuestos, que también pueden cambiar con el tiempo. Y, por si fuera poco, también existen costes de tasación, inspección y escritura, y comisiones de agentes inmobiliarios, fideicomisarios, notarios y demás «arios». Sería muy difícil tener en cuenta todo esto para buscar la mejor oferta, por lo que lo agrupamos todo y decimos que nos hemos comprado una casa de 250.000 dólares.

Por supuesto que todos los proveedores de servicios prefieren ocultar sus comisiones en esta elevada cantidad, lograr que no nos demos cuenta de estos costes, o, si nos percatamos, aprovecharse de nuestra tendencia a utilizar la relatividad.

Lo mismo ocurre con la compra de un teléfono móvil. Es prácticamente imposible comparar un terminal concreto y todos los servicios específicamente asociados con los terminales y servicios de los competidores. Por su diseño, cada producto individual es difícil de evaluar en sí mismo. ¿Cuánto valen los mensajes de texto respecto de los gigabytes de datos? Las redes 4G, las aplicaciones, los minutos, el *roaming*, la cobertura, los juegos, la memoria, el acceso global... ¿cuánto vale todo eso? ¿Y los servicios, las tarifas y la reputación del proveedor? ¿Cómo comparar un iPhone en una compañía con un Android en otra? Hay demasiados elementos pequeños integrados como para calcular el valor relativo de cada uno de ellos, por lo que acabamos comparando el coste total del teléfono y el importe del servicio mensual. Si es que podemos entender estos siquiera, claro.

No solo los productos físicos como los teléfonos móviles o los jerséis feos se ven afectados por la relatividad, pues también afecta, por ejemplo, a nuestro sentido de la autoestima. Quien más, quien menos, todos tenemos algún amigo que asistió a algunos de los mejores colegios del país. En general, a algunos de ellos les va muy bien en la vida, pero otros tienden a pensar en sí mismos solo por comparación con sus colegas o sus compañeros de club o de golf más «exitosos», y por tanto a menudo sienten que a ellos no les va bien. Jeff recuerda con gran nitidez y cierta tristeza haber asistido a una estupenda fiesta de cumpleaños de un amigo, en la que, en el salón de su apartamento de cinco dormitorios en un edificio de Park Avenue con portero, y rodeado de sus muchos amigos y de su preciosa, saludable y feliz familia, el homenajeado suspiró y confesó: «Pensaba que a estas alturas ya tendría un apartamento más grande».

Objetivamente, debería estar celebrando su éxito en la vida, pero la comparación con un selecto grupo de colegas le lleva a considerarse casi un fracasado. Por suerte, como humorista y escritor, Jeff no se puede comparar con amigos banqueros, lo cual le permite tener cierta perspectiva y ser relativamente feliz. Y, lo que es más de agradecer, la mujer de Jeff no puede compararle con ningún banquero, aunque dice que conoce a humoristas más graciosos.

Así pues, la relatividad se cuela con fuerza en todos los ámbitos de nuestra vida. Una cosa es que nos haga gastarnos demasiado en un equipo de música, y otra muy distinta que nos haga lamentar nuestras elecciones vitales. Con demasiada frecuencia, también parece que la felicidad, más que un reflejo de nuestro bienestar real, sea el resultado de nuestra comparación con otros, y en la mayoría de los casos tal comparación no es sana ni positiva. De hecho, nuestra tendencia a compararnos con otros es tan pronunciada que incluso tuvimos que crear un mandamiento que nos prohíbe codiciar los bienes ajenos.

En cierto modo, el concepto de arrepentimiento es en sí mismo otra clase de comparación. Cuando nos arrepentimos, nos comparamos —nuestras vidas, nuestras carreras, nuestra riqueza, nuestro estatus social— no con otras personas, sino con versiones alternativas de nosotros mismos, con lo que podríamos haber sido si hubiésemos tomado otras decisiones, lo cual tampoco es sano ni útil.

Dicho esto, no nos pongamos demasiado profundos ni filosóficos. No nos preocupemos de la felicidad ni del sentido de la vida. Al menos, aún no. Limitémonos a recoger todos estos sentimientos y guardarlos en cajitas. Compartimentemos estas cosas.

Después de todo, eso es lo que hacemos a todas horas.

5

Compartimentamos

Jane Martin no odia su trabajo, pero sí odia lo que a veces tiene que hacer en él. Es coordinadora de eventos en una pequeña universidad estatal, pero de vez en cuando le da la impresión de que lo único que coordina son las normas, las regulaciones y la frecuencia con la que ella y sus colegas se dicen que no los unos a los otros. Para poder utilizar el dinero del fondo de actividades, del fondo general o del fondo de alumnos, necesita siempre la aprobación de alguien. Cada gasto, por pequeño que sea, de entretenimiento, de transporte o la compra de un simple mantel, tiene que pasar inevitablemente por todos los departamentos que se ocupan de la tramitación presupuestaria. Y no son solo los departamentos de la universidad, los grupos de alumnos y los estudiantes los que la vigilan sin piedad, listos para saltar sobre cualquier mínimo error, sino que también están los controles estatales y federales. Como todo el mundo quiere salir en la foto, la pelea por los presupuestos y los procedimientos es constante. En resumen, adora organizar eventos, pero detesta la burocracia que viene con ellos.

En su casa, sin embargo, la cosa cambia. Jane es una experta gestora, que gobierna con mano de hierro y presupuestos rigurosos, ¡y le encanta! Sabe muy bien que cada mes su familia puede gastar una cantidad concreta de dinero en determinadas cosas: 200 dólares en entretenimiento,

600 en alimentación... Cada mes reserva incluso dinero para reparaciones domésticas, impuestos y atención médica, aunque luego acabe no usándolo. Su sistema es poner dinero en efectivo en sobres etiquetados para cada categoría de gasto, por lo que, si ella y su marido quieren salir a cenar una noche, antes tienen que comprobar cuánto queda en el sobre de «Cenas fuera» para ver si se lo pueden permitir. No deja nunca que su familia planifique las vacaciones con demasiada antelación, y al final de cada año, si aún queda dinero en los sobres de reparaciones domésticas, impuestos y atención médica, lo junta todo en otro sobre para las vacaciones del verano siguiente. Gracias a este método, ha logrado ahorrar lo suficiente para hacer unos viajes maravillosos todos los veranos de los últimos diez años menos uno: en 2011, su hija necesitó una operación en la rodilla por una lesión que se hizo jugando al fútbol, y tuvieron que pagarla con los fondos para las vacaciones.

A Jane no le gusta nada el mes de octubre, porque ese mes hay siete cumpleaños de familiares y amigos, y siempre acaba agotando el sobre de los regalos. Este año, como ya no le quedaba dinero en el sobre de regalos, en vez de no comprarle nada a su primo Lou o de coger prestado parte del dinero del sobre del entretenimiento para poder comprarle algo, lo que hizo fue pasarse cuatro horas en la cocina para hacerle un pastel de cumpleaños. A él le entusiasmó el pastel, pero ella se quedó totalmente exhausta.

¿QUÉ ESTÁ PASANDO AQUÍ?

El ejemplo de Jane nos muestra un caso realmente extremo de *CONTABILIDAD MENTAL*, otra forma de pensar en el dinero que tiene poco que ver con el valor real. La contabilidad mental puede ser una poderosa herramienta, pero la mayoría de las veces nos lleva a tomar malas decisiones, especialmente cuando no somos conscientes de que la estamos usando.

¿Recuerdan que el dinero es fungible, esto es, que es intercambiable consigo mismo? Un billete de 1 dólar tiene, obviamente, el mismo valor que cualquier otro billete de 1 dólar. En teoría, esto es cierto, pero en la práctica no solemos asignar el mismo valor a todos nuestros dólares. De hecho, el valor que asignamos a cada dólar depende de la categoría en la que lo hayamos incluido previamente; en otras palabras, de cómo lo hayamos contabilizado. Esta tendencia a ubicar dólares diferentes en categorías diferentes —o, en el caso de Jane, en sobres diferentes— no es desde luego la manera racional de manejar el dinero. Sin embargo, en vista de lo difícil que es calcular los costes de oportunidad y el valor real, esta estrategia nos ayuda a controlar nuestro presupuesto, y a tomar decisiones más rápidas sobre cómo gastar nuestro dinero. Actuar de este modo puede ser positivo, pero al realizar este tipo de contabilidad mental también violamos el principio de «fungibilidad», y nos cerramos la posibilidad de obtener sus beneficios; es cierto que simplificamos las cosas, pero también nos exponemos a cometer una nueva serie de errores monetarios.

El concepto de contabilidad mental fue creado por Dick Thaler, y su principio básico es que en nuestro comportamiento financiero operamos de manera muy similar a las organizaciones y las empresas. Si trabajamos para una gran organización, como la universidad estatal de Jane, sabemos que cada departamento recibe su presupuesto anual y que se lo gasta según sus necesidades. Si un departamento se queda sin dinero demasiado pronto, peor para él, porque hasta el año siguiente no va recibir más. Y si a final de año aún le sobra dinero, podrá comprar un nuevo ordenador portátil para todos, o en la fiesta de fin de año podrán comer sushi del caro, en lugar de sándwiches.

¿Cómo funciona esta forma de gestionar el presupuesto en nuestras vidas financieras personales? En nuestra vida privada, también asignamos nuestro dinero a categorías o cuentas. Tendemos a establecer distintos presupuestos para ropa, entretenimiento, alquiler, facturas, inversiones y extras; cierto que no siempre lo seguimos al pie de la letra, pero lo establecemos igualmente. Y, al igual que las empresas, si gastamos todo el dinero antes de tiempo, mala suerte, pues no podemos reponerlo (y si lo hacemos nos sentimos mal por ello). Por otra parte, si finalmente sobra dinero de una categoría concreta, es muy fácil gastarlo en otra al final de año. Puede que no todos lleguemos al extremo de poner el dinero físicamente en sobres, como hace Jane, pero todos utilizamos el sistema de contabilidad mental, incluso aunque no seamos conscientes de ello.

Veamos un ejemplo. Imagine que nos acabamos de gastar 100 dólares en comprar una entrada para ver un nuevo musical en Broadway, uno que incluye marionetas malhabladas, superhéroes impertinentes, Padres Fundadores y travesuras de instituto. Sin embargo, cuando llegamos al teatro el día del estreno, abrimos la cartera y descubrimos consternados que hemos perdido la entrada. Por suerte, tenemos a mano otros 100 dólares en efectivo. ¿Compraríamos otra entrada?

Cuando se plantea esta pregunta, la mayoría de las personas responden que no: el gasto está hecho, y si se han perdido la entrada, pues haber tenido más cuidado. Y si se les pide que supongan que al final se deciden a comprar otra entrada, ¿cuánto dirían que les ha costado la noche en el teatro? Una vez más, la mayoría diría que 200 dólares: el coste combinado de la primera y la segunda entrada.

Ahora, imaginemos una situación diferente: no hemos comprado la entrada con antelación, sino que nos proponemos comprarla al llegar a la taquilla. Cuando llegamos, abrimos nuestra cartera y nos damos cuenta de que hemos perdido uno de los billetes de 100 dólares que teníamos. *¡Oh, no!* Ahora somos 100 dólares más pobres. Por suerte, aún tenemos suficiente para comprar la entrada. *¡Oh, sí!* Entonces, ¿la compramos o nos vamos a casa? En este caso, una amplia mayoría dice que sí la compraría. Después de todo, ¿qué tiene que ver el hecho de perder un billete con ir al teatro? Y si, como la mayoría de las personas compramos la entrada, ¿cuánto diríamos que hemos pagado por ella? En este caso, la respuesta más común es 100 dólares.

Aunque las personas tienden a reaccionar de manera distinta en las dos situaciones, desde el punto de vista puramente económico son exactamente lo mismo, pues en ambos casos se planea asistir a un espectáculo y se pierde un papel valorado en 100 dólares (una entrada o un billete). Sin embargo, desde la perspectiva humana existe una clara diferencia: en un caso, el trozo de papel perdido era una estupenda entrada de teatro; en el otro, era «simplemente» un billete de 100 dólares. ¿Cómo puede suponer tanta diferencia el tipo de papel concreto que se pierde? ¿Cómo puede este fenómeno llevarnos a ver el espectáculo en un caso o a irnos a casa en el otro? ¿Y cómo hemos sido capaces de encontrar una entrada tan barata para un teatro de Broadway? (¿Cien dólares? Este mundo teórico es muy asequible.).

Volvamos por un momento a las empresas y sus presupuestos. Si tenemos un presupuesto para entradas de teatro y agotamos tal presupuesto (lo gastamos en una entrada), eso es todo lo que hay, por lo que no podemos comprar otra entrada más. Sin embargo, si el dinero que se pierde es de la categoría general —y no el gastado en algo específico—, no tenemos la impresión de que ha disminuido ningún presupuesto concreto, lo que significa que aún queda dinero en nuestra cuenta de salidas al teatro, pues el dinero perdido pertenece a la cuenta de gastos generales. Por tanto, la pérdida en ese caso no nos impide disfrutar de las patrióticas canciones de unas marionetas muy aficionadas a soltar palabrotas.

Este proceso de contabilidad mental suena bastante lógico. Entonces, ¿cuál es el problema?

CUENTAS ENGAÑOSAS

Desde un punto de vista perfectamente racional, nuestras decisiones de gasto no deberían verse influidas por imaginarias cuentas presupuestarias, con independencia de la forma, ubicación o temporalidad de tales cuentas. Sin embargo, sí lo hacen.

Tenemos tendencia a crear este tipo de contabilidad mental a todas horas. Pensemos en algunas de las formas que utilizamos normalmente para meter nuestro dinero en diferentes cuentas mentales:

1. Ponemos parte de nuestro dinero en cuentas corrientes que nos dan un interés reducido, y al mismo tiempo tenemos saldo en tarjetas de crédito a un elevado tipo de interés.
2. A veces, Jeff lleva con él a su familia cuando ofrece charlas o actúa en ciudades interesantes, como ha ocurrido en un reciente viaje a Barcelona, y en estos casos, con independencia del coste del viaje o de sus honorarios, siempre acaba gastando de más. Siempre gasta más de lo que gana con sus actuaciones porque obtiene y gasta el dinero de forma casi simultánea. El incremento de la cuenta de ingresos tiende a eclipsar la menguante cuenta de gastos de vacaciones, por lo que todas las reglas de gasto se vienen abajo. En su mente, el dinero que gasta en cada comida o atracción no procede de su presupuesto familiar de viajes, educación o alojamiento, sino los honorarios por la actuación. Si se encontrasen simplemente en un viaje familiar, tendría mu-

cho más cuidado con sus finanzas, o al menos haría muchas más preguntas del tipo pasivo agresivo, como por ejemplo «¿Realmente necesitamos otra copa de cava?». (Por cierto, la respuesta a esta pregunta es siempre «Sí. Otra, por favor».)

3. La ciudad de Las Vegas en su conjunto es un excelente ejemplo de contabilidad mental. El departamento de turismo de la ciudad es muy consciente de ello, hasta el punto de que su eslogan está diseñado para inducirnos a compartimentar: «Lo que pasa en Las Vegas se queda en Las Vegas». Esto alienta nuestros impulsos más básicos, y estamos más que dispuestos a satisfacerlos. Cuando vamos a Las Vegas, ponemos todo nuestro dinero en nuestra cuenta mental de «Entretenimiento»: si ganamos, genial, dinero caído del cielo; si no, no pasa nada, pues ya lo dábamos por perdido en nuestra cuenta mental especial de Las Vegas.

La verdad es que podemos usar todas las cuentas mentales que nos dé la gana, pero, aunque no nos lo parezca, sigue siendo nuestro dinero; le pase lo que le pase estando en Las Vegas —ganemos o perdamos unos cuantos cientos o miles—, ese dinero nos va a seguir inevitablemente hasta casa, y no se va a quedar en Las Vegas. Y tampoco las fotos picantes subidas imprudentemente a Instagram, así que, por favor, procure dejar el móvil en la habitación.

Gary Belsky y Thomas Gilovich describen en uno de sus libros el caso hipotético de un hombre que una tarde empieza a jugar a la ruleta apostando 5 dólares, y tiene una increíble racha de suerte que le lleva a ganar casi 300 millones de dólares.[1] Sin embargo, entonces hace una única mala apuesta y pierde todas sus ganancias. Cuando vuelve a su habitación, y su esposa le pregunta cómo le ha ido, se encoge de hombros y dice: «He perdido 5 dólares». Si esto nos pasase a la mayoría de nosotros, sin duda sentiríamos haber perdido más de 5 dólares, pero probablemente no tanto como 300 millones. Los 5 dólares es lo único que nos parece «nuestro dinero», pues es con lo que empezamos la tarde, y todo lo obtenido a lo largo de la misma, desde el primero hasta el último de los 300 millones, lo consideraríamos «ganancias». Por tanto, en este caso habremos perdido 300 millones de nuestras ganancias, pero probablemente tengamos la impresión de que solo hemos perdido 5 dólares de nuestro dinero. Por supuesto, también hemos perdido nuestra capacidad para comunicarnos honestamente con nuestro cónyuge, pero eso es tema para otro libro.

Ninguno de estos supuestos tiene sentido si tenemos en cuenta que todo el dinero gastado, ahorrado, apostado o desperdiciado en alcohol, en realidad procede de la misma gran cuenta: «Nuestro dinero». No debería importar cómo etiquetemos el dinero, ya que todo es nuestro. Sin embargo —como ya se ha dicho— tendemos a clasificar el dinero en categorías mentales, y esta categorización influye en cómo pensamos en él, en lo cómodos que nos encontramos al gastarlo y en cuánto nos queda a final de mes.

CONTABILIDAD MENTAL: UN PROBLEMA MUY ESPECIAL

La contabilidad mental es un problema más complejo que la mayoría de los expuestos en este libro, y no podemos limitarnos a decir: «Utilizar la contabilidad mental es un error». Aplicar esta clase de contabilidad no es aplicar un enfoque racional sobre el dinero —como tampoco lo eran otros enfoques señalados anteriormente—, pero si tenemos en cuenta la realidad de nuestras vidas y nuestras limitaciones cognitivas, *puede* ser una estrategia útil, especialmente si se utiliza sabiamente. Por supuesto, el problema es que pocas veces la usamos sabiamente, y por esta razón existe este capítulo. Por el momento, veamos por qué la contabilidad mental es algo especial.

Suponga que existen tres tipos de personas: 1) las perfectamente racionales (los denominados *Homo economicus*); 2) las que son bastante racionales, aunque con limitaciones cognitivas (aquellas que pueden determinar la mejor decisión si tienen el tiempo y la capacidad mental suficiente como para calcularla); y 3) las que son bastante racionales, con limitaciones cognitivas *y además emociones* (esto es, nosotros, los seres humanos).

Para las personas perfectamente racionales —¡arrodillémonos ante nuestros amos, los robots!— la contabilidad mental es claramente un error. En un mundo perfectamente racional, deberíamos tratar el dinero de una cuenta exactamente igual que el de cualquier otra cuenta. Después de todo, es solo dinero: dinero es dinero, y además es eso, es algo totalmente intercambiable. En un mundo perfectamente racional, tendríamos una capacidad ilimitada de cálculo financiero, y compartimentar de esta forma sería un error porque nos lleva a ignorar el hecho de que el dinero es un bien fungible, privándonos de una de sus principales ventajas.

Sin embargo, para las personas con limitaciones cognitivas, es decir, con los límites reales de nuestro cerebro para registrar y procesar información, la contabilidad mental puede ser de gran ayuda. En el mundo real, es extremadamente difícil evaluar los costes de oportunidad y las múltiples posibilidades de cada transacción financiera. La contabilidad mental nos ofrece una heurística útil —o atajo mental— para tomar decisiones. Cada vez que compramos algo, como un café, no podemos ponernos a pensar: «Oh, esto podría ser un par de calzoncillos, o una descarga en iTunes, o 2 litros de gasolina, o cualquier número infinito de compras presentes o futuras».

En vez de eso, podemos utilizar la contabilidad mental para pensar en ese café como parte de nuestra cuenta de «Comida y bebida». De este modo, solo tenemos que considerar los costes de oportunidad dentro de esa cuenta, lo cual limita nuestro pensamiento, pero lo hace más manejable: «Oh, esto podría ser la mitad de mi comida de hoy, o tal vez otro café el viernes por la tarde». Los cálculos se vuelven claramente más simples. Desde esta perspectiva, y dadas nuestras limitaciones cognitivas, la contabilidad mental sigue sin ser racional, pero al menos es sensata.

Cuando compartimentamos para simplificar, cada vez que gastamos dinero no tenemos que pensar en todos los costes de oportunidad existentes, pues ello sería realmente agotador. En vez de eso, nos basta con pensar en nuestro presupuesto más restringido —para cafés, cenas o entretenimiento— y en los costes de oportunidad dentro del mismo. No es lo ideal, pero nos ayuda. De hecho, una vez que reconocemos que la contabilidad mental no es racional, pero puede ser útil, podemos intentar encontrar la manera de utilizarla de la mejor forma posible.

Esto nos lleva a nuestro tercer tipo de persona, la que tiene emociones, estrés, mal humor, plazos que cumplir *¡y muchas otras cosas que hacer!* En otras palabras: nosotros, la gente *real*. Aunque no sea tan imposible como calcular exhaustivamente todos los costes de oportunidad de cada transacción que realizamos, hacerlo de forma continua, incluso dentro de categorías más pequeñas, es, como mínimo, molesto. Si tuviéramos que pensar en todos los pros y los contras de nuestras decisiones cada vez que deseamos comprar un producto concreto —café, gasolina, una aplicación para el móvil, este libro— sería casi tan incómodo como un gran grano en *le derrière* (y perdón por el galicismo). Al igual que es muy posible que si se pide a alguien que está haciendo dieta que cuente hasta la última caloría, este acabe mandando todo a paseo y se pegue un atracón sin contar nada, la exigencia de crear categorías presupuestarias muy complejas puede llevar a la gente a no presupuestar en absoluto. Y esa no es la solución que queremos, desde luego.

De hecho, cuando la gente nos dice que les cuesta controlar sus gastos, admitimos que podrían presupuestarlo todo, pero también les decimos que probablemente sería tan molesto que se rendirían enseguida. En vez de esto, les sugerimos que calculen cuánto quieren gastar semanalmente en una amplia categoría de «Productos prescindibles»: aquellas cosas que *no necesitan* para vivir, como café, zapatos caros, o una noche de copas. Una vez hecho el cálculo, tienen que ingresar dicha cantidad en una tarjeta de débito de prepago. De este modo, cada lunes pueden tener un nuevo presupuesto en la cuenta de gastos prescindibles. El saldo de la cuenta mostrará cómo se está utilizando y tanto los costes de oportunidad *dentro de esta categoría* como el coste de oportunidad de cada decisión estarán más claros y se obtendrán de forma inmediata; bastará con comprobar dicho saldo. Sin duda requerirá cierto esfuerzo, pero no será tan molesto como tener cuentas mentales diferentes para café, cerveza, Uber y la versión digital de este libro. Es una manera de usar la contabilidad mental en nuestro favor, al tiempo que tenemos en cuenta la complejidad y las presiones de nuestra vida real.

MÁS SOLUCIONES, MÁS ADELANTE

Como hemos podido comprobar, la contabilidad mental es un error único y singular de nuestra forma de pensar en el dinero: en general no deberíamos llevar a cabo contabilidad mental, pero, como nos facilita la vida, lo hacemos igualmente. Y ya que lo hacemos, deberíamos ser conscientes de los errores que cometemos cuando la utilizamos. Reconocerlos, teniendo en cuenta y aceptando nuestra naturaleza propensa a gastar dinero, supone que podamos modificar la forma en la que usamos el dinero.

En la última parte del libro ofreceremos más consejos como este, más maneras de tener en cuenta nuestra imperfecta forma de pensar en las finanzas y usarla en nuestro favor. Por el momento, continuemos explorando nuestras irracionalidades monetarias. Pondremos el resto de las propuestas en una sección literaria distinta, o tal vez deberíamos decir en una cuenta mental distinta.

DESORDEN

La forma en que hacemos la categorización del dinero influye en cómo lo tratamos y cómo lo utilizamos, pero no siempre disponemos de criterios muy claros para realizar tal categorización. A diferencia de las empresas, nuestras vidas no están llenas de suministros y nóminas. Ordenamos nuestro dinero en distintos tipos de cuentas mentales, cada una con sus propias reglas, en función de cómo lo obtenemos, cómo lo gastamos y cómo lo consideramos: ¿lo hemos ganado trabajando o cobrando un billete de lotería premiado que nos encontramos por la calle? ¿Procede de una herencia, de un desfalco o de nuestra pericia como jugadores online?

Por ejemplo, si nos llega un cheque regalo de Amazon o iTunes, es muy probable que compremos cosas que normalmente no compraríamos si la misma cantidad hubiese salido de nuestra nómina. ¿Por qué? Porque un cheque regalo lo clasificamos en nuestra cuenta de regalos, mientras que el dinero que nos ha costado un esfuerzo ganar lo metemos en una cuenta más protegida y menos frívola. Ambas cuentas tienen reglas de gasto distintas (aunque de nuevo formen parte de nuestro propio —y fungible— dinero).

Un hecho curioso sobre la forma en la que clasificamos el dinero es que las personas que se sienten culpables por el modo en que han obtenido un dinero a menudo donan parte de él a obras de caridad.[2] Pensemos en esto por un momento: la forma en la que gastamos el dinero depende de nuestros *sentimientos* hacia él. Sí, otro factor oculto que influye en cómo compartimentamos el dinero es qué sensaciones nos inspira. ¿Nos sentimos mal al obtenerlo porque nos ha llegado en circunstancias negativas? ¿Tenemos la impresión de que es dinero gratis porque ha sido un regalo? ¿O nos sentimos bien porque hemos trabajado duro para ganar el dinero —muy duro, cariño*— y por lo tanto nos lo merecemos?**

Es más probable que la gente gaste algo como su salario en cosas «responsables» como pagar facturas, porque lo considera «dinero serio». Por otro lado, el dinero que se considera «diversión» —como 300 millones de dólares ganados en un casino— tiende a ser gastado en otras cosas divertidas, como nuevas apuestas.

Jonathan Levav y Pete McGraw descubrieron que cuando obtenemos dinero que *sentimos* como negativo, intentamos «lavarlo» de alguna forma. Por ejemplo, si recibimos una herencia de un pariente querido, el dinero nos agrada y estamos listos para gastarlo, pero si lo recibimos de una fuente que no nos gusta —en el experimento, la empresa tabacalera Philip Morris—, el dinero nos incomoda. Por tan-

---

* Traducción literal de los dos primeros versos de la canción que los autores mencionan en la siguiente nota al pie. *(N. del t.)*
** Nuestro próximo libro hablará de por qué, ahora que la hemos mencionado, ya no podrá quitarse de la cabeza la canción *She works hard for the money*, de Donna Summer.

to, para eliminar los sentimientos negativos, lo gastamos primero en cosas generosas, como comprar libros de texto o donar parte a obras benéficas, en lugar de egoístas, como comprar un helado.

Y una vez que parte del dinero se ha usado para hacer el bien, ya nos parece más limpio, y no tenemos problema en gastar el resto en cosas más indulgentes como vacaciones, joyería o helados.

Jonathan y Pete llaman a esto *CONTABILIDAD EMOCIONAL*. El lavado emocional del dinero puede realizarse de formas diversas. Podemos limpiar un dinero manchado gastando parte en cosas serias, como reducir nuestras deudas, o en cosas generosas, como comprar helado... para niños huérfanos. Cuando hacemos algo que consideramos bueno, logramos eliminar las malas sensaciones asociadas a ese dinero, lo cual nos libera para gastar libremente el resto. Desde luego, esta clase de lavado emocional de dinero no es en absoluto racional, pero nos hace sentir bien.[3]

Esta es una descripción bastante precisa de cómo manejamos el dinero en muchas situaciones: no de forma que tenga sentido, sino de forma que nos haga sentir bien. (Es muy probable que también se aplique a la forma en la que lidiamos con muchas otras cosas en la vida, pero este no es momento para filosofías ni lugar para terapias.)

AÚN CON OTRO NOMBRE, UNA ROSA NOS SEGUIRÍA COSTANDO MÁS*

Por desgracia, a veces tendemos a actuar como los departamentos de contabilidad corporativos, como por ejemplo cuando utilizamos trucos contables para adaptar el sistema

---

* Adaptación de una frase de Julieta («A rose by any other name would smell as sweet») en la escena del balcón de *Romeo y Julieta*. (*N. del t.*)

a nuestro beneficio. En esos casos, nos parecemos a determinadas empresas, como Enron. Le suena el nombre, ¿no es cierto? La tristemente célebre empresa energética —el ejemplo más claro de juego sucio empresarial de la década de 2000— permitió que algunos de sus empleados se hicieran obscenamente ricos gracias a prácticas contables y financieras fraudulentas: los directivos de Enron crearon cuentas en paraísos fiscales para ocultar gastos y generar ingresos falsos; engañaron a mucha gente comerciando con derivados que en la práctica eran productos ficticios; y sus operaciones contables eran «controladas» por una empresa de auditoría que ellos mismos habían creado. En definitiva, eran unos tramposos, y se les daba tan bien hacer trampas que incluso comenzaron a creerse la lógica de su propia contabilidad fraudulenta.

En gran medida, la magnitud de la crisis financiera de 2008 se debe a la generalización de estas prácticas contables, pues algunos de la industria de las finanzas empezaron a generar dinero a partir del propio dinero, moviéndolo de un lado a otro y dividiendo los activos en porciones para luego venderlas. Cometían desfalcos y movían fondos de una cuenta a otra cuando les resultaba conveniente, cuando les era rentable, o cuando les beneficiaba directamente.

Pues bien, nosotros también llevamos a cabo esta clase de trucos: pagamos con tarjeta de crédito y nos olvidamos rápidamente de esos pagos; tomamos prestado de nuestros supuestos ahorros; cuando no están incluidas en nuestro presupuesto mensual, no tenemos en cuenta las grandes facturas; trasladamos el dinero entre cuentas corrientes y cuentas de ahorro con el fin de hacer algo «especial» con él. Sin embargo, la mayoría de las veces nuestros trucos contables no provocan colapsos económicos globales, y lo único que colapsan es nuestro futuro financiero personal. La mayoría de las veces.

Vale, tal vez no seamos tan malos como Enron y sus colegas a comienzos de este siglo, pero nuestra contabilidad mental puede ser bastante turbia. A menudo nos desviamos del camino correcto por ceder a las presiones externas, las emociones, el egoísmo, la impulsividad, la falta de planificación, la mentalidad cortoplacista, el autoengaño, la autojustificación, la confusión y la codicia. Podríamos considerarlos los Diez Pecados Financieros. Excepto el último, no son los Pecados Capitales, pero también son bastante perversos.

Y al igual que los Enron del mundo, nuestro departamento de contabilidad mental no tiene más control que el de perezosos auditores que no desean pensar demasiado, adoran el placer de gastar y tienen un claro conflicto intrínseco de intereses. *Nosotros* somos nuestros propios auditores. Somos el proverbial zorro que hemos puesto a vigilar nuestro propio gallinero.

Supongamos que es la hora de cenar y que tenemos hambre. Ayer encargamos comida preparada y esta noche nos toca cocinar, pero no hemos hecho la compra. Nuestro presupuesto dice que no podemos salir a cenar, y aún menos al restaurante de moda que han abierto a poca distancia. Nuestros amigos sí van a salir, pero nosotros deberíamos hacernos algo en casa y poner el dinero que no gastamos en la cuenta de jubilación que nos da un interés compuesto hasta que cumplamos ochenta años; entonces podremos salir a comer todos los días. No obstante, nos olvidamos de preguntarnos: «¿Qué haría Jane Martin o Moisés (expertos en separar cosas) en nuestro lugar?», por lo que llamamos a la canguro y una hora más tarde estamos sentados en una mesa del restaurante con un cóctel muy caro en la mano.

Nos prometemos que solo vamos a comer algo barato y sano, ¡pero es que mira qué delicias! Teníamos intención de pedir pollo, pero esa langosta al vino con salsa de mantequilla parece sacar sus suculentas pinzas del menú y dirigirlas directamente a nuestra impaciente garganta. «Precio de mercado», dice. Bueno, no será muy cara; hemos oído que este año la cosecha de langostas ha sido buena. Así que pedimos la langosta y rebañamos hasta la última gota de la estupenda salsa con gruesas rebanadas de pan recién hecho. Tampoco queríamos más que agua del grifo, pero cuando nos ofrecen un buen *pinot noir*, decimos: «¿Por qué no?». Buf, deberíamos saltarnos el postre, pero, oooohhh: ¡Suflé glaseado!

Para cuando nos traen la cuenta, nos hemos pasado de largo de los 6 dólares que hubiera costado el plato de pasta y la naranja en casa. Hemos violado nuestro propio dietario y nuestras normas contables, pero no hay nadie presente que nos delate por ello.

No nos sentimos mal por gastar dinero en comida. Después de todo, algo tenemos que comer, y nos merecemos un capricho tras una larga y dura semana, ¿no? Además, después de beber alguna copa de más, perdemos la capacidad cognitiva necesaria para pensar en cosas tan aburridas como los ahorros o el pago de las facturas.

Aunque es algo irracional, la contabilidad mental (igual que la corporativa) puede ser útil, pero solo si se utiliza de manera juiciosa. Las categorías presupuestarias nos pueden ayudar a planificar nuestras finanzas y controlar nuestro gasto. No obstante, al igual que la contabilidad empresarial, la contabilidad mental no es una panacea, pues tiene muchas zonas grises. Algunas empresas utilizan los resquicios y vacíos legales para la llamada «contabilidad creativa», y nosotros también lo hacemos flexibilizando nuestras normas de gasto. Cuando no usamos clasificación alguna tendemos a gestionar mal nuestro dinero, pero cuando sí la usamos solemos modificarla a nuestro antojo, cambiamos las reglas, y nos inventamos excusas para justificar nuestros caprichos.

Mark Twain relató en una ocasión una divertida anécdota personal relacionada con esta clase de manipulación de las normas: tras prohibirse a sí mismo fumar más de un cigarro puro al día, empezó a encargar cigarros cada vez más grandes, hasta que alcanzaron tales proporciones que «podía haber utilizado uno de ellos como muleta».[4] Los sociólogos denominan a este tipo de truco *CONTABILIDAD MENTAL MALEABLE*, y la utilizamos cuando nos permitimos clasificar gastos de manera ambigua, y cuando asignamos gastos a cuentas mentales de formas creativas. En cierto modo, esto nos ayuda a engañar al contable (que somos nosotros mismos). Si nuestra contabilidad mental no fuese maleable, nos ceñiríamos estrictamente a nuestras normas de ingresos y gastos, pero como sí lo es, manipulamos nuestras cuentas mentales para justificar nuestros gastos, y nos permitimos el lujo de gastar de más sin sentirnos mal por ello.

En otras palabras, y volviendo al ejemplo anterior, aunque sabíamos que nuestro presupuesto no lo permitía, encontramos la forma de justificar la cena: tal vez cambiamos la comida de la cuenta de «Comida» a la de «Entretenimiento», o decidimos de repente que en realidad el hecho de que nuestro hijo pueda o no pagar la universidad no es responsabilidad nuestra. En esencia, actuamos como un Enron en miniatura, modificando nuestros planes financieros para satisfacer nuestros deseos inmediatos. No vamos a ir a la cárcel por ello, pero hemos violado nuestras propias normas. Tiramos abajo el muro entre la comida y el entretenimiento, y se desatan todos los demonios y los deliciosos y glaseados postres.

No solo cambiamos la forma en la que usamos las categorías, sino que a veces también cambiamos las reglas que las definen. Cuando tenemos un hábito cuestionable, como comprar lotería o tabaco, a menudo fijamos normas arbitrarias que nos permiten comprarlo: «Solo compraré lotería si el bote es de más de 100 millones». Por supuesto, esta regla es una tontería porque comprar lotería es una mala decisión sea cual sea el tamaño del bote. Es como decir: «Solo voy a fumar en días parcialmente nublados», pero las reglas nos hacen sentir mejor cuando sabemos que vamos a tomar una mala decisión.

Por supuesto, amañamos estas reglas inventadas siempre que podemos justificarlo: cuando es la lotería del trabajo, o cuando estamos un rato en una cola, o cuando soñamos despiertos, o cuando el día ha sido duro y sentimos que lo merecemos. Como las reglas las hemos creado nosotros mismos, y a menudo somos los únicos que sabemos que existen, es realmente fácil modificarlas, enmendarlas o cambiarlas por otras. («La regla del bote mínimo de 100 millones no cuenta si el billete se compra con pantalones marrones».) Nuestra asamblea legislativa interna lo aprueba sin temor a la animadversión del adversario político o a la falta de debate.

Dinero bueno llama a dinero malo

Supongamos que ganamos un dinero inesperado, como un modesto premio de lotería o los honorarios de una charla en Barcelona. Sin pensarlo demasiado, podemos gastarlo de varias formas distintas, dejando que la agradable sensación de la cuenta de gratificaciones indulgentes y libres de culpa se filtre en el resto de nuestras mermadas cuentas. Podemos derrochar, convenciéndonos de que todas las compras adicionales quedan cubiertas por el dinero caído del cielo, aunque hayamos agotado el presupuesto de esa cuenta hace tiempo. Por ejemplo, en Barcelona, Jeff justificó varios gastos extras (a menudo vino espumoso, ¡pero no siempre!) pensando en ellas como simples retiradas de fondos de sus honorarios. En aquel momento, fue fácil considerar cada uno de ellos como una especie de celebración de su buena suerte. En realidad, todas las pequeñas indulgencias se fueron sumando hasta acumular una cantidad nada despreciable, pero nunca lo pensó de esa forma. Al menos, no hasta que a finales de ese mes el banco le cobró de golpe todos los gastos de su pobre tarjeta de crédito. (En breve llegaremos a estas tarjetas.)

La contabilidad mental maleable también nos lleva a meter la mano en nuestros ahorros a largo plazo para satisfacer necesidades o deseos presentes; nos permite gastar en atención médica cuando se presenta una emergencia; nos deja crear categorías presupuestarias totalmente nuevas a nuestro antojo, y lo que es peor, una vez creadas resulta más fácil tirar de ellas en el futuro. ¿Quién iba a pensar que podía crearse una cuenta mental llamada «Celebrar que es miércoles» en la hora feliz del bar de la esquina todas las semanas?

A veces, cuando logramos ahorrar algún dinero, lo celebramos gastándolo en extraños lujos que normalmente no compraríamos, a pesar de que el objetivo de ahorrar en una cuenta mental no es poder gastar más en otra. Cuando esto ocurre —no siempre, pero con demasiada frecuencia— estamos recompensando un buen comportamiento con un mal comportamiento que anula al bueno. Ahorrar 100 dólares una semana es un buen comienzo, pero celebrar el ahorro gastando 50 en algo que de otro modo no hubiésemos comprado —como una cena o un regalo— no beneficia precisamente a nuestras finanzas.

También utilizamos a veces otra argucia para hacer contabilidad creativa, y es la llamada *INTEGRACIÓN*, consistente en convertir dos gastos diferentes en uno solo, argumentando que el gasto menor pertenece a la misma categoría que el mayor. De esta forma, podemos autoconvencernos de que estamos haciendo una única compra grande, lo que psicológicamente nos resulta menos agobiante que una compra grande *y* otra pequeña.

Por ejemplo, añadimos un reproductor de CD de 300 dólares al gasto de 25.000 dólares por un coche nuevo. O compramos una casa de 500.000 dólares y 600 dólares en muebles de exterior para poder sentarnos en nuestro nuevo patio trasero, juntando todo como gastos de la casa, en lugar de casa y mobiliario; al combinar ambas cosas de esta manera tenemos la impresión de que no hemos tenido dos gastos —la casa y los muebles— en dos cuentas distintas —«Alojamiento» y «Decoración del hogar»—, sino un solo gasto en una sola cuenta. O bien, tras un agotador día de compras, nos regalamos una cena cara... y después un postre... y después una copa en el bar de al lado; y agrupamos todas estas indulgencias en una cuenta mental vagamente llamada «Suspirando otra vez por las vacaciones».

También podemos hacer trampas en nuestra contabilidad creando clasificaciones erróneas. Por ejemplo, Jane no quería gastar dinero en un regalo para su primo Lou, así que se pasó cuatro horas haciéndole un pastel. El tiempo y esfuerzo dedicados tienen un valor: son cuatro horas que podía haber dedicado a otras cosas, como relajarse, visitar a su familia o incluso trabajar para ganar dinero. A nivel financiero, ¿vale más su tiempo que los 15 dólares que se hubiera gastado en comprarle un marco de fotos a su primo? Es muy probable (aunque, por supuesto, está también el valor emocional de hacer un regalo muy personal para un familiar). Hablando estrictamente de dinero —que es el objetivo de Jane—, cambiar 15 dólares por cuatro horas de trabajo agotador parece ser una mala decisión, pero la tomó basándose en una mala clasificación del valor.

Nuestras normas personales de contabilidad mental no son concretas ni de obligado cumplimiento, sino que a menudo son solo pensamientos vagos y poco elaborados que vagan por nuestra mente, por lo que, cuando necesitamos o queremos encontrar resquicios, es muy fácil hacerlo. Como ya hemos visto, la mayoría de nosotros tendemos a escoger la salida más fácil disponible: nos decantamos por lo que más nos tienta, y después usamos trucos clasificatorios para justificarlo sin prestar demasiada atención, incluso aunque las decisiones tomadas signifiquen que nos estemos autoengañando.

El esfuerzo que hace la gente para evitar tener que pensar no tiene límites. En el fondo, no somos malas personas. La mayoría de nosotros no somos deliberadamente codiciosos, estúpidos o malintencionados. No violamos clara e imprudentemente nuestras normas de contabilidad mental, pero sí usamos la maleabilidad de las mismas para justificar decisiones monetarias que se las saltan a la torera.[5] Igual que hacemos trampas en una dieta, nos aprovechamos de nuestra creatividad y la utilizamos para justificar casi cualquier cosa con bastante facilidad. Después de todo, nos merecemos un buen helado por haber comido ensalada antes de ayer, ¿verdad? Y la heladería de nuestra calle es un negocio local que hay que apoyar, ¿no? Y solo es verano una vez al año, ¿a que sí? ¡Pues un día es un día! ¡Mi helado con virutas de chocolate, por favor!

EL TIEMPO LO ES TODO

Por mucho que lo intentemos, no se puede estirar el tiempo, ¿verdad? De hecho, quizá el modo más habitual para hacer trampas a nuestra contabilidad mental provenga de la forma en la que pensamos y nos equivocamos acerca del tiempo; en concreto, del tiempo que pasa entre que pagamos y consumimos.

Una de las características más interesantes de la forma en que clasificamos nuestras decisiones financieras está relacionada con la cuenta mental en la que metemos cada compra y la impresión que tenemos sobre ella, que a menudo se asocia con el tiempo transcurrido entre que hacemos la compra y consumimos lo comprado más que con su verdadero valor. Por ejemplo, Eldar Shafir y Dick Thaler estudiaron el vino —acertada y deliciosa elección, sí señor— y descubrieron que las compras anticipadas de vino tienden a considerarse «inversiones».[6] Meses o años después, cuando se abre, sirve, saborea, consume y alaba una botella, como ese día no se gasta ningún dinero en buen vino, sino que es el fruto de una sabia inversión realizada hace tiempo, la botella parece gratis. Sin embargo, si compráramos el vino ese mismo día —o, Dios no lo quiera, se nos cae la botella y se rompe—, tendríamos la impresión de que la compra se ha realizado con cargo al presupuesto de *ese* momento, y en tal caso no nos estaríamos dando palmaditas en la espalda por una sabia inversión; el tiempo transcurrido entre la compra y el consumo sería tan exiguo que no habría margen para usar una categoría distinta.

En todas las posibles situaciones —comprar ayer y beber hoy; comprar hoy y beber hoy; comprar ayer y romper hoy— gastamos dinero en una botella de vino, pero en función del momento de la compra y del tiempo transcurrido entre la compra y el consumo tendemos a pensar en el coste de forma distinta.

Vaya panda de personitas problemáticas y con tendencia al autoengaño que estamos hechos, ¿no? Bueno, al menos causamos problemas con una copa de buen vino en la mano.

El momento temporal no solo es importante a la hora de gastar dinero, sino también a la hora de ganarlo. ¿Qué preferiría un asalariado? ¿Un aumento de 1.000 dólares al mes, o una prima de 12.000 dólares a final de año? Lo racional sería optar por los 1.000 dólares extras al mes, porque así podemos ahorrarlo, invertirlo, pagar deudas o utilizarlo para nuestras necesidades mensuales.

Sin embargo, si preguntamos a la gente cómo se gastaría una paga única de 12.000 dólares, en vez de 1.000 dólares extras al mes, la mayoría diría que se la gastaría en algo especial para alegrarse la vida. La razón es que la prima no llegaría junto con los flujos mensuales regulares de ingresos y gastos, y por lo tanto quedaría fuera de nuestro sistema contable habitual. Si, por el contrario, el dinero se recibiese de forma mensual, sería clasificado como salario, y la mayoría lo usaría para pagar gastos corrientes. Las primas no tienen un marco de tiempo mensual, por lo que pueden emplearse en caprichos que deseamos, pero que normalmente no compramos porque nos sentiríamos culpables (en este capítulo se sugiere que pueden ser vino o helados, pero no prejuzguemos).

Otro ejemplo de nuestra preferencia por el placer de las primas lo encontramos en el IRS,* que no es precisamente una institución que uno asociaría con el placer. A los estadounidenses les encantan los reembolsos fiscales, porque al recibir todo de una vez lo sienten como una bonificación. Podríamos fijar nuestro descuento mensual en el porcentaje justo para que a final de año paguemos exactamente los impuestos que nos corresponde pagar, de modo que al hacer la declaración anual no tuviéramos que pagar nada ni nos tuvieran que devolver nada en el mes de abril. En lugar de esto, muchos optamos por pagar *demasiados* impuestos con cada nómina —esto es, por cobrar de menos deliberadamente—, con el fin de recibir una prima en forma de devolución fiscal, y una prima *pagada por el gobierno*, nada menos, lo cual nos hace sentir muy bien. Es una pena que no estemos tan dispuestos a renunciar voluntariamente a nuestro dinero por otras causas más productivas...

PAGANDO GRATIS

Los que vivimos en una ciudad y tenemos coche sabemos lo caro que puede ser un vehículo urbano: pagamos un seguro más alto; conducir en ciudad pasa factura al coche, por lo que tenemos un coste de mantenimiento más alto; pagamos

---

* Internal Revenue Service, o «Servicio de Impuestos Internos»; organismo que se encarga en Estados Unidos de recaudar los impuestos a nivel federal. El equivalente español sería la Agencia Tributaria del Ministerio de Hacienda. *(N. del t.)*

parquímetros, plazas de garaje y multas totalmente injustas; y, además, los que vivimos en el interior de la ciudad usamos menos los coches que los que viven en las afueras. Racionalmente, muchos ciudadanos deberían tomar taxis y alquilar coches para las ocasionales escapadas de fin de semana o para los viajes a los grandes centros comerciales de los suburbios, ya que gastarían mucho menos de lo que cuesta tener coche propio. Sin embargo, cada vez que estos ciudadanos usan sus coches —para ir de compras, para salir de viaje o para visitar a los amigos de la periferia—, tienen la impresión de que el desplazamiento no les cuesta. De hecho, piensan que están ahorrando el dinero en taxis y alquileres de coches que tienen que desembolsar los demás, mientras sus viajes son casi gratis. Y lo piensan porque estos pagos, que no se realizan en el momento de desplazarse, los consideran gastos corrientes.

Del mismo modo, cuando adquirimos apartamentos en multipropiedad, pagamos una gran cantidad al contado por el derecho a utilizar el apartamento cuando queramos. ¡Gratis! Bueno, sí, no pagamos nada directamente durante la semana que estamos allí, pero sí pagamos —y mucho— una vez al año; solo parece que es gratis porque el momento de la compra y el momento del uso no son el mismo.

CUENTAS POR PAGAR

La contabilidad mental tiene un gran impacto en nuestras decisiones monetarias, porque dirige y distrae nuestra atención y nuestros pensamientos sobre qué gastar y qué no gastar. Es cierto que ello no siempre es algo negativo; de hecho, dadas nuestras limitaciones cognitivas, hay veces que la contabilidad mental puede crear útiles atajos y mantener una cierta sensación de orden financiero. El problema es que también tendemos a crear difusas normas contables que pueden influir negativamente en nuestra capacidad para calcular el valor, y esto es particularmente cierto cuando disociamos —por tiempo, método de pago o atención— el placer de consumir algo con el dolor de pagar por ello.

Ah, ¿no se había dado cuenta de que le duele pagar por las cosas? Pues bien, en tal caso agarre bien su cartera y pase la página...

6

Huimos del dolor

Jeff está casado —lo siento, chicas—, y da la casualidad de que su luna de miel nos puede resultar un ejemplo muy completo e instructivo sobre cómo actuamos con nuestras finanzas. He aquí una romántica historia de amor y dinero.

Anne y yo escogimos un sitio al que habíamos querido ir durante años: un bonito centro turístico en la isla caribeña de Antigua. Unos amigos nos habían hablado de este lugar mágico, y parecía una forma estupenda de celebrar nuestra boda (y recuperarnos de ella). Las fotos eran preciosas, e, inmersos como estábamos en los detalles de planificar un evento para un gran grupo de personas a las que conocíamos a medias, la idea de poder tumbarnos en una playa tranquila con un cóctel en la mano nos parecía sencillamente irresistible.

Decidimos comprar por anticipado el paquete de «todo incluido». Estuvimos dudando durante bastante tiempo, ya que ese paquete era bastante más caro que la opción «a la carta» —que consistía en pagar por cada consumición—, y con él acabaríamos comiendo y bebiendo demasiado, pero, después de varios meses de dieta intensiva para poder lucir nuestros trajes de novios, nos decidimos por esa opción. Parte de su atractivo era que parecía muy simple, y que una vez reservado y pagado podíamos tachar una línea de nuestra interminable lista de tareas. ¿Por qué nadie nos dijo que planificar una boda era tan difícil? Yo creía que era poco más que alquilar un chaqué y abrir los regalos. Ni de lejos. Hay que encargar las flores, mandar las invitaciones, y por supuesto redactar los votos matrimoniales. Es un trabajo descomunal.

En nuestra opinión, la planificación de una boda debería ser una actividad obligatoria antes de una primera cita. Si una pareja es capaz de superarla, entonces puede ir tranquilamente al cine, pues de otro modo la cosa no va a funcionar. Apostamos lo que sea a que si los planes de la boda formasen parte del proceso de noviazgo, habría muchas menos parejas que descubren demasiado tarde que son incompatibles. ¡Casarse es muy duro!

Nota: No todas nuestras ideas son buenas.

En todo caso, la boda salió genial: mucho amor, muchas risas y una tarta nupcial de helado de Ben & Jerry's (extremadamente recomendable).

Un par de días más tarde cogimos un vuelo para Antigua, y, después de dormir un millón de horas, empezamos realmente nuestras vacaciones. Como era de esperar, nos pasamos el tiempo comiendo, bebiendo y haciendo de todo. Había muchísimo que hacer, como comer, y beber, y beber, y comer: desayunos pantagruélicos, *bloody marys*, atracones de marisco, cócteles de coco, siestas, cócteles de ron, cenas, buen vino... Y postres. Nos pusimos hasta arriba de postres. Es que cada noche traían una bandeja llena de postres variados; ¿qué otra cosa podíamos hacer? En casa nos solemos controlar, pero durante esos días... Casi deseábamos que, en el viaje de vuelta, los empleados de la aduana no nos permitiesen llevarnos todas las calorías de más que nos estábamos metiendo en el cuerpo, y las tuviésemos que dejar allí.

En nuestro descargo, hay que decir que nos las arreglamos para encajar algunas actividades entre comidas, como nadar, jugar al tenis, navegar y bucear. Incluso participamos en algunas excursiones, aunque desertamos a mitad de más de una (dejo a la imaginación de los lectores si lo hicimos por nuestro deseo de una lectura en profundidad sobre la historia de Antigua, o porque no ofrecían suficiente ron). Aunque, por un lado, teníamos la sensación de que nos estábamos mimando demasiado, por el otro pensábamos que nos merecíamos el capricho. Las únicas veces en las que nos sentíamos realmente culpables por nuestros excesos eran aquellas en las que dejábamos media botella de vino sin beber, aunque también hay que reconocer que no es que *solo* nos bebiéramos media botella, sino que no podíamos más porque ya era la segunda o la tercera de la noche.

Al final resultó que una de las alegrías más inesperadas de nuestras vacaciones con todo incluido fue que el hotel tenía la curiosa costumbre de poner los precios de todo en todas partes: en cada comida, bebida o toalla de baño o de playa. Había una lista de precios pegada en las tumbonas de la piscina, y en los barcos que te llevaban a las islitas cercanas. Al principio pensamos que era una costumbre de muy mal gusto, pero al poco tiempo comenzamos a disfrutar del hecho de que nos recordasen a todas horas toda la comida y diversión gratis que estábamos teniendo, y lo que nos estábamos ahorrando.

Era una forma de evadirse de la realidad: de los planes de boda, de la propia boda, y de los familiares que asistieron a la boda. Estábamos gordos, borrachos y quemados por el sol.

Entonces, en mitad de nuestra estancia, comenzó a llover. Llovió y llovió, sin parar, durante tres días seguidos.

Normalmente, esto hubiera sido una decepción, pues en tu luna de miel lo que deseas es tumbarte en la playa, ¿no? Pero algunas veces, cuando la vida te da limones, haces cócteles de ron con limón.

Nos mudamos al bar del hotel, y probamos todas las bebidas que tenían: algunas nos gustaron, otras las dejamos sin terminar. Todo este alegre desenfreno nos permitió trabar amistad con otras parejas recién casadas, que también se habían refugiado en el bar. Era gente realmente encantadora, y con algunos de ellos aún mantenemos el contacto e incluso nos visitamos de vez en cuando, aunque el ron y el tiempo transcurrido hayan difuminado nuestros recuerdos de aquellos días tan lluviosos.

Una pareja de londinenses —llamémosles Sr. y Sra. Smith— llegó justo cuando comenzó la lluvia. Declinaron unirse a nosotros en nuestro reto de probar todas las bebidas, pero se acabaron todos y cada uno de los brebajes y mejunjes que pidieron, incluso cuando sus caras no parecían mostrar placer alguno por la bebida. (¿Mi diagnóstico? No tenían bastante ron.)

Cuando el sol se decidió por fin a volver a hacer acto de presencia, nos encontramos varias veces con los Smith en la playa o en el restaurante, pero solo a la hora de la cena. A menudo se saltaban el desayuno y la comida de mediodía, y hacían una única comida por la noche. Aunque con frecuencia solían hacer bromas sobre los pubs nocturnos de su vieja Inglaterra, no bebían gran cosa: un par de copas de vino durante la cena, y casi nada en la playa. Lo que sí hacían era discutir, y mucho; lo cierto es no éramos quiénes para juzgarles por ello, pero en aquel momento sí lo hacíamos. Al parecer habían escogido el plan «a la carta», y tenían no pocas discrepancias sobre lo que podían permitirse. En cierto modo, era algo comprensible: los precios de las bebidas y las actividades no eran precisamente baratos, y la más mínima decisión sobre qué hacer y qué gastar añadía más y más tensión a la pareja, ensombreciendo la dicha matrimonial.

Nuestro viaje se acabó el mismo día que el de los Smith, y al subir al autobús del hotel para ir hacia el aeropuerto los vimos negociando en recepción una factura de diecinueve hojas. Fue una manera algo triste de poner fin a nuestro tiempo juntos, especialmente porque perdieron ese autobús, y a punto estuvieron de perder su avión.

Al final, perder aquel vuelo hubiese sido casi una bendición. ¿Tener que quedarse en Antigua? Ya nos hubiera gustado, pues lo que pasó fue que tuvimos que quedarnos en Miami, que es una ciudad bonita y agradable, pero con pocos lugares espectaculares que ver durante una visita corta e inesperada. El caso es que perdimos el vuelo de correspondencia, y entre el problema de los equipajes y una tormenta tropical que se aproximaba tuvimos que quedarnos un par de noches. La aerolínea nos ofreció buscarnos un hotel gratis, y aceptamos; podíamos haber estado en un lugar mejor, pero pensamos que no valía la pena pagar 200 dólares de más por ello. El sitio resultó ser bastante sucio y lúgubre, y además no estaba bien ubicado, pero decidimos intentar disfrutar de la pequeña sorpresa. Además, ninguno de los dos conocía Miami, ¿por qué no darle una oportunidad durante 36 horas?

Nos fuimos derechos a la cama, y a la mañana siguiente fuimos a desayunar a un bar cercano, donde compartimos una tortilla grande. Yo no tenía hambre suficiente como para comérmela solo, y 15 dólares parecían demasiados para gastarlos en unos pocos mordiscos, aunque la verdad es que estaba muy buena. Fuimos a la playa, pero no alquilamos ningún barco, ni esquís acuáticos, ni siquiera una sombrilla. Nos tumbamos y nos relajamos, lo que tampoco estaba nada mal y, además, podíamos ver la gran tormenta en el horizonte. También compartimos la comida, y al acabar hicimos planes para esa noche, con cena y espectáculo incluidos.

Fuimos a un buen restaurante, un sitio con una magnífica vista del océano, aún no demasiado tormentoso. Nos llenamos de pan, pasamos de aperitivos y ensaladas, y cenamos un entrante cada uno. Nada de vino. Bebimos un par de cócteles, pero no tomamos postre, pues teníamos la impresión de haber ingerido suficiente azúcar para el resto de nuestras vidas. (Por desgracia, no se cumplió nuestro deseo de que las calorías de más se quedasen en la aduana.) Me quedé con algo de hambre, pero pensé que ya tomaría alguna cosa en el lugar del espectáculo.

El problema es que al final no fuimos. Había una banda local de calipso que tocaba en un club de moda recién abierto, pero, cuando llegamos allí, las únicas entradas que quedaban costaban 35 dólares cada una, lo cual nos pareció bastante caro para una banda que no conocíamos, así que decidimos irnos dando un paseo hasta el hotel. Cuando ya estábamos llegando, empezó a llover. A mares. Lluvia de tormenta tropical. Corrimos a la habitación, cerramos de un portazo y nos metimos en la cama, donde nos pusimos a leer hasta quedarnos fritos. Un día agradable y sencillo.

Cuando por fin aterrizamos en el aeropuerto de nuestra ciudad, los malditos dueños del aparcamiento por días nos querían cobrar el día extra, así que me puse a discutir con ellos. Al final, llegamos a casa bien entrada la noche, y yo me fui a la cama sin cenar, para dormirme lo antes posible y que al día siguiente me costase algo menos levantarme para ir directo al trabajo. No fue el mejor final para un viaje maravilloso, pero así es la vida.

Unos días después nos llamaron nuestros amigos para vernos y que les contásemos cómo nos había ido el viaje, y nosotros estábamos deseosos de hacerlo, así que quedamos a cenar esa misma noche en un restaurante. Fue genial volver a reunirnos, y que todos nos dijeran lo morenos que estábamos (los pequeños placeres de la vida). Cuando llegó la cuenta, aunque intenté contenerme, no pude evitar comentar que nosotros dos —tal vez en un intento desesperado por desintoxicarnos— no habíamos tomado nada del champán ni del vino que habían pedido los demás. Hubo una pequeña discusión acerca de quién debía pagar qué, y al final todos acabamos mirando la cuenta y pagando solo por lo de cada uno.

Le pregunté en broma a la camarera si se podía pagar en conchas marinas y bronceador. No le hizo mucha gracia, así que tuve que sacar mi tarjeta de crédito.

Fue un final algo desagradable para una agradable velada entre amigos, pero así es la vida.

FINALES FELICES

El final de una experiencia es realmente importante. Piense, por ejemplo, en las plegarias finales de los servicios religiosos, el postre al final de una comida, o las canciones de despedida al final de un campamento de verano. Un buen final es crucial para terminar bien una experiencia, ya que influye en gran medida en cómo recordamos y valoramos tal experiencia.

Donald Redelmeier, Joel Katz y Daniel Kahneman estudiaron cómo influye la forma de concluir una colonoscopia (sin duda «la parte final de nuestra parte final» definitiva) en el recuerdo que guardan los pacientes de todo el proceso.[1] Con algunos de los pacientes se empleó la forma habitual de terminar la exploración, mientras que con otros se añadió una fase extra de cinco minutos, que alargaba el proceso, pero que era menos dolorosa. Cuando los médicos utilizaban esta menos dolorosa para concluir, los pacientes recordaban toda la experiencia como menos desagradable, a pesar de que habían tenido que soportar un proceso más largo que el habitual.

Por supuesto, las vacaciones no se parecen en nada a las colonoscopias, pero en ellas también es aplicable la idea de que el final es importante. El final de nuestras vacaciones suele incluir cosas poco agradables: pagar la cuenta del hotel, autobuses, aeropuertos, taxis, maletas, ropa sucia, despertadores y vuelta al trabajo; todas estas cosas pueden influir mucho en nuestro recuerdo de las vacaciones y pintarlas de un color menos brillante.

Nuestro recuerdo de unas vacaciones —incluso unas con tres días de lluvia— sería más positivo si tuviera un final feliz. ¿Cómo podemos lograr esto? Pues podemos por ejemplo terminar «virtualmente» el viaje antes de llegar a la parte desagradable, celebrando el final la noche anterior a nuestra partida. Cuando hacemos esto, asociamos psicológicamente el proceso de hacer las maletas, pagar y volver a casa a la «vida normal» y no al «fin de las vacaciones». Guardamos el viaje en una caja y dejamos fuera todas las molestias asociadas.

Otra solución sería «prolongar» el viaje. Una vez que volvemos a casa y nos enfrentamos de nuevo a la rutina diaria, podemos dedicar un tiempo a hablar de nuestros recuerdos y experiencias, ver las fotos y escribir algunas notas mientras tenemos el viaje fresco en la memoria. El hecho de tomarse el tiempo de saborear las vacaciones las traslada a nuestra vida normal, y también esto puede ayudarnos mucho a tener un mejor final.

Por último, también podemos mejorar nuestras vacaciones si, al final, pensamos en que fueron mejores que sufrir una colonoscopia.

¿QUÉ ESTÁ PASANDO AQUÍ?

La experiencia de la luna de miel de Jeff nos muestra las múltiples manifestaciones del *DOLOR DE PAGAR*, que, tal y como suena, es la idea de que experimentamos algún tipo de dolor mental cuando pagamos por las cosas. La existencia de este fenómeno fue ya avanzada por Drazen Prelec y George Loewenstein en su artículo académico «El rojo y el negro: contabilidad mental de ahorros y deudas».[2]

La mayoría de nosotros estamos familiarizados con el dolor físico y el emocional: la picadura de una abeja, el pinchazo de una aguja, los dolores crónicos y un corazón roto. El dolor de pagar es lo que sentimos al pensar en entregar a otro nuestro dinero, pero no procede del gasto en sí mismo, sino de la idea del gasto. Cuanto más pensamos en ello, más doloroso es, y, si consumimos algo pensando en lo que hemos pagado por ello, el dolor de pagar tiñe de gris toda la experiencia, haciéndola mucho menos placentera.

La idea abstracta del «dolor de pagar» se basaba originalmente en la sensación de aflicción y angustia provocada por los gastos, pero recientes estudios centrados en imágenes y escáneres neurológicos han revelado que el hecho de pagar estimula las mismas regiones del cerebro que procesan el dolor físico. Los precios elevados activan los mecanismos cerebrales con una mayor intensidad, pero esto no ocurre solo con los precios elevados, sino con cualquier precio. Todos sentimos una especie de dolor cuando renunciamos a algo.[3]

SIN DOLOR, NO HAY GANANCIA

Cuando experimentamos dolor, instintivamente tendemos a librarnos de él, o al menos a aliviarlo. Cuando vemos venir algo que seguramente nos va a doler físicamente, nos tensamos, lo esquivamos o huimos de él, y eso mismo ocurre con el dolor de pagar. El problema es que a menudo el método empleado para evitar el dolor de pagar acaba causando más dolor a largo plazo. ¿Por qué? Porque tendemos a sustituir los gastos dolorosos por gastos indoloros, sin tener en cuenta otros factores más importantes. Esta forma de evitar el dolor no soluciona nuestros problemas monetarios; solo evita el dolor en el momento, pero a menudo a costa de más dolor en el futuro.

El deseo de evitar el dolor es sin duda un poderoso acicate, pero también un taimado enemigo que nos hace apartar la vista del valor. Todos tendemos a tomar decisiones incorrectas porque nos centramos en el dolor que experimentamos en el proceso de compra en vez de en el valor de la compra en sí.

El dolor duele, pero también es importante, pues nos dice que hay algo que no va bien: el dolor de una pierna rota nos impulsa a pedir ayuda; el dolor de una quemadura nos advierte de que no debemos tocar el fuego; el rechazo de Megan F. en primaria nos lleva a desconfiar de las niñas llamadas Megan. Lo siento mucho, Megan H.

Un niño pequeño que toca una cocina encendida inmediatamente siente dolor, y con el tiempo entiende cuál ha sido la causa y acaba aprendiendo a no tocar más cocinas encendidas. Del mismo modo, todos deberíamos averiguar qué nos provoca dolor y aprender a evitarlo. ¿Realmente hacemos eso? ¿Dejamos de hacer cosas que nos duelen, o nos limitamos a anestesiar el dolor para poder seguir haciendo cosas dolorosas, pero sin dolor? ¿Tú qué opinas, Seinfeld?

Hay muchas cosas que demuestran que el ser humano no es tan listo como se cree. El casco es mi favorita, o más bien el hecho de que tuviéramos que inventarlo. ¿Por qué lo hicimos? Porque nos pusimos a realizar actividades con las que acabábamos rompiéndonos la cabeza, y al examinar el problema, decidimos que en lugar de dejar de hacerlas podíamos ponernos gorros de plástico duro para poder seguir con nuestro estilo de vida rompecabezas. Lo único más tonto que un casco es la ley que lo regula, pues pretende proteger un cerebro que funciona tan mal que ni siquiera intenta seriamente evitar que se rompa el cráneo que lo protege.

Jerry Seinfeld, *Te lo digo por última vez**

* Programa de televisión protagonizado por Jerry Seinfeld y grabado en directo desde el Broadhurst Theater de Broadway en 1998. *(N. del t.)*

El dolor de pagar debería hacer que dejásemos de tomar dolorosas decisiones de gasto, pero en vez de acabar con el dolor, lo que hacemos —con la «ayuda» de «servicios» financieros como las tarjetas de crédito— es idear modos de aliviar ese dolor. El uso de tarjetas de crédito, carteras electrónicas y transferencias automáticas equivale a ponernos pequeños «cascos financieros». Como los malos médicos, nos limitamos a intentar aliviar los síntomas (el dolor) en lugar de tratar la enfermedad que los provoca (los pagos).

Este es uno de los grandes errores que influyen en nuestra forma de evaluar las decisiones monetarias.

El dolor de pagar es el resultado de dos factores distintos: el primero es el tiempo que transcurre entre que el dinero sale de nuestra cartera y que consumimos el producto que hemos pagado; y el segundo es la atención que prestamos al pago en sí mismo. La fórmula sería: dolor de pagar = tiempo + atención.

Entonces, ¿cómo podemos afrontar nuestras vidas evitando el dolor de pagar, y cómo afecta este a nuestra forma de valorar el dinero? Pues en que acabamos haciendo lo contrario de lo que nos produce dolor: aumentamos la brecha temporal entre pago y consumo, y reducimos la atención necesaria para realizar el pago. Tiempo y atención.

En cuanto a la experiencia de Jeff, él y su adorable, paciente, generosa y mucho-mejor-que-él esposa (¿estás leyendo esto, cariño?) pagaron su luna de miel mucho antes de realizar el viaje. Sin duda, cuando firmaron el abultado cheque tenían una mueca de dolor en la cara, pero para cuando llegaron a Antigua, el pago y el dolor vinculado al mismo ya quedaban muy atrás, por lo que cada experiencia, cada deleite y cada bebida les parecían gratis. Cada vez que pedían otra botella de vino, o salían a navegar, no tenían que pensar en el dinero, o en si la cosa merecía o no la pena. Como ya habían tomado su decisión financiera, podían dar rienda suelta a sus caprichos, deseos e impulsos...

y eso fue lo que hicieron. De hecho, al ver los elevados precios de todo lo que *no* tenían que pagar se sintieron aún mejor, pues en el momento les daba la impresión de que obtenían cosas gratis.

Los Smith, por el contrario, tuvieron que sufrir el dolor de pagar todos los días de su estancia. Cada vez que deseaban hacer algo —comer, beber, nadar, bucear— tenían que pagar por ello, sentir el dolor asociado a pagar, y sentir cómo ese dolor reducía su placer. No vieron la factura hasta el último día, pero debían sopesar los costes y los beneficios, cargarlo todo a su habitación, decidir si dejar propina o no, etc. Cualquier cosa, por pequeña que fuese, conllevaba un gasto y un dolor asociado. Es cierto que el relativamente escaso nivel de atención que tenían que prestar al comprar bebidas tropicales en un hotel del Caribe es, probablemente, un caso de libro de «problemas del primer mundo», pero no por ello dejaban de ser muy conscientes de lo que hacían. Los Smith tenían que lidiar constantemente con el dolor de pagar, y eso se notaba en su tensión y sus peleas. El consabido «hasta que la muerte nos separe» parecía acercarse con excesiva rapidez.

Por otro lado, cuando Jeff y su flamante esposa tuvieron que quedarse en Miami aún estaban de luna de miel, en un sitio relativamente exótico. Era un lugar que no conocían, estaban de viaje, había playas, hoteles, aeropuertos y todas las ventajas de unas vacaciones cuidadosamente planificadas. Por ello, se sentían aún bastante dispuestos a preocuparse poco de sus gastos y probar cosas nuevas. El hotel estaba pagado, por lo que consideraban que aún podían permitirse gastar algún dinero (de nuevo la contabilidad mental), pero no era lo mismo que haber pagado por todo con antelación, pues tenían que sacar sus carteras y pagar en efectivo o con sus tarjetas de crédito. Debían hacer el esfuerzo de pagar en el momento, y tenían que prestar algo de atención al dinero que desaparecía de sus cuentas bancarias. Por ello, en Miami mostraron cierto control y no cedieron a todos sus deseos: por ejemplo, no fueron a un espectáculo que no les convencía, y no pidieron demasiado alcohol. En definitiva, fueron más frugales que en Antigua, lo cual eran malas noticias para la economía de la costa de Florida, pero buenas para la figura de Jeff.

Cuando regresaron a casa, se volvieron aún más tacaños, pues allí sentían el dolor de pagar con toda su fuerza. Ya volvían a estar en su vida normal, y no bajo el influjo de una cuenta mental llamada «Luna de miel». En el restaurante, con sus amigos, poco después de pagar muchos miles de dólares por la boda y la luna de miel, tuvieron que enfrentarse al problema de pagar por el vino que habían bebido otros, y el dolor les volvió picajosos. Por ello, para aliviar un poco el dolor, tiraron de tarjeta de crédito. Como veremos en breve, utilizar ese trozo de plástico para pagar la cena no les dolió tanto como les hubiera dolido pagar en efectivo.

¿EN CALIENTE O EN FRÍO?

Cuando eliminamos el dolor de pagar, gastamos con mayor libertad y disfrutamos más de lo que consumimos. En cambio, cuando aumentamos el dolor de pagar, nuestro control aumenta y nuestros gastos se reducen. ¿Debemos siempre aumentar o disminuir el dolor de pagar? Claro que no. Cada cosa tiene su momento y su lugar.

Hay algunas experiencias, como una luna de miel, que pasan solo una vez en la vida —o dos, o (en el caso de los políticos) tres veces como mucho—, y por tanto son ocasiones muy especiales. En este caso, podría decirse que es bueno reducir el dolor de pagar y disfrutar sin trabas de esa ocasión (más o menos) única. Sin embargo, en nuestra vida diaria, cuando hacemos la misma cosa una y otra vez, puede que haya categorías en las que deberíamos incrementar el dolor que sentimos por pagar: salir a comer fuera, comprar prensa rosa o sensacionalista en la caja del supermercado, tomarnos un batido grande nada más salir del gimnasio... Todas estas son cosas que podemos reconsiderar sin arruinar un momento precioso.

El meollo de la cuestión es que podemos incrementar o reducir el dolor que sentimos al pagar en cualquier momento y en cualquier compra, pero debemos hacerlo deliberadamente, basándonos en cuánto deseamos disfrutar o limitar nuestro gasto, en vez de dejar que aumente o disminuya sin conocimiento ni control.

El tiempo pasa, pasa, pasa... hacia mi cartera

Cuando el pago y el consumo coinciden en el tiempo se tiende a disfrutar mucho menos de lo comprado. Cuando están separados, sin embargo, no prestamos demasiada atención al pago; nos olvidamos de él, y en consecuencia podemos disfrutar plenamente de la compra. Es como si existiese un impuesto de culpa que se nos aplica cada vez que compramos algo, pero su efecto en nosotros es temporal y se limita al momento en el que pagamos, o pensamos en pagar.

Hay tres momentos en los que podemos pagar por un producto o servicio: antes de disfrutarlo, como hizo Jeff con su luna de miel; durante el consumo, como hicieron los Smith; o después de él, como la cena con los amigos pagada con tarjeta de crédito.

Consideremos el elemento temporal en un experimento llevado a cabo por José Silva y Dan:

A varios grupos de estudiantes universitarios se les ofreció un máximo de 10 dólares por sentarse en un laboratorio frente a un ordenador durante 45 minutos. Podían quedarse allí sentados sin hacer nada y marcharse con los 10 dólares, pero también tenían la opción de entretenerse a bajo precio. Había tres tipos de información que los estudiantes podían ver en internet: dibujos animados, la categoría más deseada; noticias y artículos científicos, la segunda categoría más deseada; y artículos sobre literatura posmoderna, la categoría menos deseada (qué raro, ¿verdad?). Los participantes podían ver lo que quisiesen pagando un precio; el ordenador registraba sus elecciones, y les cobraba 3 céntimos por cada corto de dibujos que viesen, y medio céntimo por cada artículo científico; los artículos sobre literatura posmoderna eran totalmente gratuitos.[4]

UN MALENTENDIDO NO TAN SIMPLE

¿Te gusta la literatura posmoderna? ¿Por lo menos la entiendes, o te gustaría que la gente pensase que la entiendes?

En ese caso deberías visitar una estupenda página web llamada *Postmodernism Generator* (www.elsewhere.org/journal/pomo/), en la que puedes crear ensayos «posmodernos» de forma aleatoria, a partir de unas pocas citas y nombres, como «Foucault», «Fellini» y «Derrida». La página consigue que tengamos la impresión de que entendemos cada frase que vamos leyendo, pero al terminar nos damos cuenta de que no hemos entendido nada. Esa es la sensación que tiene mucha gente al leer literatura posmoderna.

En algún momento manejamos la tentadora posibilidad de escribir este libro usando este «Generador de Posmodernismo». ¿Quién sabe? Tal vez lo hicimos.

Además, la forma de pago era distinta para cada grupo. Un grupo era el de «pospago», en el que se comunicaba a los participantes que lo gastado se deduciría de sus diez dólares al final de la sesión, como la cuenta de un restaurante.

Otro grupo era el de «prepago», en el que los participantes recibían al principio los diez dólares en forma de cartera electrónica con la que podían ir pagando su entretenimiento, y al final se les daría lo que quedase en su cuenta. Por último, el tercer grupo era el de «micropagos», y a estos se les cobraría cada vez que optasen por una forma de entretenimiento, no sin antes advertirles del precio de su elección: «¿Estás seguro de que quieres pagar medio céntimo por este artículo?», o «¿Estás seguro de que quieres gastar 0,03 dólares en estos dibujos?»; si aceptaban, se les cobraba de forma inmediata, y su saldo aparecía siempre en la parte superior de sus pantallas. (Jeff se pregunta a menudo cómo y dónde encuentra Dan tantos estudiantes dispuestos a participar en estos experimentos, y si por casualidad podría tener los contactos de estos participantes para «experimentar» pintando su casa o cuidando a sus hijos.)

Es importante aclarar que todos los participantes pagaban los mismos precios por las mismas fuentes de entretenimiento, y que ninguno de ellos gastó gran cosa en términos absolutos (pues los precios eran muy bajos). Sin embargo, lo cierto es que sí hubo notables diferencias de gasto en función del momento en el que los participantes tenían que pensar en el pago.

En el grupo en el que se ingresaba el dinero en la cuenta de entretenimiento de los participantes al principio del estudio —es decir, el de prepago—, la media de gasto fue de 18 céntimos, mientras que el gasto medio de los que pagaban al final del estudio, como si fuese una factura (pospago), fue sensiblemente menor: 12 céntimos. Esto nos revela que el hecho de tener el dinero en una cuenta dedicada a una actividad determinada impulsó a los participantes a gastar más; un 50 por ciento más, para ser exactos. Sin embargo, sin duda el efecto más llamativo fue el de la situación de micropagos, en el que se forzaba a los estudiantes a pensar en el gasto con cada compra que hacían (pago inmediato), pues en este caso la media de gasto fue de solo 4 céntimos. En promedio, los participantes de este grupo vieron un solo corto de animación, leyeron dos artículos científicos, y se pasaron el resto del tiempo leyendo artículos culturales sobre literatura posmoderna, dolorosos pero gratuitos. La combinación de estos tres resultados sugiere que el momento concreto en el que se paga por algo influye en nuestras decisiones, y, lo que es más importante, cuando la sensación de pagar está especialmente presente, alteramos radicalmente nuestro patrón de gasto. En resumen, debido al dolor que sentimos al pagar, estamos dispuestos a pagar más antes, menos después, y aún menos durante el consumo del mismo producto. Miren si será importante el momento exacto de un pago que nos puede llevar incluso a optar voluntariamente por leer literatura posmoderna.

No es nuestra intención criticar este tipo de literatura —sin duda tiene cierto valor, para alguien, en alguna parte—, pero es preciso dejar muy claro que los participantes en el estudio no disfrutaron leyéndola, y de hecho nos dijeron sin tapujos que preferían el sonido de unas uñas arañando una pizarra a nuestra versión de literatura posmoderna. Esto significa que la actividad gratuita provocaba el mínimo dolor *de pagar*, pero el máximo dolor *de consumir*. La gente disfrutaba la experiencia de consumir literatura posmoderna mucho menos que la experiencia de ver dibujos animados, pero al intentar evitar el dolor de pagar por los dibujos acabaron creando otro dolor: el de consumir literatura posmoderna. El grupo de pago inmediato podía haber gastado 12 céntimos en lugar de 4, pasando unos 45 minutos mucho más agradables, pero el dolor de pagar es tan poderoso que les impidió hacerlo.

De manera similar, imagine que estamos en una luna de miel en la que hay que pagar por todo en el momento. Un camarero nos ofrece una estupenda botella de champán bien frío para beber tumbados en la playa contemplando el atardecer, pero como estamos tan irritados por la acumulación de gastos, decidimos optar por agua del grifo. Sí, evitamos el dolor de pagar de más por una botella, pero también evitamos el placer de beber champán durante el ocaso en una luna de miel que (en teoría) nunca se va a repetir.

Cuando pagamos las cosas en el momento podemos encontrar muy difícil equilibrar el dolor de pagar con el placer de consumir. Si nos fiamos del Generador de Posmodernismo, parece ser que Foucault comentó en una ocasión: «Chico, nadie dijo que la vida fuera fácil».

PAGAR ANTES

Como Jeff pagó por anticipado su luna de miel, consumió más y la disfrutó más que si hubiera pagado por todo durante o después del viaje; es muy posible que el pago total fuese más elevado, pero aun así su disfrute fue mayor. Esta clase de comportamiento ha llamado la atención de muchos negocios, y el prepago se ha puesto de moda: algunos restaurantes exclusivos como Trois Mec, en Los Ángeles, Alinea, en Chicago, o Atera, en Nueva York, animan a sus clientes a pagar sus comidas por anticipado a través de internet.

No obstante, hay que decir que el prepago no es solo una moda, sino que en realidad está por todas partes. Muchas veces compramos billetes de transporte o entradas para conciertos, espectáculos o festivales mucho antes de poder usarlos. Incluso usted ha pagado por este libro antes de consumirlo, en lugar de esperar a leer la última página (y cuando llegue ese momento probablemente estará deseando enviarnos una carta de agradecimiento con una buena propina).

Si pagamos por algo antes de consumirlo, el consumo en sí mismo nos parece casi indoloro, pues en ese momento ya no hay que pagar ni preocuparse por un pago futuro. Es una transacción sin dolor (a menos que lo que compremos sea algo que realmente pueda causar dolor físico, como una escalada sin cuerdas de seguridad, una clase de boxeo, o los servicios de una *dominatrix...* pero este es un libro para todos los públicos, así que mejor dejemos el tema).

Amazon basa parte de su negocio en lograr que los costes de envío sean pagados por anticipado mediante suscripciones anuales, que por 99 dólares permiten no pagar gastos de envío durante todo un año. Por supuesto que los gastos de envío no son gratuitos —hemos pagado por ellos 99 dólares—, pero de esta forma las compras que se hagan a lo largo del año estarán libres del dolor adicional asociado al pago de los gastos de envío. En el momento de realizar una compra, el envío nos parece gratis, especialmente porque Amazon suele poner en todos sus envíos una colorida pegatina junto al precio que dice: «ENVÍO GRATUITO POR SUSCRIPCIÓN. ENTREGA EN 2 DÍAS COMO MÁXIMO». ¡Nos hace sentir tan bien que casi nos vemos *impelidos* a comprar más! Y cuantas más veces compremos en Amazon, más barato (más «gratis») nos parece comprar por internet. ¡Vaya chollo!

Imaginemos ahora que queremos participar en un safari de una semana en África que nos cuesta 2.000 dólares, y que tenemos dos formas de pagarlo: o bien por anticipado, cuatro meses antes de ir, o bien en efectivo justo al terminar. Si se nos pregunta qué forma de pago es más económicamente eficiente, sin duda responderíamos que pagar al final, una vez que hemos disfrutado del servicio contratado, y además el dinero ha podido generar intereses durante esos cuatro meses. Sin embargo, ¿qué pasa con nuestro disfrute del viaje? ¿Con cuál de las opciones disfrutaríamos más el último día? Si somos como la mayoría de la gente, disfrutaríamos mucho más si pagásemos por anticipado. ¿Por qué? Porque si tuviésemos que pagar al final, los últimos días nos asaltarían pensamientos como «¿Realmente está valiendo la pena?» y «¿Cuánto estoy disfrutando de esto?». Al tener estos pensamientos siempre en mente, el disfrute percibido de toda la experiencia caería en picado.

El pago por anticipado es también una parte intrínseca de formas de pago como las tarjetas regalo o las fichas de casino. Una vez que pagamos una tarjeta regalo de Starbucks, Amazon o Babies "R" Us, ese dinero ya está metido en una categoría concreta de gasto, es decir, que una vez que se han pagado 20 dólares por una tarjeta de Starbucks, esos 20 dólares quedan asociados a cafés y *cookies* y no a, por ejemplo, refrescos y comida china. Además, una vez que el dinero está asociado a una categoría, tenemos la impresión de que ya se ha pagado. Como no estamos utilizando nuestro propio dinero, nos sentimos menos culpables por gastarlo. Normalmente, si tuviéramos que pagarlo en el momento con nuestro dinero pediríamos el café más pequeño y nada más, pero al tener una tarjeta regalo, derrochamos pidiendo un Venti Chai Latte con Soja y un bizcocho grande. Después de todo, es gratis, ¿no? La razón por la que no sentimos dolor gastando una tarjeta regalo es que las sensaciones que nos evoca no se parecen en nada a las que tenemos cuando pagamos con dinero en efectivo.

Puede que parezca obvio señalarlo, pero a todos nos gusta consumir cosas y a todos nos disgusta pagar por ellas. No obstante, como vieron Drazen y George, el momento concreto del pago importa mucho, y nos sentimos mejor consumiendo algo que hemos pagado con antelación.[5]

PAGAR DURANTE

¿De qué manera afecta al dolor de pagar y a nuestra sensación de valor el hecho de pagar por algo mientras lo estamos utilizando?

Supongamos que hemos decidido comprarnos un pequeño deportivo como regalo de jubilación (o de crisis de los 40), y para ello pedimos un préstamo que devolveremos en cuotas mensuales. Como esperábamos, el coche es una maravilla y al principio nos ayuda a olvidar nuestra inminente mortalidad y algunas de las malas decisiones de nuestra vida. Sin embargo, con el tiempo descubrimos que cada vez tenemos menos tiempo para conducirlo, y que la emoción inicial se va disipando poco a poco. Los pagos mensuales nos recuerdan que en realidad aquella fue una compra imprudente y muy cara, que cada vez nos resulta más difícil de justificar, así que decidimos pagar de golpe lo que queda de préstamo. No cabe duda de que hacer ese gran desembolso es muy doloroso, pero a cambio nos liberamos del dolor constante de las cuotas mensuales y el sentimiento de culpa asociado a ellas, e incluso nos devuelve parte del placer de quemar kilómetros con la capota bajada; dejamos de preocuparnos por los pagos de cada mes y volvemos a disfrutar del coche, incluso aunque no nos sentemos al volante tanto como antes.

Pagar por las cosas mientras las consumimos no solo nos hace más conscientes del dolor de pagarlas, sino que también disminuye el placer de su consumo. ¿Qué pasaría si el propietario de un restaurante descubriese que, en promedio, sus clientes toman 25 bocados cada vez que comen y pagan 25 dólares por la comida? Eso hace 1 dólar por bocado. Un día, el dueño decide ofrecer un descuento del 50 por ciento y cobrar solo 50 céntimos por bocado. Incluso va un paso más allá y anuncia: «¡Solo se cobrarán los bocados que se den! ¿Y los que no se den? Esos son gratis». Tras servir la comida, los camareros se quedan junto a nosotros y apuntan en una libreta cada bocado que damos, y cuando terminamos de comer el camarero hace la cuenta sumando todos los bocados y multiplicándolos por 50 céntimos. No cabe duda de que sería un buen método para ajustar al máximo el precio. Sí, una comida muy económica, pero ¿sería placentera? Da la impresión de que no mucho, ¿verdad? En una ocasión, Dan llevó una pizza a una de sus clases y les dijo a sus alumnos que les cobraría 25 céntimos por mordisco. ¿Cuál fue el resultado? Mordiscos enormes. Los alumnos, huyendo del dolor de pagar, intentaron evitarlo dando mordiscos realmente grandes. Por supuesto, tragarlos fue todo un sufrimiento, con muecas y gargantas obstruidas, así que el método no fue un buen negocio y desde luego nada placentero. En general, el pago por bocado o mordisco no suele ser un buen método para pagar, porque hace que la experiencia de comer sea realmente desagradable. Sin embargo, precisamente por eso puede ser la forma ideal de enfocar una dieta, ya que el disgusto de comer de esta manera superaría con creces el placer de comer en general, y además contar mordiscos es más fácil que contar calorías.

Un claro ejemplo de lo doloroso que puede ser hacer coincidir el pago con el consumo lo encontramos al examinar lo que sucedió cuando una pequeña empresa llamada AOL decidió separar el pago y el consumo. A los que no sepan qué es AOL, les sugerimos que la busquen en Google.

En 1996, el presidente de AOL, Bob Pittman, anunció que la empresa se proponía sustituir las formas de pago habituales —19,95 dólares por las primeras veinte horas de uso y 2,95 dólares por cada hora adicional, o 9,95 dólares por las primeras diez horas y 2,95 dólares por hora a partir de la undécima— por una tarifa plana de 19,95 dólares y acceso ilimitado. Los empleados de AOL decidieron prepararse para los cambios que se pudieran producir en el número de horas de conexión de los usuarios a sus servidores debido a este cambio de precios. Para ello, comprobaron el número de personas que utilizaban el servicio un número de horas situado en el entorno de los umbrales de diez o veinte horas, y supusieron que el nuevo plan podría impulsar a una parte de los clientes a conectarse más a menudo.

También asumieron que la mayoría de ellos, a no ser que estuvieran muy cerca de los umbrales, seguirían usando el servicio más o menos el mismo tiempo que hasta ese momento.

Cuando realizaban estas estimaciones, estaban convencidos de que, si un cliente usaba internet solo siete horas con uno de los sistemas antiguos, no querría utilizarla mucho más con el nuevo. En base a estas premisas, decidieron incrementar los servidores disponibles unos pocos puntos porcentuales. De esta forma, estarían preparados para el comienzo de los precios con acceso ilimitado, ¿no?

Pues no. Craso error. Lo que sucedió en realidad fue que el número total de horas que la gente pasaba conectada se duplicó de la noche a la mañana, y AOL no estaba en absoluto preparada para un incremento tan grande y repentino, por lo que tuvo que solicitar a otros proveedores que le permitiesen usar sus redes; proveedores que estuvieron encantados de ayudar (y aún más encantados de cobrar a AOL un riñón y parte del otro por sus servicios). Intentando justificar su metedura de pata, Pittman declaró: «Somos el proveedor más grande del mundo, y no había precedentes históricos en los que apoyarnos. ¿Quién iba a pensar que la demanda aumentaría tanto en tan poco tiempo? Es como si de un día para otro una cadena de televisión duplicase su audiencia».

¿Realmente no podían los genios de AOL haber previsto esto? Si el equipo de informáticos hubiese examinado todos los aspectos de los sistemas de pago antiguos, y hubiesen tenido en cuenta el dolor asociado al pago, se hubiesen dado cuenta de que cuando el consumo y el pago coinciden, y cuando los clientes tienen en sus pantallas un reloj que les recuerda en todo momento cuánto tiempo les queda, es muy difícil no pensar constantemente en ello y en cuánto les va a costar si se pasan del tiempo, y por ello su placer se reduce de forma considerable. Sin embargo, desde el mismo instante en el que ese reloj desapareció, y se eliminó el límite de 10 o 20 horas, también se esfumó como por ensalmo el dolor de pagar, y los usuarios se mostraron mucho más dispuestos conectarse durante periodos de tiempo más largos. Mucho más largos.

El dolor de un pago continuo y simultáneo no es necesariamente algo negativo, pero sí nos hace ser mucho más conscientes de lo que estamos gastando. Las fuentes de energía son un interesante ejemplo de ello. Cuando echamos gasolina en nuestros coches, vamos viendo cómo va aumentando el importe en el surtidor, y, conscientes de nuestro gasto, sentimos el dolor de pagar, hasta tal punto que nos planteamos comprar en el futuro un coche más eficiente o compartir un vehículo con más gente. Sin embargo, en nuestras casas, el contador de luz suele estar fuera o en un sitio poco visible, por lo que pocas veces lo consultamos; la factura suele llegarnos una vez al mes o incluso cada dos meses; y además el importe se suele deducir de nuestra cuenta de manera automática, por lo que es prácticamente imposible saber cuánto estamos gastando en un momento determinado. Así pues, como no somos conscientes de nuestro gasto, no sentimos el dolor asociado. ¿Tal vez sea esta la solución a nuestro exceso de gasto en energía eléctrica? (Avance informativo: veremos esto en la tercera parte del libro.)

Pagar después

Ah, el futuro. Para comprender cómo influyen los pagos futuros —los realizados después del consumo— en nuestro dolor de pagar, es preciso saber que tendemos a valorar menos el dinero futuro que el dinero presente. Si nos diesen la opción de tener 100 dólares ahora o 100 dólares mañana, la semana que viene, en un mes o dentro de un año, la mayoría escogeríamos los 100 dólares inmediatos. El valor del dinero futuro está devaluado. (Existen innumerables estudios sobre los mecanismos totalmente irracionales que utilizamos para valorar menos los ingresos futuros.)[6] Cuando planeamos pagar una cantidad en el futuro, nos duele menos que cuando tenemos que pagar la misma cantidad hoy, y cuanto más lejos esté ese futuro, menos nos duele en la actualidad; de hecho, si falta realmente mucho tiempo para realizar el pago, hoy nos parece casi gratis: no pagaremos hasta un día de un futuro desconocido y optimista, cuando quizás hayamos ganado la lotería, o seamos una estrella de cine, o hayamos inventado una mochila voladora propulsada con energía solar.

DEMOS A LAS TARJETAS DE CRÉDITO EL CRÉDITO QUE MERECEN

Esta es la característica a la vez más genial y funesta de las tarjetas de crédito: su principal fuerza psicológica consiste en que desvinculan el momento de consumir del momento de pagar. Y como estas tarjetas nos permiten pagar por las cosas en el futuro (¿en qué momento?), los horizontes financieros se difuminan y nuestros costes de oportunidad se vuelven menos claros, por lo que disminuye nuestro dolor de pagar.

Piense en ello: cuando pagamos por comer en un restaurante con una tarjeta de crédito, ¿realmente tenemos la impresión de estar pagando en el momento? No exactamente, pues tan solo estamos firmando un papel; el pago se producirá en algún momento del futuro. Y, cuando nos llega la factura, ¿realmente tenemos la impresión de estar pagando? Tampoco, porque entonces nos parece que ya pagamos en el restaurante. Las empresas de tarjetas de crédito no solo se valen de ilusiones temporales para aliviar el dolor de pagar, sino que lo hacen *dos veces*: una haciéndonos pensar que vamos a pagar más tarde, y otra haciéndonos creer que ya pagamos hace tiempo; de esta forma nos permiten disfrutar más, y gastar nuestro dinero con más libertad.

Las tarjetas de crédito aprovechan nuestro deseo de evitar el dolor de pagar para modificar la forma en la que percibimos el valor. Con pagos más fáciles y menos evidentes, y la disociación entre pago y consumo, las tarjetas de crédito logran minimizar el dolor de pagar que sentimos cuando compramos algo, y generan una despreocupación que nos hace más dispuestos a gastar. Tal y como señalaron Elizabeth Dunn y Mike Norton, esta sensación de despreocupación no solo influye en cómo nos sentimos en el momento, sino que también modifica la forma en la que recordamos la experiencia de compra, haciendo que sea «más difícil recordar cuánto hemos gastado».*[7] Por ejemplo, si vamos a una tienda y compramos calcetines, pijamas y un jersey muy feo, es menos probable que al llegar a casa recordemos cuánto hemos gastado si pagamos con tarjeta de crédito que si lo hacemos en efectivo. Las tarjetas de crédito son como los dispositivos borradores de memoria de las películas de ciencia ficción, pero lo cierto es que son muy reales, y las guardamos en nuestras carteras.

Diversos estudios han demostrado claramente que la gente no solo está más dispuesta a pagar cuando lo hace con tarjeta de crédito,[8] sino que también hace compras más grandes, deja propinas más altas, es más probable que subestime o se olvide de cuánto gasta, y toma decisiones monetarias más apresuradas. Además, el mero hecho de desplegar la parafernalia relacionada con las tarjetas de crédito, como pegatinas con logotipos de tarjetas aceptadas o datá-

* También descubrieron que muchos estudiantes subestiman sus pagos con tarjeta de crédito en un 30 por ciento, y que algunos estudiantes de Economía pujan mucho más en las subastas si se les permite pagar con ellas.

fonos —que nos recuerdan su existencia y su «utilidad»— también genera comportamientos similares a los de las tarjetas de crédito. No es broma: un estudio de 1986[9] descubrió que la exhibición de material promocional de tarjetas impulsa a la gente a gastar más dinero.

En otras palabras, las tarjetas de crédito —o incluso la mera *alusión* a las mismas— nos inducen a gastar más, con mayor rapidez, con más descuido y con menos memoria de la que tendríamos en otras circunstancias. En cierto modo, son como una droga que merma nuestra capacidad para procesar información y actuar de manera racional. Aunque no nos bebemos, nos fumamos o esnifamos tarjetas de crédito —al menos, aún no—, sus efectos son realmente profundos y preocupantes.

Las tarjetas de crédito también nos hacen valorar las compras de forma distinta, pues nos llevan a pensar más en los aspectos positivos de la compra realizada, al contrario que el dinero en efectivo, que nos hace pensar más en los puntos negativos y en el inconveniente de separarnos de nuestro dinero. Con una tarjeta en la mano, pensamos en lo bien que sabrá ese postre o lo bien que quedará ese jarrón sobre la repisa de la chimenea; con efectivo, nos centramos más en lo gordos que nos vamos a poner si lo comemos o en que no tenemos chimenea.[10]

Mismo producto y mismo precio, pero lo valoramos de manera totalmente distinta en función de cómo lo pagamos, con qué facilidad lo pagamos y cuánto dolor nos causa.

ELLA TRABAJA DURO PARA GASTAR DINERO

El poder de las tarjetas de crédito no solo radica en su magia temporal —alterando el tiempo transcurrido entre placer y pago—, sino también en su capacidad para reducir la atención que exige toda compra. Cuanto menor es la atención, menor es el dolor, y mayor es nuestra valoración injustificada de algo.

El sencillo gesto de pasar la tarjeta por el datáfono es más fácil y rápido que sacar la cartera, comprobar cuánto dinero llevamos, coger los billetes, contarlos, entregarlos y esperar el cambio. Cuando pagamos en efectivo, tenemos que ver, tocar, manejar, clasificar y contar el dinero que estamos gastando, y todo ese proceso nos hace sentir más su pérdida, mientras que, con una tarjeta de crédito, la pérdida no es tan vívida ni tan visceral.

El agrupar los gastos de todo un mes en uno solo, las tarjetas de crédito también hacen los pagos más sencillos y menos dolorosos. Las empresas de tarjetas de créditos son básicamente sumadoras: suman todas nuestras compras —comida, ropa, entretenimiento, etc.— y las convierten en una única cantidad. Tenemos un saldo, por lo que no duele mucho pagar un poco más por una compra adicional, que no modifica gran cosa el importe total que debemos a la empresa propietaria de la tarjeta.

Tal y como vimos en nuestro capítulo sobre la relatividad, cuando una cantidad —200 dólares en una cena, por ejemplo— se pone en el contexto de una cantidad mayor —una factura de 5.000 dólares al mes por tarjeta de crédito—, los 200 dólares nos parecen menos importantes y menos dolorosos que si los pagamos aisladamente. Por tanto, cuando pagamos con nuestra tarjeta de crédito, es fácil infravalorar un pago adicional de 200 dólares. Este es un sesgo cognitivo muy común, especialmente cuando hay crédito de por medio, y también lo es gastarse unos cuantos miles de dólares extras para arreglar el suelo de nuestra nueva casa por la que estamos pagando 400.000 dólares de hipoteca, o pagar, sin pensarlo mucho, 200 dólares de más por un reproductor de CD para el coche por el que vamos a pagar 25.000 dólares.

Las tarjetas de crédito no son ni de lejos el único instrumento financiero que se sirve del efecto de agregación que reduce el dolor y difumina el valor. Los asesores financieros ganan dinero cobrando diversos tipos de comisiones a los inversores. Por ejemplo, suelen cobrar un porcentaje determinado (pongamos un 1 por ciento) de los beneficios proporcionados por nuestras carteras financieras (de los «activos gestionados», como les gusta llamarlos), por lo que cada vez que ganamos dinero ellos retiran su 1 por ciento del total antes de que lleguemos a verlo. No sentimos esta pérdida porque aún no somos conscientes de la ganancia que la permite, así que no sentimos el dolor de pagarla. ¿Qué pasaría si el método de pago fuera distinto? ¿Y si tuviésemos que pagar una cantidad mensual de unos 800 dólares, o extender un cheque de 10.000 dólares cada año (de nuestra cartera financiera valorada en un millón de dólares; ¿por qué no soñar?). ¿No cambiaría esto nuestra forma de valorar este servicio? ¿Acaso no solicitaríamos más ayuda, consejos o tiempo? ¿No buscaríamos otras opciones si fuésemos conscientes del coste que supone gestionar nuestro dinero?

Por su parte, aquellos que no tengan una gran cartera de inversiones, que piensen en todos los gastos de la factura de diecinueve páginas de los Smith, o en las facturas del teléfono móvil, donde los cobros por diversos servicios y descargas se suman a las tasas de conexión. O en los paquetes en los que incluimos el teléfono, internet y la televisión con una suscripción mensual para ver los videos de Bob el constructor —«¿Acaso puede nuestro pequeño terremoto descubrir cómo funciona el mando a distancia?»—. Pues sí, sí que puede.

ACCESO RESTRINGIDO

Hablemos de nuevo de las tarjetas regalo, un ejemplo de las formas de pago llamadas «métodos de pago de uso restringido», que solo nos permiten hacer cosas concretas, como las fichas de los casinos y los puntos por viajero aéreo habitual. Estos métodos hacen que los pagos sean bastante indoloros, pues no solo tienen escasa vinculación con nuestros indicadores habituales de contabilidad mental, sino que además facilitan nuestra inclinación al gasto eliminando gran parte de la dolorosa responsabilidad de tomar decisiones. Si nuestra tarjeta regalo solo sirve en un comercio, nuestras fichas son de un único casino o nuestros puntos solo son válidos en una aerolínea, entonces no tenemos que pensar en si el comercio, el casino o la aerolínea nos ofrecen o no el valor suficiente. En ese caso, gastamos el dinero en ellos sin pensar, porque es la categoría a la que pertenece el método de pago, y como lo hacemos sin pensar no evaluamos críticamente nuestras decisiones de gasto.

Ya que hablamos de casinos, debemos recordar que son expertos en separar a la gente de su dinero. (La industria financiera los sigue de cerca en este aspecto.) Desde las fichas a las copas gratis, pasando por la ausencia de relojes, y la comida y entretenimiento a cualquier hora, saben muy bien cómo sacarle el jugo a cada visitante. ¿Recuerdan a nuestro amigo George Jones y sus tribulaciones financieras en la mesa de *blackjack*? Así de poderosos son los casinos.

Está claro que dejamos que el esfuerzo de pagar afecte a la valoración de los gastos que realizamos, lo que se produce de innumerables maneras. Este esfuerzo no debería cambiar nuestras valoraciones, pero lo hace.

¿ME SIENTES AHORA?

¿Sabía que la primera patente que registró Amazon fue su tecnología denominada «A un solo clic»? La posibilidad de comprar algo —por grande o innecesario que sea— con un único clic de ratón facilita aún más las compras, y es algo tan indoloro como vital para el éxito de Amazon. Como hemos visto, la compra online es ya increíblemente sencilla: unos minutos mientras perdemos el tiempo en Facebook y ¡pam! Un nuevo sofá viene de camino, sin ser apenas conscientes de que hemos gastado dinero.

Y precisamente eso —no ser conscientes de los gastos que realizamos— puede que sea lo más aterrador de los métodos cada vez más sofisticados con los que las empresas nos inducen a evitar el dolor de pagar. Numerosos avances tecnológicos recientes han facilitado tanto los pagos que apenas nos damos cuenta de ellos. La tecnología de pago automático en carretera nos cobra en los peajes simplemente pasando por ellos, y no sabemos cuánto hasta fin de mes (si es que nos molestamos en comprobarlo). Lo mismo ocurre con las transferencias automatizadas: las cuotas mensuales del coche, la hipoteca y otros préstamos desaparecen de nuestra cuenta sin tener que hacer siquiera un solo clic. Y tarjetas inteligentes, pagos por móvil, carteras electrónicas, PayPal, Apple Pay, Venmo, y, dentro de no mucho, escáneres de retina. Estos «avances» sin duda facilitan los pagos: sin fricciones, sin dolor, *sin pensar*. Si ni siquiera sentimos que algo está sucediendo, ¿cómo vamos a evaluarlo? ¿Cómo podemos comprender las consecuencias? Por lo menos, en la leyenda urbana sobre los ladrones de riñones nos despertamos en una bañera llena de hielo, y nos damos cuenta en seguida de que nos ha pasado algo malo. Con las renovaciones automáticas de pagos no tenemos tanta consciencia, por desgracia.

Prominencia es el término más adecuado para designar la situación en la que somos conscientes de la existencia de algo; en este caso, de los pagos. El hecho de que exista esta consciencia —o prominencia— es lo único que nos permite sentir el dolor, y por tanto reaccionar, juzgar y evaluar los potenciales costes y beneficios de nuestras elecciones. Sentir el dolor es el único camino para aprender que debemos quitar la mano del fuego.

El pago en efectivo tiene una prominencia intrínseca, pues vemos y sentimos el dinero, y tenemos que contar lo que pagamos y el cambio que recibimos. Los cheques son algo menos prominentes, pero también tenemos que escribir una cantidad y entregar algo. Como hemos comentado, las tarjetas de crédito tienen aún menos prominencia, tanto en su forma de uso —pasarla por un aparato y pulsar algunos botones— como en la cantidad gastada; muchas veces apenas nos fijamos en dicha cantidad, excepto tal vez a la hora de calcular una propina. Y, por último, los pagos digitales, que son los menos prominentes de todos ellos.

Si no podemos sentirlo, no nos puede doler. Recordemos que nos gustan las cosas sencillas e indoloras, y siempre que podamos optaremos por ellas en vez de hacerlo por las sensatas y razonables.

Aunque el dolor de pagar puede hacernos sentir culpables tras una cena más o menos cara, también puede impedirnos (hasta cierto punto) realizar compras compulsivas. En un futuro en el que las carteras digitales pueden ser la principal forma de pago, existe el riesgo de que se eliminen todas las reticencias que ofrecen actualmente algunos sistemas de pagos, en cuyo caso es probable que nos dejemos tentar con mucha mayor frecuencia. Sería casi como si pasásemos todo el día tumbados en una playa llena de bebidas, aperitivos y postres al alcance de la mano. ¿Resultado? Problemas a largo plazo para nuestra salud y nuestros ahorros.

Nuestra esperanza es que las formas de pago del futuro no solo busquen reducir el dolor de pagar, sino que también nos ofrezcan la oportunidad de optar por métodos de pago más deliberativos, racionales y dolorosos. Con el dinero físico tenemos pocas opciones, puesto que exige dedicar el tiempo y la atención necesaria para sacarlo de nuestras carteras y contar el cambio. Con el dinero electrónico, sin embargo, la tentación es escoger métodos de pago que nos alivien el dolor de pagar. Por otra parte, si algunos bancos creasen métodos de pago más dolorosos y reflexivos, ¿elegiríamos unas condiciones que nos harían sentir parte de la agonía de pagar? ¿Tomaríamos las dolorosas decisiones que nos harían sufrir en el momento para poder beneficiarnos de ello más adelante? Deberíamos escoger una saludable dosis de dolor ahora, para recordarnos que estamos gastando y que el dinero no cae de los árboles ni sale de las aplicaciones de los móviles. La pregunta es: ¿seremos realmente capaces de hacerlo?

ALIVIO GRATUITO DEL DOLOR

¿Qué pasaría si la vida fuese como la luna de miel de Jeff y todos tuviéramos la sensación de que es gratis? ¿Comeríamos más? ¿Disfrutaríamos más de la vida en cada momento? Si algo se considera gratis no existe el dolor de pagar, lo que gusta a todo el mundo, pero ¿realmente sería bueno para nosotros a largo plazo?

La gratuidad es un precio extraño (sí, es un precio). Cuando algo es gratis, tendemos a no realizar un análisis coste-beneficio, esto es, solemos escoger lo gratuito frente a lo que no lo es, y lo cierto es que esta no siempre es la mejor decisión.

Supongamos que vamos a comer y nos encontramos unos cuantos puestos de comida. Como estamos a dieta, nos llama la atención que uno de ellos vende sándwiches de vegetales frescos, sin grasas y con un saludable pan de trigo integral. ¡Perfecto! Sin embargo, cuando nos aproximamos vemos que el puesto de al lado está celebrando el día de agradecimiento al cliente ofreciendo gratis sándwiches de queso frito. Nunca nos ha interesado especialmente esa clase de preparación (de hecho, ni siquiera nos gusta mucho el queso), pero por un día estaríamos dispuestos a recibir el agradecimiento que nos ofrecen. ¿Qué hacemos? ¿Pagamos por el almuerzo ideal, o nos comemos un almuerzo no tan ideal sin pagar? Si somos como la mayoría de la gente, optaremos por lo gratuito.

Este tipo de tentaciones nos las encontramos en muchas facetas de nuestras vidas, desde la comida a las finanzas. Imaginemos que debemos escoger entre dos tarjetas de crédito: una nos cobra un tipo de interés del 12 por ciento al año, pero no tiene tasa fija anual, mientras que otra tiene un tipo de interés anual del 8 por ciento y además una tasa de 100 dólares. La mayoría de las personas sobrevalorarían la tasa anual y optarían por la tarjeta del 12 por ciento sin tasa, y con ello tendrían una tarjeta que les acabaría costando mucho más a largo plazo, porque lo más seguro es que no puedan hacer frente a algún pago mensual por no tener saldo suficiente y tengan que pagar intereses. O supongamos que tenemos que optar entre dos suscripciones online a dos periódicos distintos: una de 2 dólares al mes y otra de 1,5 dólares al mes. En este caso, lo más probable es que sopesemos que uno se centra en noticias internacionales y el otro en noticias políticas, y decidamos qué línea editorial nos gusta más. Después de todo, como 50 céntimos no es mucho si tenemos en cuenta el tiempo que pasamos leyendo el periódico, podemos comparar el valor que tiene para nosotros la información de cada periódico. ¿Y si los costes fuesen algo distintos? ¿Qué pasaría si la suscripción a uno de ellos costase 50 céntimos y la otra fuese gratis? ¿Seguiríamos evaluando cuidadosamente ambas suscripciones y teniendo en cuenta el valor de nuestro tiempo y del contenido, o nos decantaríamos por la opción indolora? Sigue habiendo la misma diferencia de 50 céntimos, y leer el periódico continúa siendo una actividad que nos parece importante y además lleva su tiempo, pero cuando una de las opciones es gratis, la mayoría tendemos a dejar de pensar y lanzarnos a ciegas a por ella, y todo porque deseamos evitar a toda costa el dolor de pagar.

Otro efecto de la gratuidad es que, si algo es gratis, cuesta mucho conseguir que, a partir de un determinado momento, se empiece a pagar por ello. Asumámoslo: cuando el dolor de pagar algo es cero, nos encariñamos con el producto y nos acostumbramos a ese precio. Supongamos que crean una aplicación gratuita para el móvil que nos permite identificar canciones mientras suenan, y que también nos encanta descubrir nueva música, por lo que siempre estamos escuchando la radio o bandas sonoras de películas recién estrenadas. Cuando escuchamos algo que nos llama la atención, activamos la aplicación, *et voilà!* ¡Genial, ya sabemos qué canción es! Entonces, ¿qué pasaría si una de las veces que abrimos la aplicación nos salta un mensaje que nos informa de que debemos hacer un pago único de 99 céntimos para seguir usándola indefinidamente? ¿Qué haríamos? ¿Pagaríamos menos de un dólar por continuar usando una aplicación que nos encanta, o buscaríamos otra similar gratuita, incluso aunque no funcione tan bien? Está claro que para casi todo el mundo un dólar es muy poco en comparación con lo que solemos gastar en cafés, transporte o cuidado personal, especialmente a cambio de algo que enriquece nuestra vida; y, sin embargo, de alguna forma, el cambio de gratis a un simple dólar nos hace preguntarnos si realmente merece la pena pagar por algo que teníamos por nada. No dudamos un segundo en pagar 4 dólares todos los días por un *caffè latte*, pero ¿pagar 1 dólar por una aplicación que era gratis? Intolerable.

He aquí un curioso experimento que todos podemos poner en práctica: ponernos en una calle muy transitada con una bandeja con vasos de algún líquido y un cartel que diga «Muestras gratuitas». Seguro que es interesante comprobar cuánta gente coge —e ingiere— lo que sea que esté ofreciendo sin preguntar siquiera quién es usted, qué ofrece y por qué. Perverso, pero sin duda interesante.

Volvamos por un momento a la cena de Jeff, su esposa y sus amigos tras la luna de miel. Existe un estudio bastante útil que afirma que la gente consume más cuando todos saben que la cuenta se dividirá a partes iguales, aprovechándose un poco de sus incautos compañeros de mesa, tal y como hizo Greg al pedir un vino caro.[11] Esta tendencia a pedir de más cuando se divide la cuenta sugiere que el mejor método de pago es que cada uno pague por lo que consume, y dejarlo claro antes de empezar a comer. El problema es que no es la estrategia más divertida ni la más indolora. Ni de lejos.

Teniendo en cuenta el dolor de pagar, el método recomendado para pagar una cuenta entre amigos es jugar a la ruleta con las tarjetas de crédito. Cuando la cuenta llegue a la mesa, todos deben poner su tarjeta junto a ella sin que lo vea el camarero; hecho esto, este escoge una de ellas sin saber de quién es, y al infortunado dueño le toca pagar todo. Una versión que depende menos de la suerte es acordar que el pago vaya rotando: por riguroso turno, a todos les toca tarde o temprano pagar la totalidad de la cena. Este método es útil, sobre todo, cuando tenemos un grupo estable de amigos con los que salimos a comer o cenar con frecuencia, aunque es posible que sintamos la tentación de «casualmente» saltarnos la cena justo el día que nos tocaría pagar; claro que esta maniobra nos puede ayudar a pagar menos, pero también a tener menos amigos.

¿Por qué nos atrae el sistema de la ruleta de tarjetas de crédito? Si consideramos la utilidad para todos los sentados a la mesa —esto es, lo útil que resulta la experiencia a todos los participantes, o cuánto disfrutan de ella—, es fácil ver por qué una persona debería pagar toda la cuenta. Si cada persona paga su parte, todos experimentan *un poco* del dolor de pagar, pero si una sola paga todo entonces esa persona experimenta un dolor elevado, pero no tan elevado como la suma del dolor ahorrado a todos los demás. En realidad, no sería mucho mayor que el que sentiría si hubiese pagado solo lo suyo. Y esto es así porque la intensidad del dolor de pagar no se incrementa de forma lineal con la cantidad pagada: nos sentimos mal cuando pagamos nuestra cena, pero no nos sentimos cuatro veces mal si además tenemos que pagar la de nuestros tres amigos; de hecho, bastante menos que cuatro veces mal. Y lo mejor de este sistema de ruleta de tarjetas de crédito es que a los que no les toque pagar habrán comido «sin dolor».

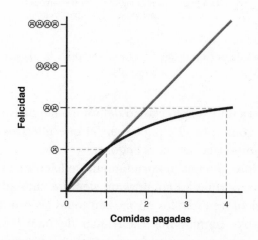

Sensibilidad decreciente al dolor de pagar por la cena.

Así pues, cuando cuatro personas pagan por su propia comida y bebida, podría decirse que el dolor acumulado sería el de cuatro caras tristes, mientras que cuando paga una sola hay una cara *muy* triste y tres caras sonrientes. También debería tenerse en cuenta el aumento del placer colectivo por rotar en el pago de la cuenta, ya que nuestros amigos se sienten bien cuando pagamos por ellos, y nosotros mismos nos sentimos bien al invitarles a algo especial.

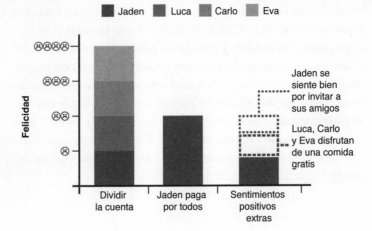

Si una sola persona paga la cuenta se reduce la tristeza total
a largo plazo.

Este es un ejemplo clásico del tópico deportivo de «recibir un golpe por el equipo», en el que nuestros amigos son el equipo y la cuenta es el golpe.

¿Es este sistema financieramente eficiente? Probablemente no, porque las comidas no siempre cuestan lo mismo, no siempre están los mismos en todas las cenas, no todos nuestros amigos nos caen igual de bien, etc., pero incluso si acabamos pagando un poco más a largo plazo al poner en práctica este método, es probable que experimentemos menos dolor y nos divirtamos más. Además, tendremos muchas comidas gratis.

La idea de rotar los pagos de las cenas muestra que el dolor de pagar no es en sí mismo algo malo. Simplemente, es algo que está ahí, y comprender su poder puede aportar beneficios muy positivos tanto a nuestras finanzas como a nuestra vida social.

Todos sentimos dolor, y todos tenemos diferentes formas de aliviar ese dolor. Algunos beben o se drogan, otros ven *Real Housewives of New Jersey*, otros se casan y se van de luna de miel para celebrar que desde ahora van a tener a alguien con quien compartir su dolor (y tal vez también para echarle la culpa de él). Mientras seamos plenamente conscientes de las elecciones que hacemos para huir del dolor, podemos controlarlas y limitar en lo posible su impacto en nuestras vidas.

7

Confiamos en nosotros mismos

En 1987, dos profesores de la Universidad de Arizona —Gregory Northcraft y Margaret Neale— decidieron divertirse un poco. Para ello, invitaron a algunos de los más respetados y reconocidos agentes inmobiliarios de Tucson a visitar y evaluar una casa. Los invitados eran expertos en el sector inmobiliario de la ciudad, veteranos profesionales que conocían el mercado y el valor de las viviendas locales mejor que nadie. Northcraft y Neale permitieron que, uno por uno, los agentes inspeccionaran detenidamente la casa, y les dieron precios de venta de otras casas comparables, datos del Servicio de Listados Múltiples (SLM), y abundante información descriptiva.

A todos los agentes se les dio la misma información sobre la casa, con la excepción del precio. A algunos de ellos les dijeron que el precio de venta sugerido por la constructora era de 119.900 dólares, a otros de 129.000 dólares, a otros de 139.900 dólares y a otros de 149.900 dólares. (Si actualmente es usted propietario de una casa en alguna gran ciudad, intente no echarse a llorar al leer estas cifras; recuerde que esto fue hace mucho tiempo.) Hay que tener en cuenta que estos precios de venta sugeridos eran el primer dato sobre la casa que recibían los agentes que iban a hacer la evaluación.

Cuando acababan la inspección, Northcraft y Neale preguntaban a cada uno de los expertos agentes inmobiliarios cuál sería, en su opinión, el precio de compra más razonable para esa casa, esto es, cuál era el precio de venta esperado de esa casa en el mercado de Tucson.

Los agentes que recibieron el dato de que el precio de venta sugerido era de 119.900 dólares estimaron en promedio que la casa valía 111.454 dólares. Los del precio de venta sugerido de 129.900 calcularon un precio de compra estimado de 123.209 dólares. El dato de 139.900 dólares condujo a una estimación media de 124.653 dólares. Y, por último, los 149.900 dólares como punto de partida llevaron a los expertos a estimar el valor de la casa en un promedio de 127.318 dólares.[1]

PRECIO DE VENTA	ESTIMACIÓN EXPERTA
119.900 $	111.454 $
129.900 $	123.209 $
139.900 $	124.653 $
149.900 $	127.318 $

En otras palabras, cuanto mayor era el precio de venta sugerido —el primer dato al que los agentes habían tenido acceso— mayor era el precio de compra estimado. Un incremento de 30.000 dólares en el precio sugerido aumentó las estimaciones en unos 16.000 dólares.

Antes de burlarnos de la capacidad de estos profesionales, hay que decir que Northcraft y Neale también pusieron a prueba a legos en la materia, utilizando los mismos métodos, y descubrieron que el precio de venta sugerido influía en los no profesionales mucho más que en los agentes inmobiliarios: el aumento de 30.000 dólares en el precio sugerido aumentó sus estimaciones en unos 31.000 dólares. Es cierto que los profesionales se vieron influidos por el precio inicial, pero solo la mitad que los no profesionales.

Dicho esto, el precio de venta sugerido no debería haber afectado en ningún caso a la estimación del valor de la casa, de ningún modo, en absoluto. El valor inmobiliario debería determinarse en base a: las ventas recientes comparables, la calidad de la casa (evaluada por la inspección y el SLM), el tamaño del terreno, la calidad de los colegios más cercanos y los precios de la competencia. Y esto debería ser así especialmente en el caso de los expertos que conocen al dedillo el mercado y los precios de las viviendas, pero como hemos visto no fue así: el precio de venta sugerido influyó claramente en sus estimaciones.

Y aquí viene la parte más curiosa: la gran mayoría de los agentes inmobiliarios (el 81 por ciento) afirmaron que no tuvieron en cuenta *en absoluto* el precio de venta sugerido al hacer sus estimaciones; y entre los legos, el 63 por ciento sostuvo que no consideró este dato a la hora de tomar su decisión. En otras palabras, el precio de venta sugerido había influido claramente en las valoraciones realizadas por todas las personas consultadas, pero la mayoría de ellas no tenía ni idea de que era así.

¿QUÉ ESTÁ PASANDO AQUÍ?

¿En cuál de nuestros asesores confiamos más? ¿A quién acudimos en busca de consejo en momentos de duda o incertidumbre? ¿Alguno de nuestros padres? ¿Un sacerdote? ¿Un profesor? ¿Un político?

Pues resulta que la persona en la que más confiamos somos nosotros mismos, lo cual puede que no sea tan bueno como suena. De manera consciente o inconsciente, solemos confiar en nuestra propia inteligencia, a pesar de que no tengamos tanta experiencia ni seamos tan listos como otras personas, y a pesar de que no tengamos tanta experiencia ni seamos tan listos como nos creemos. Nuestra excesiva confianza en nosotros mismos alcanza su punto más alto, y el más peligroso, cuando se trata de nuestras primeras impresiones, que es cuando es más probable que seamos presa del llamado *EFECTO ANCLAJE*.

El efecto anclaje, o efecto ancla, se produce cuando llegamos a una conclusión guiados por un dato que no debería ser relevante para dicha conclusión, cuando permitimos que un dato irrelevante contamine nuestro proceso de toma de decisiones. Dado que solemos tener la impresión de que las cifras condicionan poco o nada nuestras decisiones, puede que este efecto no nos parezca demasiado preocupante, pero el efecto anclaje plantea otro problema más peligroso, y es que esa decisión inicial, basada en un dato irrelevante, puede convertirse en el punto de partida para decisiones futuras.

Los agentes inmobiliarios de Tucson sufrieron el efecto anclaje: vieron una cifra, la procesaron y se vieron influidos por ella. Confiaban en sí mismos.

Cuando se les sugirió que la casa debería costar 149.900 dólares, tal importe se grabó en su mente y quedó asociado al valor de la casa, y desde ese momento sus estimaciones pasaron a tener esa cifra como referencia; se convirtió en un punto de partida personal en el que confiaban, fuesen o no conscientes de ello.

El mero hecho de leer o escuchar la cifra de 149.900 dólares no debería haber influido en absoluto a la hora de determinar el valor de la casa, pues es solo un número. ¡Pero sí que influyó! En ausencia de otra información clara, y de un valor verificable e incuestionable —y con mucho más contexto—, los expertos agentes inmobiliarios modificaron sus estimaciones porque se les presentó tal cifra y resultaron influidos por ella. Se vieron arrastrados hacia ella como si fuese un imán. O un agujero negro. O, irónicamente, un ancla.

¿Cuánto cobraríamos por sacar a pasear al perro de otra persona durante una hora todos los días? ¿Cuánto pagaríamos por una lata de refresco? No nos lleva mucho tiempo pensar en una respuesta a estas preguntas, o al menos un rango de respuestas. Pongamos que estamos dispuestos a pagar un dólar como mucho por dicha lata, cifra que constituye nuestro precio de reserva. Muchas personas tienden a tener precios de reserva parecidos para productos como los refrescos, pero ¿por qué? ¿Es que a todos nos gustan los refrescos por igual? ¿Tenemos todos el mismo poder adquisitivo? ¿Acaso todos tenemos en cuenta las mismas alternativas? ¿Qué procesos llevamos a cabo para decidir cuánto pagaríamos por una lata para llegar a una respuesta similar?

De acuerdo con la ley de la oferta y la demanda, a la hora de fijar nuestro precio de reserva para un producto deberíamos tener en cuenta únicamente el valor que tal producto tiene para nosotros y las otras opciones de gasto que tenemos. En realidad, sin embargo, solemos tener en cuenta el precio de venta. ¿Cuánto suele costar en una tienda de barrio, o en un hotel, o en un aeropuerto? El precio de venta es una consideración que está fuera del marco oferta-demanda, pero, al igual que otras anclas, acaba influyendo en el precio que estamos dispuestos a pagar. Se convierte en una relación circular: estamos dispuestos a pagar más o menos un dólar porque eso es lo que normalmente cuesta una lata de refresco. Ese es el efecto anclaje. El mundo nos está diciendo que el precio de una lata de refresco es de aproximadamente un dólar, y por eso pagamos ese precio. Cuando compramos una lata por un dólar por primera vez, esa decisión se nos queda grabada en la mente y desde ese momento influye en cómo determinamos su valor. Para bien o para mal, hemos casado una cantidad monetaria con un producto, hasta que la muerte —o una lata bien agitada— nos separe.

El impacto del efecto anclaje fue demostrado por vez primera por Amos Tversky y Daniel Kahneman en un experimento sobre la Organización de Naciones Unidas, realizado en 1974.[2] Durante este experimento, un grupo de estudiantes universitarios debía hacer girar una ruleta manipulada para que solo cayera en el 10 o en el 65, y después se les hacían dos preguntas:

1. El porcentaje de naciones africanas en la ONU, ¿es más alto o más bajo que 10 (o 65, dependiendo del número señalado por la ruleta manipulada)?
2. ¿Qué porcentaje de países africanos hay en la ONU?

En el caso de los estudiantes cuya primera pregunta era si las naciones africanas constituían más o menos del 10 por ciento, la respuesta media a la segunda pregunta fue del 25 por ciento, mientras que entre aquellos a los que se les preguntaba si eran más del 65 por ciento, la respuesta promedio a la segunda pregunta fue el 45 por ciento. En otras palabras, el número escogido por la ruleta en la pregunta 1 marcaba una gran diferencia en la respuesta a la pregunta 2, en teoría independiente. El hecho de usar un número en la primera pregunta (10 o 65) los llevaba a relacionar ese número con el porcentaje de naciones africanas en la ONU, y, por tanto, influía claramente al realizar las estimaciones de la segunda pregunta, que supuestamente no guardaba relación alguna con la primera. He ahí el efecto anclaje en todo su esplendor.

Para aquellos a los que les gusta memorizar datos extraños e inútiles de la década de 1970, la proporción exacta de países africanos en la ONU era del 23 por ciento.

Lo que esto nos recuerda es que cuando desconocemos el valor de algo —cuánto dinero vale una casa, cuántos reproductores de CD equivalen a un techo solar, cuántos países africanos hay en la ONU— somos excepcionalmente sensibles a la sugestión, sea en forma de cifras aleatorias, manipulación intencionada o la producida por estupidez de nuestra propia mente.

Tal y como vimos al hablar del dolor de pagar y de la relatividad, cuando estamos perdidos en el mar de la incertidumbre nos agarramos a cualquier objeto que pase flotando a nuestro lado, y un precio ancla nos ofrece un punto de partida sencillo y familiar.

Los precios de venta sugeridos en Tucson, al igual que la ruleta de la ONU, establecieron un punto de partida para la percepción del valor. Cuanto más alto era el precio sugerido, mayor era el valor percibido, aunque, como sabemos, el valor real para nosotros debería basarse en lo que estaríamos dispuestos a pagar. Y lo que estaríamos dispuestos a pagar debería basarse, a su vez, en los costes de oportunidad, no en el precio pedido por el producto.

El ejemplo de Tucson es importante porque aquellos agentes inmobiliarios eran los mejor informados y los más experimentados, y por tanto lo esperable era que fuesen capaces de ofrecer una estimación real del valor. Ellos eran los que estaban menos perdidos en el mar, y si alguien podía estimar el valor de la casa basándose *solo* en su valor, sin duda eran ellos. Pese a ello, no fueron capaces. Podríamos decir que esto demuestra que el sector inmobiliario es una farsa, y, como propietarios de viviendas, estaríamos de acuerdo, pero el punto más relevante es que, si les pudo pasar a esos profesionales, le podría pasar a cualquiera. Y, efectivamente, le pasa.

A todos nos influye el efecto anclaje, a todas horas, y a menudo sin que seamos siquiera conscientes de ello. Recordemos que nada menos que el 81 por ciento de los expertos y el 63 por ciento de los legos afirmaron que el precio ancla *no les influyó en absoluto*. Los datos muestran que, por el contrario, sí les influyó, *y mucho*, pero no se dieron ni cuenta.

El efecto anclaje se basa en el exceso de confianza en nosotros mismos, porque una vez que el anclaje entra en nuestra mente y se convierte en algo aceptado, pasamos a creer instintivamente que debe ser algo relevante, bien informado y bien razonado. Después de todo, jamás nos autoengañaríamos, ¿verdad? Y tampoco podemos equivocarnos, porque somos brillantes. Además, nunca admitimos voluntariamente que estamos en un error, ni ante nosotros mismos ni ante nadie. Pregúntele a cualquiera que tenga o haya tenido cualquier tipo de conflicto: ¿es fácil admitir que uno se ha equivocado? Noooooo. Es una de las cosas más difíciles del mundo.

En este caso, el hecho de que no nos guste admitir que nos equivocamos no se debe tanto a la arrogancia como a la pereza (no es que la arrogancia no sea un motor importante del comportamiento en general, pero no lo fue en este caso concreto). No nos gusta nada vernos forzados a realizar elecciones difíciles, y desde luego no deseamos complicarnos la vida si no es necesario, por lo que tendemos a tomar la decisión más fácil y que nos resulte más familiar. Y a menudo esta decisión se ve influida por un punto de partida anclado en nuestra mente.

Siguiendo a la manada

Hablemos del *GREGARISMO* y del *AUTOGREGARISMO*. El gregarismo, aplicado a los humanos, significa que tendemos a comportarnos como la multitud, que asumimos que algo es bueno o malo basándonos en el comportamiento de *otras personas*. Si a otras personas les gusta algo, o expresan una opinión favorable sobre ello, o desean verlo, hacerlo o pagar por ello, nos convenceremos de que tiene que ser bueno. Asumimos que algo posee un valor elevado porque otros *parecen* darle un valor elevado. El gregarismo es, en esencia, la psicología subyacente en páginas web de reseñas y recomendaciones como Yelp. Es la razón por la que nos vemos atraídos por restaurantes y clubs con listas de espera o largas colas en la puerta. ¿No pueden hacer que esos niños esperen dentro, como los grandes almacenes? No, los quieren fuera, donde pueden hacer las veces de atractivos y modernos pastores para indicar el camino a los que buscan gastarse el dinero en vodka de marca y sonidos atronadores.

El autogregarismo es la segunda parte del efecto anclaje, y la más peligrosa: la idea fundamental es la misma que en el gregarismo, pero, en lugar de basar nuestras decisiones en las de otras personas, las basamos en decisiones similares que nosotros mismos hemos tomado en el pasado, asumiendo que algo tiene un valor elevado solo porque *nosotros* le hemos dado un alto valor antes. Valoramos algo por lo que «normalmente» cuesta o por lo que «siempre» ha costado, porque confiamos en nuestros propios comportamientos. Recordamos que hemos tomado una decisión sobre un valor concreto una y otra vez, y, sin dedicar más tiempo y energía a evaluarla una y otra vez, damos por supuesto que fue una buena decisión. Después de todo, somos unos expertos a la hora de tomar decisiones, por lo que si hemos tomado una en el pasado sin duda debe ser la mejor y la más razonable. ¿Acaso no es obvio? Una vez pagamos 4 dólares por un café, o 50 dólares por cambiar el aceite del coche, y es probable que lo hagamos otra vez en el futuro, porque ya tomamos antes esa decisión, lo recordamos bien, y nos gustan mucho nuestras propias decisiones, incluso aunque ello implique pagar más de lo que deberíamos pagar, o aunque exista por ahí un sitio que nos ofrezca un café gratis mientras esperamos a que a nuestro coche le cambien el aceite por 25 dólares.

Así es como se crea el efecto anclaje, con una simple decisión, que luego acaba creciendo por medio del autogregarismo hasta convertirse en un problema importante: un ciclo perpetuo de autoengaño, falacias y valoraciones erróneas. Compramos un artilugio a un precio determinado por un precio sugerido, un ancla; ese precio se convierte en una prueba de que fue una buena decisión; y desde ese momento se convierte en el punto de partida de nuestras futuras compras de artilugios similares.

Hay otro indicio de valor que nos manipula y que es un pariente cercano del efecto anclaje y del autogregarismo; se llama *SESGO DE CONFIRMACIÓN*, y surge cuando interpretamos información nueva de manera que confirme nuestras propias expectativas y prejuicios. El sesgo de confirmación también tiene lugar cuando tomamos nuevas decisiones que confirman nuestras decisiones previas. Por ejemplo, cuando en el pasado tomamos una decisión financiera concreta, tendemos a asumir que fue la mejor decisión posible, y por ello buscamos datos que apoyen nuestra opinión, lo cual, a su vez, nos lleva a concluir que nuestras buenas decisiones son mejores de lo que pensábamos; en consecuencia, nuestras decisiones anteriores se ven reforzadas y nos limitamos a seguirlas en el presente y en el futuro.

Basta con observar cómo obtenemos la información del mundo para darnos cuenta del poder del sesgo de confirmación. Todos seleccionamos nuestras fuentes de información, y lo hacemos con el fin de rechazar la información que contradiga nuestras creencias, centrándonos en las noticias que refuerzan y coinciden con nuestras ideas preconcebidas. Esto no es bueno para nosotros como ciudadanos o como parte de una nación, aunque nos resulte más agradable como individuos.

No deja de tener cierto sentido que confiemos tanto en nuestras decisiones previas, pues no deseamos pasarnos la vida angustiados, dudando constantemente de nosotros mismos y, además, algunas de estas decisiones pasadas pueden de hecho haber sido muy razonables y merecer ser repetidas. Por otra parte, confiar siempre en las decisiones tomadas previamente pone mucha presión sobre nuestro yo del pasado, aquel que hizo la primera valoración, fuese la compra consciente de un café por 4 dólares, o la idea inconsciente de considerar la compra de una casa por 149.900 dólares. Se dice que solo tenemos una oportunidad para causar una buena primera impresión, y puede que esto no solo sea cierto para las relaciones, sino también para nuestras decisiones financieras.

El efecto anclaje no solo afecta a los precios de las viviendas, sino también a decisiones financieras tan diversas como las negociaciones salariales (la primera oferta influye en gran medida en el resultado final), los precios de las acciones, los premios de un jurado y nuestra tendencia a comprar más de lo que necesitamos de un producto cuando vemos un cartel que dice «Compre 12 y llévese uno gratis».[3]

Existen muchos otros ejemplos del efecto anclaje. ¿Vamos a ver aquí más o menos de cien de esos ejemplos? ¿Cuántos ejemplos cree que podemos dar? No haga caso, solo le estamos tomando el pelo.

➢ Volvamos a los coches. Muy poca gente acaba pagando el precio de venta al público sugerido por el fabricante, pero está siempre bien visible por una razón muy clara: efecto anclaje.

➢ Supongamos que estamos en lo más profundo de un gran centro comercial, y pasamos por delante de una zapatería. En el escaparate vemos unas brillantes zapatillas deportivas que nos seducen, aunque lo que realmente nos deja con la boca abierta es la etiqueta del precio: 2.500 $. ¡¿Dos mil quinientos dólares por un par de zapatillas?! Nos quedamos estupefactos pensando en ello, y no podemos creerlo. Entramos en la tienda por pura curiosidad y nos encontramos con otro par de zapatos en la mano, estos de 500 dólares. Nos gustan muchííííííísimo, aunque sabemos que jamáááááás deberíamos comprarlos. Ah, amigo, pero es que, en el país de las zapatillas de 2.500 dólares, los zapatos de 500 son los reyes.

➤ ¿Prefiere la comida al calzado? Imagine que se encuentra sentado en una mesa de un restaurante muy caro, echando un vistazo a un menú muy bien diseñado. ¿Qué es lo que primero que vemos? Una apetitosa langosta y un jugoso solomillo de buey Kobe con guarnición de trufas, todo por 125 dólares. No es eso lo que queremos, ni lo que acabamos pidiendo, pero sirve para anclar nuestra perspectiva sobre el resto de los productos del menú, y para hacernos pensar que, en comparación, todo lo demás nos resulta muy asequible.*

➤ El salario de los altos ejecutivos en muchas empresas de Estados Unidos se ha disparado. Cuando existen directivos que ganan un millón de dólares, o dos millones, o 35 millones, estas cifras incrementan las expectativas y las estimaciones sobre el valor del liderazgo empresarial, al menos a ojos de otros ejecutivos. Esta clase de anclaje de salarios se suele llamar *benchmarking*, pero solo porque suena mejor que «machacar a la gente porque pueden hacerlo».

➤ ¿Recordamos las perlas negras de Salvador Assael que ya comentamos en el capítulo de la relatividad? Fueron expuestas junto a diamantes y otras piedras preciosas para hacer que pareciesen muy valiosas. Esa forma de exhibirlas logró anclar el valor percibido de las perlas al valor percibido de los diamantes y otras gemas que la gente ya tenía en la mente, y que gracias a los esfuerzos de la familia De Beers es bastante elevado.

---

* Algunas personas como Gregg Rapp, un consultor de restaurantes, dicen que los productos más caros generan ganancias de forma indirecta, al hacer que los clientes opten por los productos con el segundo precio más caro. Esto es un claro uso de un precio señuelo basado en el efecto anclaje y la relatividad.

Estos ejemplos y muchos otros nos muestran las innumerables formas en las que el efecto anclaje puede influir en nuestra percepción del valor.

ANCLAJE A CERO

El efecto anclaje también puede funcionar para mantener los precios bajos. El mero hecho de que estemos ahorrando dinero no quiere decir que estemos valorando las cosas correctamente.

Pensemos de nuevo en las aplicaciones gratuitas que vimos antes. Este tipo de aplicaciones se mueven en un número reducido de categorías de precios, y la gente, una vez que ha aceptado pagar, normalmente no piensa en la utilidad de la aplicación en relación con lo que podría obtener por la misma cantidad de dinero si lo gastase en otra cosa, sino que se centra en la relación entre el precio que va a pagar y el anclaje inicial.

Por ejemplo, ¿cómo se valoraría una nueva aplicación que solo pudiéramos usar durante quince minutos al día, dos veces a la semana durante todo un año, y que costase 13,50 dólares? ¿Es un precio bajo o alto? A la gente le resulta realmente difícil comparar la cantidad absoluta de placer y utilidad que puede obtener por esta experiencia con la que obtendría por otros usos de ese mismo dinero. Por ello, tendemos a comparar el coste de la aplicación con el coste de otras aplicaciones, y al hacer esto decidimos que la nueva no vale el dinero que nos piden. ¡Un momento! La aplicación puede ofrecernos 27 horas de entretenimiento. Eso es más o menos lo que nos llevaría ver 18 películas, que nos costarían unos 70 dólares si las alquilamos en iTunes, y mucho más que eso si vamos al cine. También equivale a 54 episodios de media hora de una serie de televisión, que, si los bajamos de internet a 99 céntimos cada uno, nos costarían un total de 53,45 dólares. Cuando lo consideramos de esta forma, el pago de 13,50 dólares por 27 horas de diversión no parece un mal negocio. El problema es que casi nunca hacemos esta clase de comparaciones, ni nada remotamente parecido, sino que nos limitamos a comparar los precios de las aplicaciones entre sí sin darnos cuenta de que el precio se ha anclado en cero. En consecuencia, acabamos gastando el dinero en productos que no maximizan nuestro placer y que en realidad tienen poco o ningún sentido financiero.

LA IGNORANCIA ES FELICIDAD

Cuanto menos sabemos sobre algo, más dependemos de los anclajes. Consideremos una vez más nuestro ejemplo en el que se le pidió a agentes inmobiliarios y «gente normal» de Tucson, que tuvieron acceso a precios ancla, que evaluasen una casa. Los expertos, que presumiblemente conocían este valor mucho mejor que los legos, se vieron menos afectados por los precios ancla que estos últimos. También podemos suponer que, si otro grupo distinto no hubiese podido disponer de las listas de precios del SLM, de los precios de viviendas similares y de otros datos relevantes, hubieran estado aún más influidos por los precios ancla, al ser estos la única información con la que contaban.

Es importante tener en cuenta este último punto: el hecho de que el efecto anclaje sea más débil cuando tenemos una noción más o menos aproximada del valor de algo que cuando no tenemos la más mínima idea. Cuando ya tenemos un valor preconcebido y un rango de precios en mente, es más difícil que agentes externos logren influir en nuestras valoraciones.

William Poundstone cuenta qué ocurrió cuando, tras la muerte de Andy Warhol, se puso a la venta la propiedad del artista en Montauk, Long Island. Teniendo en cuenta la aparente arbitrariedad en la que se mueven los precios en el mundo del arte, ¿cómo determinar el precio de una casa que había ocupado (en pocas ocasiones) una figura artística tan reconocida? ¿Qué indicadores hay para fijar ese valor? ¿Su presencia? ¿Su aura? ¿Sus quince minutos de fama? El precio de salida se fijó en un primer momento en la absurda cifra de 50 millones de dólares,[4] aunque finalmente se acabó bajando a 40 millones. Si el precio se podía reducir en 10 millones, ¿por qué poner un precio tan elevado para empezar? Efecto anclaje. Los 50 millones quedaron en la memoria, y pronto alguien pagó 27,5 millones de dólares por la casa, cifra que representaba poco más de la mitad del precio original, pero conviene no olvidar cuál era ese precio: Cincuenta. Millones. De. Dólares. Si el precio inicial hubiese sido de 9 millones —lo cual seguiría siendo mucho dinero, pero sería un importe mucho más aproximado al valor de las propiedades colindantes—, habría sido altamente improbable que el precio final se hubiese *multiplicado* por tres. El precio tan desorbitado que se había fijado realzaba el valor *percibido* de la finca. Tal vez todo aquel asunto no fuese sino un ataque póstumo a la cultura consumista del gran pintor de sopas de tomate de marca.

Cuando nos topamos con un producto o servicio que no podemos evaluar con exactitud, como la casa de recreo de Warhol, el efecto anclaje es realmente poderoso. Y es aún más poderoso cuando nos presentan productos nuevos que no se parecen en absoluto a nada que hayamos visto antes. Imagine un producto o servicio que no exista en el mercado, no tenga precios de referencia o comparables, ni contexto alguno; un producto o servicio que parezca haber venido del espacio exterior...

Cuando Steve Jobs anunció en vivo y en directo la llegada del iPad, nadie había visto nada semejante, y lo que hizo fue poner la cifra de «999 $» en la pantalla y asegurar a todo el mundo que los expertos habían dicho que eso era lo que debía costar el nuevo producto. Después continuó hablando durante un rato, con el precio aún en pantalla, para al final revelar que el precio de venta iba a ser de... ¡499 dólares! ¡Yuuujuuu! ¡Qué precio tan estupendo! ¡Cerebros en explosión! ¡Lágrimas de felicidad! ¡Pandemonio electrónico!

Dan hizo un experimento en el que pidió a la gente que dijese cuánto cobraría por permitir que le pintasen la cara de azul, por oler tres zapatos usados, por matar un ratón, por cantar en la calle durante quince minutos, por limpiar tres pares de botas, por repartir 50 periódicos y por pasear a un perro durante una hora. Escogió cosas como oler zapatos o matar ratones, que no tienen mercado, para que los participantes no se apoyasen en sus técnicas habituales de fijación de precios. Para limpiar botas, repartir periódicos y pasear perros, el rango de precios ofrecidos se situó alrededor del salario mínimo. Cuando los participantes tuvieron que decidir cuánto cobrarían por actividades que tenían un precio ancla, básicamente pensaron en un precio no muy alejado de ese salario mínimo, pero para las cuatro primeras actividades —pintarse la cara, oler zapatos, matar ratones y cantar— no existía un precio ancla tan claro, y las respuestas se dispersaron mucho más: algunos estaban dispuestos a hacerlas casi gratis, mientras que otros pedían miles de dólares.

¿Por qué? Cuando consideramos algo como oler zapatos, no conocemos el precio de mercado, por lo que tenemos que partir de nuestras propias preferencias. Estas preferencias pueden ser muy diferentes en función de la persona, y a menudo son muy difíciles de determinar, pues tenemos que profundizar mucho en nuestra mente, tener en cuenta lo que nos gusta y lo que no nos gusta, lo que estamos dispuestos a gastar, cuánto disfrutamos de la actividad, a qué estamos dispuestos a renunciar (el coste de oportunidad), y mucho más. Puede ser un proceso muy exigente, pero tenemos que pasar por él y en última instancia establecer un precio, por lo que el precio resultante puede variar mucho de una persona a otra.

Cuando sí existe un precio de mercado para algo —como, por ejemplo, un horno eléctrico— tendemos a no tener en cuenta nuestras preferencias; no lo necesitamos, porque aceptamos el precio de mercado como punto de partida. Es posible que pensemos en los costes de oportunidad y en nuestro presupuesto, pero, aunque lo hagamos, partimos del punto fijado por el precio de mercado, no del que fijamos nosotros, y acabamos llegando a un precio que no está muy lejos del precio de partida.

Para darle una vuelta más a este tema, intente expresar en dinero el placer de una estupenda noche de sueño reparador. Cada uno de nosotros, teniendo en cuenta la facilidad que tenga para dormirse y cuánto disfrute durmiendo, ofrecerá una respuesta distinta. ¿Cuánto vale esa experiencia? Es muy difícil decirlo. ¿Y si tuviéramos que valorar el placer de comernos una tableta de chocolate o bebernos un batido? En ese caso es muy probable que sepamos inmediatamente cuánto vale para nosotros, pero no porque seamos capaces de calcular al instante el placer esperado de la experiencia, sino porque partimos del precio de mercado y llegamos a un punto muy cercano. De forma similar, es difícil determinar cuánto tendrían que pagarnos para permitir a alguien que nos pise un pie durante treinta segundos, pero si hubiese un mercado para esta actividad probablemente nos costaría mucho menos pensar en un precio, no porque el ejercicio de calcular nuestro placer sea más fácil, sino porque podemos usar una estrategia distinta (el anclaje) para pensar en una respuesta; no necesariamente la respuesta correcta, pero una respuesta al fin y al cabo. En todo caso, esperamos que todo esto anime a algunos de los lectores a convertirse en emprendedores en los emocionantes sectores profesionales de pisar pies y oler zapatos.

Como seguramente se habrá dado cuenta ya, el anclaje puede proceder tanto del primer precio que vemos, como del precio de venta sugerido por el fabricante (MSRP, por sus siglas en inglés), o del precio del producto que ya hemos pagado en el pasado, como el de la lata de refresco. El MSRP es un ejemplo de anclaje externo, esto es, es el fabricante el que decide que el coche por el que suspiramos cuesta 35.000 dólares. Por el contrario, el precio de los refrescos es un anclaje interno, pues procede de nuestra experiencia previa comprando Coca-Cola, Coca-Cola Light, o la Nueva Coca-Cola Light Zero Sin Cafeína... Sabor Lima. Los efectos de estos dos tipos de anclajes sobre nuestras decisiones son básicamente los mismos.[5] De hecho, la procedencia del anclaje no es demasiado relevante: si contemplamos la posibilidad de comprar algo a ese precio, el efecto anclaje ya está en funcionamiento, incluso aunque la cifra sea completamente aleatoria y arbitraria.

Nuestros experimentos favoritos sobre el efecto anclaje son los realizados por Drazen Prelec, George Loewenstein y Dan. En uno de estos experimentos, preguntaron a un grupo de estudiantes del MIT cuánto pagarían por ciertos productos, como un ratón de ordenador, un teclado inalámbrico, unos bombones exclusivos o un vino muy famoso. Antes de preguntar estos precios, los investigadores pidieron a cada participante que escribiese los dos últimos dígitos de su número de Seguridad Social —una cifra aleatoria— y que dijese si compraría o no cada uno de los productos por esa cantidad. Por ejemplo, si los dos dígitos eran 5 y 4, tenía que pensar si compraría el ratón, el teclado, los bombones o el vino por 54 dólares. Hecho esto, solicitaron a los estudiantes que fijasen el precio máximo *real* que estarían dispuestos a pagar por cada cosa.

Lo interesante de los resultados fue que la cantidad que cada uno afirmó estar dispuesto a pagar guardaba una correlación con los dos últimos dígitos de su número de Seguridad Social: cuanto más alto era ese número de dos cifras, más estaban dispuestos a pagar; y cuanto más bajo era, menos querían pagar. La realidad era que, a pesar de que —obviamente— sus números de la Seguridad Social no tenían absolutamente nada que ver con el valor real de los productos, influían claramente en el valor asignado a cada uno de los productos.

Por supuesto que, Drazen, George y Dan preguntaron a los estudiantes si pensaban que los dos últimos dígitos de su número de la Seguridad Social habían influido en algo en sus valoraciones y estimaciones. Todos dijeron que no.

Una vez más, el efecto anclaje en plena acción. Además, en este caso, aunque el anclaje era totalmente aleatorio, condicionó igualmente los precios. Si queda fijada en nuestras mentes como un posible precio, hasta la cifra más aleatoria influye en el resto de precios relacionados tanto en el momento como en el futuro.[6] Como es lógico, no debería ser así, pero lo es. Hace tiempo que dejamos la lógica muy atrás.

Este hecho es importante y vale la pena repetirlo: un precio ancla puede ser cualquier cifra, por aleatoria que sea, siempre que la asociemos con una decisión, ya que, desde el momento en que se toma la decisión, esta va adquiriendo poder e influencia sobre nuestras decisiones futuras. El efecto anclaje demuestra la importancia de las primeras decisiones sobre precios, puesto que fijan un valor en nuestras mentes y afectan a los cálculos de valor que realizamos en el futuro.

¡Y ahí no acaba la historia! Los anclajes van aumentando poco a poco su impacto mediante un proceso denominado *COHERENCIA ARBITRARIA*. La idea básica de este proceso es que, aunque, inicialmente, la cantidad que los participantes estaban dispuestos a pagar por cada producto se vio influida notablemente por el precio ancla aleatorio, una vez que fijaron un precio para una categoría de productos, ese precio se convirtió a su vez en el anclaje para otros productos de la misma categoría. Los participantes en el experimento tuvieron que pujar por dos productos de dos categorías distintas: dos vinos y dos accesorios de ordenador (un teclado inalámbrico y un ratón). ¿Cree que la decisión tomada con el primer producto de una categoría —el primer vino o el teclado— influyó en la decisión del segundo producto de la misma categoría? A estas alturas, espero que al lector no le sorprenda descubrir que sí, la primera decisión afectó a la segunda. Aquellos que vieron primero el precio del primer vino, de calidad media, se mostraron dispuestos a pagar más por el segundo vino, que era mejor; y aquellos que vieron primero el precio del vino bueno estuvieron dispuestos a pagar menos por el vino mediocre. Y lo mismo sucedió con los accesorios informáticos.

Esto significa que una vez que tomamos nuestra primera decisión en una categoría dejamos de pensar en nuestro anclaje inicial, y tomamos la segunda decisión en base a la primera. Si nuestro número de Seguridad Social, terminado en 75, nos induce aleatoriamente a pagar 60 dólares por una botella de vino, tendemos a valorar la segunda botella en relación con la primera, y nos olvidamos del 75. Pasamos, por tanto, del efecto anclaje a la relatividad. Por supuesto que el anclaje aún cuenta, porque nos hizo ofrecer inicialmente 60 dólares en vez de 40, y si pensamos que la segunda botella vale la mitad que la primera, la valoraremos en 30 dólares (la mitad de 60) en vez de en 20 dólares (la mitad de 40).

En nuestra vida diaria realizamos sobre todo evaluaciones relativas, pues comparamos televisores, coches y casas. Lo que nos muestra la coherencia arbitraria es que podemos tener dos reglas: primero determinamos el precio de partida para una categoría de productos de forma totalmente arbitraria, pero una vez que hemos tomado una decisión, dentro de esa misma categoría, tomamos las decisiones siguientes de manera relativa, es decir, comparando una con otra. Aunque esta forma de proceder parezca sensata y razonable, en realidad no lo es, ya que al partir de un anclaje irrelevante ninguno de los precios siguientes refleja un valor real.

Lo que descubrieron Drazen, George y Dan fue que los puntos de partida aleatorios, y el patrón subsiguiente de valoraciones que se inicia con estos anclajes, crean la ilusión de un orden. Una vez más, cuando no sabemos lo que cuesta algo, o cuando no estamos seguros de algo en la vida, nos agarramos a lo que podemos. Las aplicaciones, los iPads, los cafés de soja, oler zapatos... Ninguno de estos productos son, o fueron en su momento, productos con precios conocidos, pero una vez que se establecen y nos convencemos de que son razonables, tales precios quedan fijados en nuestra mente, anclados allí para influir en las valoraciones de productos similares que realizamos desde ese momento en adelante.

En muchos sentidos, los anclajes iniciales son algunos de los fijadores de precios más importantes en nuestras vidas financieras, pues establecen un punto de referencia de la realidad, aquello que consideramos real y razonable durante mucho tiempo. A la mayoría de los magos, los vendedores y los políticos les encantaría disponer de un truco tan simple y poderoso como el número ancla de los dígitos de la Seguridad Social. Para el resto de nosotros, todas estas cifras, relatividades y precios dejan una cosa muy clara: necesitamos un trago, sea de vino bueno o de otro relativamente menos bueno.

¡ARRIBA EL ANCLA!

Cuando somos adolescentes solemos creernos invencibles, unos superhéroes, pero ya de adultos nos damos cuenta de que tenemos nuestros límites, de que cometemos errores; aceptamos nuestras limitaciones físicas y la estupidez de nuestras malas decisiones. Sin embargo, solo aprendemos —a veces no mucho, pero algo sí— cuando las decisiones las tomamos de manera consciente. Nunca dudamos de las decisiones que adoptamos inconscientemente, de aquellas a las que no prestamos atención, de las que hemos olvidado, o de las que, sin pensarlo, siempre hemos tomado como fundamento de nuestras vidas.

A estas alturas, debería haber quedado claro que en realidad no sabemos lo que vale cada cosa concreta para nosotros. El hecho de que nos veamos influidos de manera tan fácil e inconsciente por un precio sugerido —por un anclaje— debería reforzar la idea de lo difícil que es calcular un valor. Y, precisamente porque es tan difícil, tendemos a buscar ayuda, y a menudo la buscamos en nosotros mismos, independientemente de lo sabias —o insensatas— que hayan sido nuestras decisiones en el pasado. Nos subimos a los hombros de los gigantes... incluso aunque lo único gigantesco sean los errores que nosotros mismos hemos cometido.

La mayoría de las inversiones incluyen una advertencia que dice: «Los resultados pasados no garantizan los futuros». Pues bien, teniendo en cuenta lo mucho que el efecto anclaje afecta a nuestra capacidad para valorar productos, y el peso que nuestras elecciones previas tienen en este efecto, deberíamos aplicar esta misma advertencia a nuestras vidas: las decisiones pasadas no garantizan los resultados futuros.

O, por expresar esta lección con otras palabras: *No crea todo lo que piensa.*

8

Sobrevaloramos lo que tenemos

Tom y Rachel Bradley son una pareja ficticia que vive en Ciudad Media, EE. UU. Tienen tres hijos, dos coches y un perro, y sobreviven a base de una dieta de comentarios sarcásticos, comedias de televisión y bebidas azucaradas. Rachel es escritora de material publicitario y trabaja por libre, mientras que Tom es gerente de administración sénior en WidgeCo, el principal productor, distribuidor y vendedor de *widgets* de primera calidad del país. Parte de su trabajo consiste en explicar que un *widget* es simplemente un término usado por los economistas para describir un producto genérico. «Mire —dice Tom a los clientes unas cinco veces al día—, los *widgets* son imprescindibles para su negocio. Son totalmente compatibles con su organización y son el único motor de crecimiento posible. Es igual si no entiende cómo funcionan, ¡lo que necesita es comprarlos cuanto antes!». Lleva quince años en la empresa. (A título informativo, Rachel es el nombre de la chica que le gustaba a Jeff en el instituto, y Tom es el nombre de su héroe durante su crisis de los 40: el *quarterback* de los New England Patriots.)

Los mellizos de Tom y Rachel, Robert y Roberta, se han ido a estudiar en la universidad, y los Bradley han decidido mudarse a una casa más pequeña. No desean salir de su barrio, ya que su hija menor, Emily, acaba de empezar el instituto y tiene un montón de buenos amigos (y algunos enemigos íntimos no tan buenos), pero ya no necesitan cuatro dormitorios y les vendría bien el dinero extra.

Al principio, optan por vender la casa ellos mismos, para poder ahorrarse la comisión de un agente, y piden 1.300.000 dólares.* Durante un tiempo, no solo no reciben ninguna oferta, sino que los pocos que visitan la casa les resultan irritantes. Cada posible comprador se fija solo en las pequeñas imperfecciones, como un poco de pintura desconchada, manchitas de óxido en el calentador de agua o toques decorativos «extraños». Tom y Rachel les cuentan lo bien que lo han pasado durante años con sus hijos en la cocina y en el salón, dónde suelen jugar con el perro, destacan todas las reformas que han hecho y cómo diseñaron la distribución para maximizar el espacio. En vano. Nadie parece ver que la casa es una maravilla y una ganga.

Hartos de esperar, los Bradley contratan a una agente inmobiliaria, la Sra. Heather Buttonedup,** que además es corredora de bolsa, y les sugiere que bajen el precio a 1.100.000. No están de acuerdo. Ambos recuerdan que unos amigos suyos vendieron una casa similar en la misma calle por 1.400.000 hace tres años. Incluso recibieron entonces un par de ofertas no solicitadas para comprar la casa, una de 1.300.000 y otra de 1.500.000. Y eso fue hace tres años, por lo que ahora su casa debe valer tanto o más que eso, especialmente si se tiene en cuenta la inflación.

—Pero eso fue durante el gran auge inmobiliario —señala Heather.

—Y de eso han pasado tres años, por lo que sin duda habrá aumentado su valor —insiste Rachel—. Además, nuestra casa es mucho más bonita que la de ellos».

* El mercado inmobiliario actual en Ciudad Media es muy diferente al de Tucson, Arizona, en 1987.

** En inglés, «buttoned-up» se aplica a un profesional de gustos muy conservadores. *(N. del t.)*

—Tal vez tengan esa impresión, pero miren todo el trabajo que necesita. Hoy en día la gente ya no quiere diseños de planta abierta, y el comprador tendrá que hacer muchas reformas.

—¡¿Qué?! —exclama Tom—. ¿Sabe cuánto tiempo, esfuerzo y dinero hemos dedicado a hacer todas estas reformas? La casa es fantástica.

—No me cabe la menor duda de que lo es para ustedes, pero... ¿Qué es *eso*?

—Es un cuelga-bicicletas.

—¿Encima de la mesa de la cocina?

—Nos hace recordar nuestros paseos en bici cada vez que comemos.

Heather pone los ojos en blanco.

—Bueno, ustedes verán, pero mi consejo es que, si realmente desean vender esta casa, deben bajar el precio a 1.100.000 y contentarse con la oferta que se quede más cerca de esa suma.

Compraron la casa hace catorce años por 400.000 dólares, por lo que aun vendiéndola a ese precio ganarían mucho dinero. Sin embargo, no pueden por menos que preguntarse si Heather y los posibles compradores están ciegos, pues parecen no ver lo especial que es la casa.

Tras largas noches de deliberaciones, los Bradley acuerdan con Heather bajar el precio hasta 1.150.000 dólares. Poco después, reciben una oferta de 1.090.000. Heather se muestra encantada y les sugiere que la acepten de inmediato, pero ellos deciden esperar. Una semana después, Heather les presiona: «Seamos realistas. Pueden seguir esperando y, en el mejor de los casos, conseguir otros 15.000 o 20.000 dólares, como mucho. Realmente no vale la pena. Deberían vender cuanto antes y empezar la mudanza».

Finalmente, acaban vendiendo la casa por 1.085.000 dólares, y la agencia inmobiliaria de Heather Buttonedup y Asociados recibe una comisión de 65.000 por sus servicios.

Inmediatamente, los Bradley comienzan a buscar su nueva casa, pero las primeras que visitan no les gustan nada. Todas tienen extraños diseños sin sentido y fotos de niños por todas partes. En cuanto a los precios, ni Tom ni Rachel dan crédito a los delirios de algunos de los vendedores, que piden mucho más de lo que ni en sueños podrían valer. «¿Es que se creen que los años no pasan, que continúa el auge inmobiliario?» «Es una locura.» «Los tiempos han cambiado, y los precios también deberían hacerlo.»

Por fin, encuentran una que sí les convence. El precio inicial es de 650.000 dólares, y ellos ofrecen 635.000, pero el vendedor quiere algo más. Su agente les dice que «es mejor que se den prisa y se decidan, ya que están saliendo nuevos posibles compradores», y aunque no se lo creen, acaban comprando por 640.000 dólares, razonablemente satisfechos.

¿QUÉ ESTÁ PASANDO AQUÍ?

Es verdad que la experiencia inmobiliaria de los Bradley es ficticia, pero está basada en muchos casos reales y, lo que es más importante, muestra claramente cómo tendemos a sobrevalorar nuestras cosas.

En un mercado perfecto y totalmente racional, los vendedores y los compradores darían exactamente el mismo valor a cada producto, porque el valor es una función de la utilidad y de los costes de oportunidad. Sin embargo, en la mayoría de las transacciones reales, el propietario de un producto suele pensar que vale más de lo que piensa el comprador. Los Bradley estaban convencidos de que su casa tenía más valor del que realmente tenía, simplemente porque había sido suya durante un tiempo y porque le habían hecho todas esas «maravillosas» reformas, haciéndola aún más «suya». Invertir en algo nuestro hace que aumente nuestra sensación de propiedad, y la propiedad hace que la valoración que hacemos de las cosas tenga poco que ver con su valor real. La propiedad de algo, independientemente de cómo obtuvimos tal propiedad, nos hace sobrevalorarlo. ¿Por qué? Por el llamado *EFECTO DOTACIÓN*.

La idea de que valoramos más lo que tenemos solo porque es nuestro fue expuesta en primer lugar por la psicóloga de Harvard Ellen Langer, y más tarde desarrollada por Dick Thaler. El concepto básico del efecto dotación es que el propietario de algo tiende a sobrevalorarlo, y debido a eso, si desea venderlo, pedirá un precio mayor del que el futuro dueño está dispuesto a pagar por él.[1] Después de todo, el posible comprador no es aún el propietario, y por tanto no está afectado por el amor a lo que uno tiene del efecto dotación. En promedio, en los experimentos sobre el efecto dotación, los precios de venta suelen ser aproximadamente el doble de los precios de compra.

El precio al que los Bradley pretendían vender su casa —es decir, el valor que le daban— era más alto que el precio que los compradores estaban dispuestos a pagar. Y cuando se cambiaron los papeles y los Bradley pasaron a ser compradores, la diferencia de precios también se revirtió: como compradores, valoraban las casas que visitaban a precios inferiores a los que solicitaban los propietarios.

A primera vista, esto no tendría por qué sorprendernos, pues el deseo de maximizar el precio de venta y minimizar el de compra es perfectamente racional. Una estrategia económica básica nos lleva a intentar comprar a un precio reducido y vender a un precio elevado, y se podría pensar que este efecto es un caso claro de «compra bajo y vende alto», ¿verdad? Pues no exactamente, ya que no se trata de una estrategia de negociación. Lo que demuestran los rigurosos experimentos es que los precios elevados reflejan lo que los propietarios realmente piensan que valen sus posesiones, y los precios reducidos lo que los posibles compradores realmente piensan que valen dichos productos.

Como ya hemos comentado, cuando algo es nuestro no solo empezamos creyendo que vale más de lo que vale, sino que además damos por supuesto que el resto de la gente también verá ese valor extra y estará dispuesta a pagar por ello.

Una de las razones por las que se produce este efecto de sobrevaloración es que la propiedad nos hace centrarnos más en los aspectos positivos de lo que poseemos que en los negativos.

Cuando los Bradley estaban vendiendo su casa, lo que veían eran espacios plagados de buenos recuerdos: donde Emily aprendió a andar, donde los mellizos se peleaban para decidir quién era el más querido, donde solían deslizarse escaleras abajo, donde hacían fiestas sorpresa y donde habían regañado tantas veces a sus hijos, llamándolos por el nombre equivocado. De manera inconsciente, habían añadido todas esas experiencias a lo que esa casa representaba para ellos, y por tanto al valor de la casa en sí. No daban tanta importancia a la decrépita caldera, las ruidosas escaleras o el peligroso cuelga-bicicletas como los potenciales compradores, y solo se centraban en los aspectos positivos. En los buenos tiempos.

Aunque los motivos de los Bradley para sobrevalorar la casa eran profundamente personales, estaban atrapados en su propio punto de vista, y por ello esperaban que, de algún modo, los compradores vieran la casa con los mismos ojos, a pesar de no tener ninguno de esos recuerdos. Inconscientemente, sus emociones y recuerdos pasaron a formar parte del valor de su casa, cosa que, por supuesto, no les pasaba a aquellos que no habían tenido las mismas vivencias. Cuando ponemos precio a nuestras posesiones, tendemos a ignorar el hecho de que solo nosotros valoramos ese componente emocional.

El sentimiento de propiedad puede adquirirse, y de hecho se adquiere, de varias formas. Una de las formas que proporciona un sentimiento extra de propiedad es el esfuerzo de inversión.

Dicho esfuerzo nos da una mayor sensación de propiedad, la sensación de que hemos creado algo y, normalmente, tras dedicar esfuerzo a lo que sea sentimos un amor adicional hacia eso que ayudamos a crear. No es necesario que nuestra contribución sea grande, ni siquiera significativa; basta con creer que hemos tenido algo que ver con su creación para aumentar nuestro amor y, con ello, nuestra disposición a pagar por ello. Cuanto más trabajo dedicamos a algo —una casa, un coche, una colcha, una casa diáfana, un libro sobre dinero—, más nos encariñamos con ello, y mayor es el sentimiento de posesión.

La historia del esfuerzo y de la posesión no termina ahí, pues resulta que, cuanto más nos cuesta hacer algo, más sentimos que hemos contribuido a su creación, y más se incrementa nuestro amor.

Mike Norton, Daniel Mochon y Dan llamaron a este fenómeno el *EFECTO IKEA*, en honor al conocido restaurante de albóndigas, factoría de diéresis y parque de juegos infantiles, que además vende muebles. Piense en todo lo que hay que hacer para tener en casa un artículo de Ikea: tenemos que conducir hasta una de las enormes naves, que suelen estar en lugares apartados; buscar y encontrar aparcamiento, con cuidado de no atropellar a los niños de otras personas; coger una bolsa descomunal; seguir las flechas; atravesar la sección de cocinas futuristas, evitando fijarse demasiado en ellas; burlarse de los extraños nombres que no comprendemos; apuntar los códigos de los artículos que deseamos comprar; buscarlos y encontrarlos en el almacén; cargar con ellos y meterlos en el coche. Y eso es solo la primera fase, porque luego tenemos que volver a casa, descargar, llevar todo adentro y pasarnos unas horas maldiciendo frente a unas instrucciones aparentemente sencillas pero imposibles de interpretar, convenciéndonos cada vez más de que nos han dado el juego de accesorios equivocado. «¿Dónde estará ese maldito tornillo? ¡Ah, lo tenía debajo del pie! Venga, lo meto por aquí... Buf, no entra del todo... ¡Cielo, alcánzame el martillo! Esto está listo en unos minutos, ¿eh? Basta con quitar esa cosa que estorba... Total, está en la parte de atrás, ¿quién se va a dar cuenta? ¡Por fin, ya está! ¡Ya tenemos la mesita de noche con su lamparita!». Y unas cuantas piezas de sobra que nos apresuramos a esconder...

Después de tanto trabajo, ¿acaso no sentimos una fuerte sensación de apego, un profundo sentimiento de orgullo y satisfacción? Es *nuestro* mueble: ¡lo hemos hecho *nosotros*! Desde luego, no estamos dispuestos a renunciar a él por una miseria, ¿no? Pues bien, este es precisamente el efecto Ikea.[2]

Pensemos ahora en todo el esfuerzo que los Bradley dedicaron a su casa: la planificación del espacio abierto, las fotos, la araña-cuelga-bicicletas, etc. Todo ese esfuerzo les hizo sentir que habían creado algo especial, y a sus ojos cada pequeño cambio o reforma no hacía más que aumentar su valor. La casa se adaptaba perfectamente a ellos y a sus gustos gracias a todo el esfuerzo que habían dedicado a convertirla en un lugar especial. No solo amaban su casa con locura, sino que no podían creer que los demás no se enamorasen de ella, tal y como lo habían hecho ellos.

Por otra parte, también podemos sentirnos «propietarios» de algunas cosas sin dedicarle tanto esfuerzo, de manera arbitraria. Ziv Carmon y Dan realizaron un experimento en el que descubrieron que unos alumnos de la Universidad de Duke que habían ganado en un sorteo unas entradas para un partido de baloncesto solo estaban dispuestos a venderlas si les daban un importe mucho mayor que el que otros alumnos (los que no habían sido agraciados) estaban dispuestos a pagar, y esto ocurría a pesar de que todas las entradas eran para el mismo partido, a la misma hora, ofrecían la misma experiencia y tenían el mismo valor real.[3] Los ganadores del sorteo no tenían más motivos para valorar las entradas a un precio más elevado que los demás que el simple hecho de que las habían ganado y eran suyas. De manera muy similar, otros experimentos revelaron que los estudiantes de la Universidad de Cornell que recibían tazas gratis las valoraban al doble del precio que estaban dispuestos a pagar los que no las tenían.[4] Este comportamiento no se debió solo a que los estudiantes universitarios necesiten un café para lo que sea antes de las 14:00, sino también a que los que recibieron sus tazas de forma aleatoria las sintieron como suyas casi al instante, y tendieron a sobrevalorarlas.

Los productos tangibles suelen ser víctimas del efecto dotación porque la gente valora más las cosas solo por ser suyas. (Es posible que, volviendo por un momento al capítulo 6, esta fuese la razón por la que, en tiempos remotos, AOL solía enviar discos compactos con las invitaciones para usar su servicio.) No sabemos muy bien por qué las tazas y los tazones son un artículo tan popular en los experimentos de los sociólogos —en nuestra humilde opinión, las jarras de cerveza sin duda atraerían más a los universitarios—, pero el caso es que investigadores de los estados de Ohio e Illinois también las usaron para demostrar la importancia del contacto directo. En sus experimentos sociales descubrieron que las personas que sostenían en sus manos una taza de café durante más de treinta segundos estaban dispuestas a pagar más por ella que las que solo la sostenían menos de diez segundos, o que aquellas que ni siquiera llegaban a tocarla.[5] Piense en lo que esto significa: bastan treinta segundos para crear una sensación de propiedad lo bastante fuerte como para distorsionar nuestra valoración de algo. ¡Increíble! Puede que los grandes almacenes acaben obligando a sus clientes a probarse la ropa durante al menos medio minuto, que los concesionarios insistan en que los compradores indecisos se sienten al volante durante un rato, o que los niños pequeños nunca dejen de reclamar todos los juguetes que tocan, gritando: «¡Mío!».

Consideremos ahora algunos servicios mensuales que ofrecen periodos de prueba gratuitos o a bajo coste, como una revista que ofrece una cuota inicial de 1 dólar al mes durante tres meses, o el proveedor telefónico que ofrece un móvil gratis durante un año, o un paquete de televisión, internet y teléfono que solo cuesta 99 dólares al mes durante el primer año. Tarde o temprano, esas tarifas siempre acaban aumentando: a 20 dólares mensuales por la revista, a 30 dólares al mes por el teléfono móvil, y a 70 dólares adicionales al mes por poder ver series y programas en la televisión (que podríamos ver en nuestro nuevo móvil, o cuyas reseñas podríamos leer en nuestra revista).

Podríamos «cancelar la oferta en cualquier momento», pero la mayoría de las veces no lo hacemos. ¿Por qué? Porque, aunque técnicamente aún no somos «propietarios» de los artículos, la oferta de prueba nos ha dotado de una cierta sensación de propiedad. Hemos tenido y utilizado estos productos y servicios, y los consideramos más valiosos por el mero hecho de haberlos disfrutado. En consecuencia, cuando el precio aumenta, optamos por no renunciar a ellos; ahora que los tenemos, estamos dispuestos —aún a regañadientes— a pagar más por conservarlos.

Los vendedores saben bien que cuando tenemos algo en nuestro poder —un paquete de comunicaciones, un mueble, un CD de AOL— es muy probable que nuestra opinión sobre el mismo acabe cambiando, y que valoremos más el producto o servicio que si nunca lo hubiésemos tenido. Las empresas que utilizan las ofertas de prueba están empleando el mismo modelo de negocio que los traficantes de drogas: nos dan gratis la primera, y después nos enganchamos y suplicamos que nos den más, aunque sea pagando. No estamos sugiriendo que las cadenas privadas de televisión sean como los cárteles de la droga, pero sí que podríamos ver en casa la mayoría de los programas por internet (con la droga que más nos guste: cerveza, vino, tabaco o un tarro grande de nuestro helado favorito).

También podemos experimentar algo llamado *PROPIEDAD VIRTUAL*, que tiene lugar cuando alcanzamos la sensación de propiedad probando, tocando o sintiendo un producto sin llegar a comprarlo. La propiedad virtual se diferencia de las ofertas de prueba en que nunca llegamos a ser realmente propietarios del producto.

Supongamos que estamos pujando por un reloj de Mickey Mouse en eBay. La subasta está a punto de cerrarse, y en este momento somos el mejor postor. Todavía no somos propietarios del reloj, pues la subasta aún no ha terminado, pero aun así sentimos que la hemos ganado y que ya es nuestro. Ya lo estamos imaginando en nuestra muñeca... y de repente, en el último segundo, alguien supera nuestra oferta y nos lo arrebata, para nuestro disgusto y consternación. Eso es propiedad virtual: nunca fuimos propietarios del reloj, pero llegamos a sentir que lo éramos y por ello incrementamos su valor a nuestros ojos.

Hace tiempo, Dan habló con un agente inmobiliario que había participado en la venta de una propiedad de lujo, una finca valorada en decenas de millones de dólares, para lo cual se realizó una subasta, con negociaciones que duraron más de seis meses.

Cuando comenzaron las negociaciones, los licitadores ya habían decidido la cantidad que estaban dispuestos a pagar por la propiedad, pero a medida que fue transcurriendo el tiempo y las negociaciones se fueron alargando, se sorprendieron a sí mismos dispuestos a pagar cada vez más. La propiedad seguía siendo exactamente la misma, y no había información ni datos nuevos; simplemente, había pasado el tiempo. ¿Qué estaba ocurriendo? Pues que con el paso de los meses comenzaron a verse como propietarios de la finca, a pensar en qué uso le darían, en cómo vivirían allí, etc. No eran propietarios más que en su imaginación —pues aún no había acuerdo de compra—, pero el fenómeno de la propiedad virtual les hizo reacios a perder la posibilidad de adquirir la propiedad real. El proceso se iba alargando, la sensación de propiedad virtual se iba incrementando, y cada vez valoraban más la finca.

Los mejores creativos publicitarios son, en cierto modo, magos, pues consiguen que nos dé la impresión de que ya poseemos los productos de sus clientes: sentimos que ya conducimos ese coche, que estamos de vacaciones con nuestra familia, o que aparecemos en las fotos con las modelos que anuncian cerveza. No es propiedad real, sino virtual. Las fantasías inspiradas por la publicidad hacen que conectemos con los productos, y esa conexión —el contacto mental con el producto durante treinta segundos— produce una sensación de propiedad, lo que, como sabemos, conduce a un aumento del deseo de pagar por ellos. ¿Cuánto tiempo tardarán los creativos en ser capaces de poner imágenes nuestras, en tiempo real, en los anuncios que estamos viendo? Allí estaremos, en la playa, bebiendo esa *cerveza** con unos ociosos veinteañeros. Solo esperamos que puedan incluir también una pérdida de peso virtual o un mayor aprecio virtual por los cuerpos «fofisanos».

La forma de perderlo es la clave

El efecto dotación está fuertemente conectado con la *AVERSIÓN A LAS PÉRDIDAS*. El concepto de «aversión a las pérdidas», propuesto por Daniel Kahneman y Amos Tversky,[6] sostiene que valoramos las ganancias y las pérdidas de for-

---

* En español en el original. *(N. del t.)*

ma diferente. Sentimos el dolor de una pérdida con más intensidad que el placer de una ganancia de igual magnitud, y esa diferencia de intensidad es muy considerable, pues llega en la mayoría de los casos a alcanzar una relación de dos a uno. El dolor que sentimos al perder 10 dólares es el doble de intenso que el placer que sentimos al ganar esos mismos 10 dólares; o, en otras palabras, tendríamos que ganar 20 dólares para igualar y contrarrestar el impacto emocional de perder 10 dólares.

La aversión a las pérdidas va de la mano del efecto dotación: no deseamos renunciar a nuestras cosas en parte porque las sobrevaloramos, y sobrevaloramos nuestras cosas en parte porque no deseamos renunciar a ellas.

Debido a la aversión a las pérdidas, tendemos claramente a valorar las posibles pérdidas mucho más que las posibles ganancias. Desde un punto de vista puramente económico, esto no tiene sentido, y deberíamos considerar a las pérdidas y a las ganancias como socios financieros opuestos pero iguales y equivalentes; deberíamos dejar que la utilidad guiase nuestras decisiones, y deberíamos ser supercomputadoras frías y sin alma. Afortunadamente, no somos máquinas diseñadas para maximizar la utilidad y no somos supercomputadoras frías y sin alma, sino que somos humanos (razón por la que, claro está, en el futuro acabaremos siendo gobernados por supercomputadoras frías y sin alma).

Los propietarios de un producto, como los Bradley con su casa, valoran la pérdida potencial de la propiedad mucho más de lo que lo que los no propietarios valoran la ganancia de esa misma propiedad, y esta brecha —alimentada por la aversión a las pérdidas— nos lleva a cometer toda clase de errores financieros.

Vimos el funcionamiento de la aversión a las pérdidas en el ejemplo de los Bradley, cuando se referían al ascenso y descenso del mercado inmobiliario, pensando en el precio de su casa en su punto más alto, años atrás, antes de que el mercado comenzase a caer. Tenían muy presente lo que podrían haber ganado entonces, y consideraban como una pérdida la diferencia entre lo que les ofrecían actualmente y el precio que podían haber obtenido en aquel histórico momento.

Los ahorros para la jubilación y las inversiones son otros aspectos en los que la aversión a las pérdidas y el efecto dotación pueden causar estragos, mermando nuestra capacidad para ver el mundo de una forma objetiva. Si la aversión a las pérdidas nos parece algo en lo que *nosotros* nunca caeríamos, considere su reacción instintiva a las siguientes dos preguntas:

1. ¿Podríamos vivir con el 80 por ciento de nuestros ingresos actuales?
2. ¿Podríamos renunciar al 20 por ciento de nuestros ingresos actuales?

La respuesta a ambas preguntas debería ser exactamente la misma, pues desde el punto de vista matemático, económico y de supercomputadora son equivalentes: ¿podemos llegar hasta nuestra jubilación ganando el 80 por ciento de lo que ganamos ahora? Sin embargo, es mucho más probable que respondamos que sí a la pregunta 1 que a la pregunta 2.[7] ¿Por qué? Porque la segunda pregunta destaca el aspecto de pérdida de una situación: perder un 20 por ciento. Como hemos visto, las pérdidas nos duelen mucho más de lo que nos gustan las ganancias, por lo que en la pregunta 2 nos centramos en el dolor. ¿Y qué pasa con la pregunta 1? En esa es fácil responder afirmativamente, ya que no menciona pérdida alguna.

Otro ejemplo —mucho más dramático— de esta forma de pensar lo encontramos en las decisiones médicas sobre enfermos casi terminales. Cuando sus familiares tienen que decidir si probar o no tratamientos arriesgados, los profesionales médicos han descubierto que la respuesta puede depender mucho de cómo se plantee el tema. Es bastante más probable que los familiares o el paciente accedan a poner en práctica un tratamiento difícil y con reducidas posibilidades de éxito si se les plantea la parte positiva («Hay un 20 por ciento de probabilidades de que sobreviva») que la negativa («Hay un 80 por ciento de probabilidades de que no resista el tratamiento»).[8] Ojalá que los dilemas de aversión a las pérdidas a los que se enfrenten ustedes no sean nunca tan graves.

La aversión a las pérdidas y el efecto dotación también pueden actuar conjuntamente para inducirnos a renunciar a dinero gratis para nuestra jubilación, como puede ocurrir en un sistema de aportaciones compartidas. Nuestra empresa podría aportar a nuestro fondo de jubilación una cantidad siempre que nosotros aportemos otra equivalente. Por ejemplo, si aportamos 1.000 dólares, la empresa pone otros 1.000 dólares, lo que significa que nos da 1.000 dólares gratis; pero si nosotros no aportamos nada, la empresa tampoco. Muchas personas no aportan nada, y otras no aportan todo lo que la empresa estaría dispuesta a aportar; en ambos casos, están renunciando a dinero gratis.

¿Por qué haríamos algo tan estúpido como renunciar a dinero gratis? Hay tres posibles razones. La primera es que aportar dinero a una futura jubilación se siente como una pérdida, pues nos estamos privando de un dinero que no podemos gastar en el momento; usamos nuestro salario para muchas cosas, como comprar comida, salir a ligar o pagar nuestra cuota de socios de la Asociación del Vino del Mes, y renunciar ahora a parte del salario supone renunciar a todo eso. La segunda razón es que participar en el mercado de acciones* crea la posibilidad de perder dinero,

---

* En Estados Unidos, las pensiones privatizadas se rigen por el sistema de capitalización, no por el de reparto, y la mayoría de los planes de pensiones incluyen inversiones en bolsa, como el llamado 401(k). *(N. del t.)*

con la consiguiente aversión a las pérdidas (en breve hablaremos de esto), y la tercera es que renunciar a la aportación de la empresa no se siente como una pérdida, sino una ausencia de ganancia. Y, aunque cuando razonamos con calma vemos que no hay mucha diferencia entre «pérdida» y «ganancia no percibida», lo cierto es que no es eso lo que sentimos realmente, y no es así como solemos comportarnos. ¿Qué? ¿No se lo cree? Pues siga leyendo y se lo demostraremos.

En otro de los experimentos de Dan, se pidió a un grupo de personas que imaginasen que su salario anual era de 60.000 dólares, y que su empresa igualaría todas sus contribuciones para su jubilación hasta un máximo del 10 por ciento de ese salario. Se dio a los participantes información de sus hipotéticos gastos en comida, entretenimiento y educación, y todos tuvieron que optar, ya que los 60.000 dólares no llegaban para todo, igual que en la vida real. Pues bien, muy poca gente decidió maximizar sus aportaciones, y la mayoría no aportó absolutamente nada, es decir, que casi todos ellos renunciaron a todo o parte del dinero gratis proporcionado por la empresa.

En una variante de este experimento, los investigadores dijeron a otro grupo de participantes que su empresa iba a ingresar al principio de cada mes 500 dólares en su cuenta de jubilación, pero que solo podrían quedarse con una cantidad igual a la que ellos mismos aportasen: si aportaban 500 dólares, podrían quedarse con toda la aportación de la empresa, pero si solo aportaban 100 dólares, entonces solo podrían quedarse con otros 100. Cada mes, los participantes que no igualaban la aportación de la empresa recibían mensajes en sus correos electrónicos, recordándoles que habían perdido el dinero gratis; les enviaban el extracto bancario en el que se podía comprobar el ingreso y la retirada total o parcial del dinero no igualado con su aportación, y les informaban claramente de que habían ingresado

500 dólares en sus cuentas, pero que «dado que usted solo ha aportado 100 dólares, la empresa le ha retirado 400». Este procedimiento, que resaltaba la pérdida de forma muy explícita, desencadenó la aversión a las pérdidas de los participantes, y en poco tiempo todos empezaron a maximizar las contribuciones a su cuenta de jubilación.

Cuando se comprende el concepto de aversión a las pérdidas y el hecho de que muchas cosas pueden considerarse como ganancias o como pérdidas —y que esta segunda forma motiva más a la gente—, es posible que podamos reformular nuestras opciones, y en temas como, por ejemplo, cuánto aportar a nuestros ahorros de jubilación, hacerlo de forma que resulte más favorable para nuestro bienestar a largo plazo.

Hablando de bienestar a largo plazo, la aversión a las pérdidas también merma nuestra capacidad para evaluar los riesgos a largo plazo, y este problema influye específicamente en la planificación de inversiones. Cuando hay riesgo de por medio, y el importe de nuestra inversión fluctúa arriba y abajo, nos cuesta mucho ver más allá de nuestras pérdidas inmediatas e imaginar ganancias futuras. A largo plazo, las acciones proporcionan más beneficios que los bonos, pero a corto plazo, puede haber periodos de pérdidas muy dolorosos.

Supongamos que los precios de las acciones suben el 55 por ciento del tiempo y bajan el 45 por ciento restante. El resultado es muy positivo, pero eso solo es visible a largo plazo, y no en unas pocas semanas, unos meses o incluso un año.

El problema es que esas subidas y bajadas nos afectan de maneras muy diferentes: cuando los precios suben, nos ponemos un poco contentos, pero cuando bajan, nos quedamos destrozados. (Como dijimos antes —si es que realmente se puede medir la felicidad—, cuando perdemos una cantidad nos deprimimos el doble de lo que nos alegramos

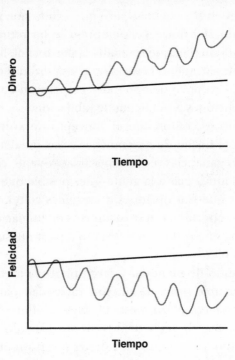

La raya negra representa un tipo de interés fijo, mientras que la raya gris representa la fluctuación de los resultados. El gráfico superior refleja la evolución de las ganancias y las pérdidas, y el de abajo la reacción psicológica a estas ganancias y pérdidas, teniendo en cuenta la aversión a las pérdidas y haciendo que estas tengan el doble del impacto que las ganancias. Fíjense que, mientras la suma total de dinero, pese a las fluctuaciones, va en aumento, la sensación percibida es cada vez más negativa.

con la ganancia de esa misma cantidad.) Al dar el doble de importancia a las caídas del mercado, la tendencia general no la percibimos como un feliz ascenso al 55 por ciento, sino como un horrible descenso al 90 por ciento (esto es, el 45 por ciento multiplicado por dos).

Por lo que se refiere al mercado bursátil, cuando nos centramos solo en el corto plazo tendemos a sufrir, debido a nuestra aversión a las pérdidas, pero si fuésemos capaces de ver más allá nos sentiríamos mucho mejor y asumiríamos más riesgos. De hecho, Shlomo Benartzi y Dick Thaler demostraron que muchos de los empleados están dispuestos a invertir una proporción mayor de sus ahorros en acciones si pueden observar los resultados a largo plazo en lugar de los de a corto plazo, porque de esa forma la aversión a las pérdidas prácticamente desaparece.[9]

En relación con la inversión, la aversión a las pérdidas puede crear muchos problemas, pero con carácter general podríamos resumirlos diciendo que tendemos a vender las acciones rápidamente cuando suben —¡No queremos perder esas ganancias!— y a aferrarnos a las que bajan, porque nos resistimos a materializar las pérdidas.[10]

Un método que suele emplear la gente para huir del dolor de las pérdidas a corto plazo es evitar las horripilantes y arriesgadas acciones e invertir en bonos o en cuentas de ahorro, que ofrecen un tipo de interés seguro pero insignificante. Los bonos no tienen las fluctuaciones de las acciones, por lo que con ellos no sufrimos la aversión a las pérdidas y no nos deprimimos. Por supuesto, la depresión puede aparecer por otras razones, ya que reducimos nuestro potencial de crecimiento a largo plazo, pero en el momento no sentimos esa pérdida; solo la sentimos cuando nos jubilamos, cuando por desgracia ya es demasiado tarde para cambiar de opinión y de estrategia de inversiones.

Otra posibilidad —la preferida de los autores— es sencillamente no hacer un seguimiento continuo de la evolución de nuestras inversiones. Si somos muy sensibles a las pequeñas fluctuaciones, la solución puede ser tomar una decisión a largo plazo y mantenerse firme, evitando que la aversión a las pérdidas nos impulse a actuar precipitadamente. Nosotros (Dan y Jeff) intentamos no comprobar cómo va nuestra cartera de inversiones más de una vez al año, como mucho. Sí, reconocemos abiertamente nuestra irracionalidad, y como sabemos que no podemos ganar en una batalla cuerpo a cuerpo, evitamos enfrentarnos a ella. No es exactamente *El arte de la guerra*, de Sun Tzu, pero le recomendamos que adopte también esta estrategia.

¡UN MOMENTO, QUE AÚN HAY MÁS!

¿Se han dado cuenta de que muchas empresas cobran una cantidad única por los múltiples productos que ofrecen? Por ejemplo, las empresas de telefonía móvil nos cobran por todo lo que hacemos, por pequeño que sea —mensajes, llamadas, datos, tasas de línea, alquiler de equipos, etc.—, pero en su infinita bondad y su deseo de ayudarnos a no sentir el dolor de muchas pequeñas pérdidas, nos exigen un único pago por el conjunto de servicios. ¿No es genial? ¡Sentimos una sola pérdida a cambio de muchas cosas valiosas!

Este enfoque se conoce como segregación de pérdidas y *SEGREGACIÓN DE GANANCIAS*, y se apoya en la aversión a las pérdidas para ofrecernos una única y dolorosa pérdida a cambio de muchas ganancias placenteras. Cuando un producto tiene muchas características, al vendedor le interesa destacar cada una de ellas y cobrar un único precio por todas, pues, a ojos de la mayoría de los consumidores, esta práctica promocional hace que el todo sea mucho más atractivo que la suma de las partes.

Dependiendo de sus inclinaciones religiosas, a algunos lectores no les costará imaginarse a Dios comentando tranquilamente con algunos ángeles la historia de la Creación: «Sí, claro, sé muy bien cómo funciona eso de la segregación de ganancias. ¿Acaso creéis que realmente me llevó una semana crear el mundo con todas esas cosas? ¡Ja! Luz, peces, animales, árboles. ¡Si es un único mundo! ¡Una sola cosa! Pero oye, si a los humanos les gusta pensar en ello como un proceso de seis días, cada uno de ellos con un puñado de creaciones, yo no tengo ningún problema. Incluso les daré un día más para descansar y ver el fútbol».

Los mejores ejemplos de segregación de ganancias son probablemente los llamados publirreportajes, esto es, publicidad de larga duración, con apariencia de noticias, de lotes de productos, como utensilios de cocina, cosméticos o música. Todos estos publirreportajes suelen ofrecer un único precio (con frecuencia rebajado) a cambio de múltiples artículos con múltiples usos y múltiples añadidos: «¡Incluimos la parte de arriba! ¡Y la de abajo! ¡Y, por si fuera poco, no uno, sino los *dos* lados! ¡¡Llame ahora!!».

Por ello, cuando Jeff le pidió a su actual esposa que se casase con él, pensó en hacerlo como si fuese un publirreportaje: «¡Si dices que sí, no solo te daré mi mano en matrimonio, sino también mi brazo, mi otra mano y mi otro brazo! ¡Y, además, un torso, una cabeza, un armario ropero, una suegra judía, y mucho, mucho más! ¿No es increíble? ¡Acepta ahora, y con la oferta podré incluir no uno, no dos, sino seis sobrinos y sobrinas! ¡Pero date prisa, porque esta oferta no durará mucho tiempo: nuestro único operador está de rodillas y se está cansando! ¡Vamos, no te lo pienses!». A punto estuvo de hacerlo así, porque le encantan las bromas, pero al final tuvo demasiada aversión a la posible pérdida que podría sufrir con semejante propuesta, y se decantó por un método más tradicional y menos arriesgado: «¿Quieres casarte conmigo? Anda, porfa, ¿sí?». Por suerte, le dio resultado. *Uf.*

El capitán se hunde con su barco

Nuestra tendencia a dar más importancia a las pérdidas que a las ganancias y a sobrevalorar lo que tenemos tiene mucho que ver con los *COSTES HUNDIDOS*.

Los costes hundidos se producen cuando, habiendo realizado una inversión sin conseguir el resultado deseado, por no aceptar las pérdidas, nos resistimos a renunciar a ella, y continuamos invirtiendo en la causa perdida. En otras palabras, no nos resignamos a perder esa inversión, por lo que tendemos a poner más dinero con la esperanza de enderezar el mal rumbo. Supongamos que somos el director ejecutivo de una empresa de coches, y que estamos inmersos en un plan de desarrollo de un nuevo modelo con un presupuesto de 100 millones de dólares. Ya hemos invertido 90 de esos 100, y todo marcha según lo previsto, pero de repente nos enteramos de que un competidor está a punto de sacar al mercado un modelo muy similar pero más ecológico, más eficiente y más asequible que el nuestro. La pregunta es: ¿abandonamos el proyecto y nos ahorramos los últimos 10 millones, o seguimos adelante y nos gastamos esos 10 millones, confiando en que alguien comprará nuestros coches a pesar de su manifiesta inferioridad?

Ahora, imaginemos una situación parecida, pero en este caso aún no hemos puesto ni un dólar, y el coste de desarrollo esperado es de tan solo 10 millones de dólares. Justo antes de empezar, nos informan de que la competencia va a poner a la venta un coche mejor en todos los aspectos que el que hemos proyectado. ¿Invertiríamos los 10 millones? En ese punto, ambas situaciones son exactamente iguales: invertir o no invertir 10 millones de dólares en un proyecto que muy probablemente será un fracaso. Sin embargo, en el primer caso es difícil no volver la vista atrás y contemplar los 90 millones que ya hemos gastado. La mayoría de la gente en esta situación seguiría invirtiendo, mientras que en el segundo caso ni se les ocurriría poner un céntimo. Una persona perfectamente racional tomaría la misma decisión en ambos casos, pero muy poca gente lo hace así. No deberíamos pensar en cuánto hemos invertido en un trabajo, una carrera, una relación, una casa o unas acciones, sino centrarnos exclusivamente en la probabilidad de que la inversión sea un éxito en el futuro. El problema es que no somos perfectamente racionales, por lo que la cosa no es tan fácil.

Los costes hundidos son aquellos que figurarán para siempre en el debe de nuestra contabilidad vital. Son nuestros, nunca podremos librarnos de ellos; son de nuestra propiedad. Cada vez que los recordamos, no pensamos en un importe monetario, sino en todas las decisiones, esfuerzos, esperanzas y sueños que iban asociados a dicho importe, por lo que nos pesan cada vez más. Y como tendemos a sobrevalorar también los costes hundidos, estamos menos dispuestos a olvidarnos de ellos, y es más probable que nos metamos voluntariamente cada vez más en el agujero que hemos cavado.

Uno de los métodos que utiliza Dan para explicar a sus alumnos el concepto de costes hundidos es realizar un juego en el que los participantes pujan por comprar un billete de 100 dólares. Regla 1: la puja comienza en 5 dólares; regla 2: las pujas solo pueden aumentar de 5 en 5 dólares; regla 3: el ganador paga el importe de su última puja y se lleva los 100 dólares; y regla 4: el que haya ofrecido la segunda puja más alta, también tiene que pagar lo ofrecido, pero no gana nada. Según va avanzando el juego, las pujas aumentan y, desde el momento en que se pasa de 50 a 55 dólares, Dan ya está ganando dinero (pues si la subasta termina ahí, obtiene los 55 dólares del ganador más los 50 del segundo a cambio de sus 100; y si continúa, las ganancias van aumentando). La puja continúa y, cuando uno de los participantes ofrece 85 dólares, y otro 90, Dan detiene momentáneamente la subasta para recordar a los participantes que en ese instante el ganador solo ganaría 10 dólares netos, y el perdedor perdería 85. Dicho esto, pregunta al segundo si desea aumentar a 95, y casi siempre dicen que sí. Después pregunta al de los 90 dólares si quiere seguir pujando, y este sin dudarlo ofrece 100.

Curiosamente, muchas veces el juego no se detiene en ese punto. Dan pregunta al que ofreció 95 dólares si quiere aumentar su puja hasta los 105, advirtiéndole de que, si dice que no, perderá los 95 dólares ofrecidos, pero también recordándole que desde ese momento estará pujando por perder dinero. Al principio solo perdería 5 dólares (el billete de 100 dólares menos la puja de 105), pero con cada nueva puja las pérdidas aumentarían. Indefectiblemente, ambos participantes continúan pujando más y más hasta que uno de ellos se dé cuenta de que aquello es una locura y, a pesar de perder 95 dólares más que su rival, decida plantarse.

Según cuenta el propio Dan: «La ganancia máxima con este juego la obtuve en España, donde en una ocasión vendí un billete de 100 euros por 590 euros. Para ser justo, antes de comenzar siempre advierto a mis oyentes de que el juego es real y que se juega con dinero de verdad, y nunca les perdono el dinero recaudado. En mi opinión, así es más probable que aprendan la lección, y además debo mantener mi reputación».

En el juego/experimento/timo de Dan, el efecto de los costes hundidos hizo que la potencial ganancia de 95 euros (100 euros menos la puja inicial de 5) de sus alumnos/oyentes/primos se acabase convirtiendo en una pérdida de 490 euros. Es como una competición entre dos empresas por un mercado del tipo «el ganador se lo lleva todo», en la que una de las empresas acaparará todas o casi todas las ventas, y el otro se quedará sin nada. Cada trimestre, cada empresa debe decidir si desea invertir más en investigación, desarrollo y publicidad, o abandonar la competición. En un momento dado, debería estar claro que si cada una de las empresas intenta superar a la otra a perpetuidad, ambas acabarán perdiendo muchísimo dinero. Aun así, como resulta muy difícil ignorar las inversiones pasadas, también resulta muy difícil no seguir adelante. El truco en esta clase de competiciones (y la clave en el juego de Dan) es no participar, o, si no podemos resistirnos a hacerlo, darnos cuenta rápidamente de que no vamos a poder ganar, y minimizar las pérdidas.

Hal Arkes y Catherine Blumer demostraron de otra forma que no solemos pensar con claridad en los costes hundidos. En un experimento, pedían a los participantes que supusieran que habían pagado 100 dólares por un viaje a la montaña para esquiar (esto era en 1985). Después les ofrecían otro viaje de esquí con mejores prestaciones y que además solo costaba 50 dólares, y les pedían que imaginasen que también contrataban ese viaje. Por último, les informaban de que ambos viajes eran exactamente para las mismas fechas, y que no se admitían cancelaciones ni reembolsos. ¿Qué viaje cree que escogió la mayoría? ¿El normal de 100 dólares, o el superior en todo por solo 50 dólares? Pues más de la mitad de los participantes escogió ir al más caro, a pesar de que: 1) era peor en términos de placer ofrecido, y 2) escogieran lo que escogieran, el gasto era el mismo: 150 dólares.[11]

Los costes hundidos también afectan a nuestras vidas personales. Un amigo de Dan deseaba divorciarse, pero no acababa de decidirse, y sufría mucho por ello. Un día, Dan le planteó una simple pregunta: «Imagina que ahora mismo no estuvieses casado con esta persona, y supieras todo lo que sabes ahora sobre ella, pero que durante los últimos diez años solo hubieseis sido amigos. ¿Le pedirías que se casase contigo?». El amigo contestó que no habría la más mínima posibilidad de que le pidiese matrimonio, y Dan continuó: «Pues bien, ¿qué te dice eso sobre tu decisión?». La mayor parte de ese conflicto se basaba en el pasado, en la sobrevaloración de todo el tiempo y energía que había gastado y hundido en el matrimonio, y que le impedía mirar hacia adelante, al tiempo y a la energía que podría emplear en otras cosas en el futuro, independientemente de lo ya invertido. Una vez que el amigo de Dan comprendió este punto de vista, decidió divorciarse lo antes posible. Si alguien piensa que esta es una forma algo cruel e inhumana de tomar una decisión, nos gustaría añadir que la pareja no tenía hijos, y que en ocasiones renunciar a los costes hundidos y contemplar la situación desde una nueva perspectiva puede acabar siendo lo mejor para todos.

La cuestión es que, en muchos aspectos de la vida, la existencia de una inversión pasada no debería implicar que necesariamente tengamos que seguir por ese camino. De hecho, en un mundo racional, las inversiones pasadas son irrelevantes (y si han fracasado, son realmente un «coste hundido»: el gasto ya está hecho, y nunca lo vamos a recuperar). Las expectativas que tengamos respecto del futuro sí que son relevantes, y a veces lo correcto es mirar solo al futuro.

Sea el dueño de su futuro

La propiedad altera nuestra perspectiva. Nos instalamos en nuestro estatus de propietario y este se convierte en la referencia con la que juzgamos las ganancias y las pérdidas.

Una forma de no caer en las trampas de la propiedad y poder calcular el valor de nuestras posesiones con más objetividad y precisión es intentar disociarnos psicológicamente de ellas. Deberíamos pensar en dónde estamos en este preciso momento y hacia dónde vamos a ir a partir de ahora, no de dónde venimos. Por supuesto, hay que reconocer que esto es mucho más fácil de decir que de hacer, especialmente cuando tenemos la tendencia a poner tanta emoción, tanto tiempo y tanto dinero en nuestras vidas y en lo que poseemos: nuestras casas, nuestras inversiones y nuestras relaciones.

La propiedad hizo que los Bradley se centrasen en lo que estaban perdiendo —su preciosa y personalizada casa— en lugar de fijarse en lo que estaban ganando para el futuro: dinero para comprar otra casa, invitar a cenar a sus amigos en su nuevo salón, y pagar las carreras de Robert y Roberta en una buena universidad que esté cerca, pero tampoco demasiado. A una hora y media en coche, aproximadamente, sería lo que para Tom y Rachel es la distancia justa: lo bastante cerca como para que puedan venir a visitarles a menudo, pero lo bastante lejos como para que no vengan todos los fines de semana a traerles la ropa sucia. Van a echarles de menos, pero no *tanto*.

9

Nos preocupamos por la justicia y el esfuerzo

Son las 8 de la mañana, y James Nolan ya está en una reunión. Bueno, más bien en una presentación. En realidad, probablemente no es más que una pérdida de tiempo, pero forma parte de su trabajo. La empresa de *widgets* para la que trabaja (los *widgets* están de moda) le encargó que contratase una consultora externa para identificar y solucionar las deficiencias operativas, y después de seis semanas de investigación, James y sus colegas ejecutivos de nivel medio se disponen a ver los resultados, esto es, a que les muestren los resultados con muchas proyecciones de PowerPoint.

Gina Williams, la directora del proyecto de consultoría, entra en la sala de conferencias llevando con dificultad tres abultadas carpetas, que deja caer con estrépito sobre la mesa. Seguidamente, cuatro jóvenes consultores, dos asistentes, un técnico y un guardia de seguridad traen un equipo audiovisual, más carpetas, un proyector, un enorme montón de folios, un gran termo con café y una bandeja de pastas. James no entiende por qué no han preparado todo esto antes de empezar la reunión, pero la cafeína y el azúcar son las drogas que le permiten no preocuparse demasiado, por lo que se acomoda en su silla y deja que comience el día.

El equipo de consultores prepara todo, y a continuación Gina comienza una larga perorata, apoyándose en una presentación de setenta y cuatro diapositivas de PowerPoint, en la que explica con detalle todo el proceso desde que cogieron el avión hace dos meses: reuniones, papeleo, visitas, más reuniones, comidas, suministros, etc., todo amenizado con infinidad de flechas y acrónimos. Tras una pausa de veinte minutos, continúan viendo más diapositivas, hasta llegar a los agradecimientos, registros de actividades y fotos de la familia de Gina. Por fin, acaba la presentación de cinco horas con una última diapositiva que dice: «No preguntes qué puede hacer tu *widget* por ti, sino qué puedes hacer tú por tu *widget*».

Todos los presentes se levantan entusiasmados y le dedican una gran ovación. Caen al suelo trocitos de pastas a medio comer, en la puerta se intercambian calurosos apretones de manos, y los consultores van saliendo al fluorescente pasillo y se marchan por él hacia el futuro, con la maravillosa sensación de haber cumplido con su deber. ¡Hurra!

Un poco después, James se pasa por el despacho del director ejecutivo, y le encuentra firmando despreocupadamente un cheque de 725.000 dólares para los consultores. ¿Por adaptar una cita de Kennedy a un entorno en el que será casi imposible de aplicar, 725.000 dólares? Considerando todo el trabajo que han hecho, sin duda se los han merecido con creces.

Por la tarde, James sale del trabajo y lleva su coche a que le cambien el aceite por 50 dólares. Al llegar al taller, que está vacío, aparca el coche y los mecánicos apenas levantan la vista de su partida de cartas para decirle que tardarán unas horas.

Tras pasarse toda la mañana sentado en la reunión, le apetece caminar, así que decide irse andando hasta su casa, a unos tres kilómetros de allí. Por desgracia, a mitad de camino se abre el cielo y un aguacero inesperado le deja calado hasta los huesos. Como puede, se refugia en una tienda cercana, y justo al entrar encuentra al dueño sacando una caja con paraguas de detrás del mostrador. James se dirige a coger uno para comprarlo, pero se detiene en seco cuando ve que el dueño despega la etiqueta de «5 $» y pega una nueva escrita a mano en la que pone «10 $».

—¿Qué está haciendo? Esos valen 5 dólares.

—No, hoy son 10. Precio especial de día lluvioso.

—¿Qué? Eso no es especial, ¡es un atraco!

—Si no está conforme con mis precios, puede buscar otra tienda que le convenga más —dice el dueño señalando hacia el exterior, donde la lluvia continúa cayendo con fuerza.

—¡Eso es absurdo! Usted me conoce. He venido aquí muchas veces.

—Puede venir otro día, si lo desea. De vez en cuando bajo el precio de los paraguas a 5 dólares.

Tras poner los ojos en blanco, James mascula algo que no vamos a reproducir aquí, se pone la gabardina por encima de la cabeza y sale de la tienda sin el paraguas, dobla la esquina y empieza a correr hasta su casa. Tan pronto como llega y empieza a quitarse la ropa empapada, deja de llover y sale el sol, lo que provoca un nuevo exabrupto irreproducible antes de subir a toda prisa las escaleras, ya medio desnudo.

Llaman del taller para informar a James de que su coche requería más trabajo del que pensaban, y le dicen no estará listo hasta mañana, colgando antes de que pueda protestar. Frustrado, James decide salir a correr para calmarse, pero al volver se da cuenta de que se ha dejado las llaves dentro. Nuevo exabrupto. Su mujer, Renée, aún no ha vuelto de un viaje de trabajo, los niños están en casa de unos amigos y el único de sus vecinos que tiene una llave de su casa está de vacaciones. Por si fuera poco, parece que va a ponerse a llover otra vez, así que muy a su pesar decide llamar a un cerrajero. Y después a otros dos, pues todos dicen que probablemente le cobrarán entre 150 y 250 dólares por el desplazamiento y el servicio, dependiendo de si pueden abrir o tienen que cambiar la cerradura entera. Esperaba que fuese menos, pero cuando se percata de que todos ellos son ladrones disfrazados de cerrajeros, se decide por el último. Veinte minutos después, el cerrajero llega a su casa, se planta ante la puerta, gira un no-sé-qué, sacude un qué-sé-yo, tira de un yo-qué-sé y, *voilà!*, la puerta se abre. No le ha llevado ni dos minutos.

Entran y van a la cocina para beber un vaso de agua, y el cerrajero dice: «Gracias. Son 200 dólares».

—¿Doscientos dólares? ¡Si han sido solo dos minutos! ¿Me está diciendo que cobra —hace la cuenta con los dedos— 12.000 dólares la hora?

—No le estoy diciendo nada. Solo sé que me debe 200 dólares. O, si lo prefiere, podemos salir otra vez, cerramos la puerta y llama usted a otro cerrajero. Eso lleva solo unos segundos. Usted decide.

—Está bien —dice James de muy mala gana. Tras darle un cheque y cerrar la puerta se dirige con paso cansino al salón, donde se pone a ver Netflix para disfrutar de unos minutos de soledad.

Renée regresa, más tarde, de muy buen humor. Su viaje de negocios ha sido todo un éxito, y está feliz por haber usado Kayak —el servicio de búsqueda de billetes de avión— por primera vez y haber obtenido lo que parecía ser un precio muy barato. Ya en el aeropuerto ha llamado a un coche de Uber, porque el suyo está en el taller. Renée es superfanática de Uber. Suele tener un horario de trabajo bastante impredecible, por lo que Uber le ahorra muchos quebraderos de cabeza a la hora de buscar un transporte urbano.

Unos días después, con su amor por Uber aún intacto, empieza a caer una gran tormenta de nieve justo cuando necesita acudir a una cena con un cliente, y le resulta muy difícil conseguir un coche. Por fin encuentra uno, pero en lugar de la tarifa habitual de 12 dólares hasta el centro de la ciudad le piden 40. ¡Cuarenta pavos! ¡Vaya un abuso! Opta por tomar un taxi normal y, como protesta, decide dejar de utilizar Uber. Durante las siguientes semanas se desplaza solo en taxi, en autobús o le pide prestado el coche a su marido. Es una lata, pero no le gusta que la estafen.

¿QUÉ ESTÁ PASANDO AQUÍ?

Así es como la *JUSTICIA* influye en nuestra percepción del valor. La mayoría de las personas que tienen más de cinco años y no se dedican activamente a la política entienden el concepto de justicia. La reconocemos al instante cuando la vemos o cuando hablamos de ella, pero no somos conscientes del importante papel que juega en nuestras decisiones monetarias cotidianas.

El valor que nos proporciona el consejo de un consultor, un paraguas bajo la lluvia, una puerta abierta o un viaje en coche hasta casa no debería tener nada que ver con el hecho de que *pensemos* que el precio es justo o que no lo es. Y, sin embargo, compremos algo o no, el importe que estamos dispuestos a pagar por ello a menudo depende, en gran medida, de lo justo que nos parezca el precio.

Cuando evalúan una transacción, los modelos económicos tradicionales se limitan a comparar el valor con el precio, pero los humanos comparan el valor con el precio y con otros elementos, como la justicia. A la gente puede no gustarle la solución económica perfecta y eficiente cuando le parece injusta, y esa sensación la tenemos todos incluso cuando la transacción tiene sentido, e incluso cuando obtendríamos una gran utilidad por ello, como pagar un poco más por un aparato que nos permitiría llegar a casa sin empaparnos.

Según las leyes básicas de la oferta y la demanda, los paraguas deberían costar más cuando llueve (porque aumenta la demanda), los viajes en Uber deberían costar más durante una tormenta de nieve (menos oferta y más demanda), y nosotros no deberíamos tener ningún problema en pagar estos precios más elevados. Y el valor de que nos cambien el aceite del coche o que nos abran una puerta cerrada no debería tener nada que ver con nuestra sensación de justicia, solo con que se lleve a cabo de manera rápida y eficiente. Sin embargo, rezongamos, ponemos los ojos en blanco, pisoteamos el suelo, tenemos rabietas y amenazamos con llevarnos nuestra pelota a casa cuando tenemos que pagar un precio elevado por algo que parece fácil de hacer o que lleva poco tiempo. ¿Por qué? Porque somos unos niñatos que nos creemos que los precios deberían ser justos, y rechazamos la utilidad cuando pensamos que es injusta. Tendemos a querer castigar la injusticia, y de paso muchas veces nos castigamos también a nosotros mismos (como James, el empapado ejecutivo de *widgets*).

Existe un experimento muy conocido que muestra las distintas formas que utilizamos habitualmente para castigar la injusticia, y se llama el «juego del ultimátum». No, a pesar de un nombre tan cinematográfico, no tiene nada que ver con Jason Bourne.

En este juego participan dos personas, un emisor y un receptor. Los jugadores se sientan en habitaciones separadas, y lo habitual es que al comenzar no se conozcan y que incluso no lleguen a conocerse después, para garantizar que ambos actúen con plena libertad, sin miedo a las represalias del otro. El emisor recibe una cantidad de dinero, como por ejemplo 10 dólares, tiene que dividir en dos partes esa cantidad, enviar una al receptor y conservar el resto. El emisor puede optar por enviar el dinero que le dé la gana: 5 dólares, 1 dólar, 3,26 dólares, etc. Si el receptor acepta la cantidad que le mandan, ambos se quedan con el dinero que tienen, el juego termina y se van a sus casas sin siquiera verse. Si, por el contrario, el receptor rechaza la oferta, el organizador del juego se queda con todo y ninguno de los participantes recibe un céntimo. *Nada.** Cero. Cero coma cero.

Antes de empezar, ambos participantes deben entender bien las reglas del juego: la cantidad que va a recibir el emisor y la forma de repartirla, o tal vez de no repartirla.

Si nos tomamos el tiempo para pensar en este juego de manera racional, lógica y fría, como una supercomputadora (o como Jason Bourne), llegaremos a la conclusión de que el receptor debería aceptar cualquier cantidad mayor que cero que le envíe el emisor, pues incluso un céntimo sería una ganancia que habría obtenido solo por participar; después de todo, es dinero gratis, y cualquier suma positiva es mejor que nada. Si viviésemos en un mundo perfectamente racional, el emisor siempre enviaría un céntimo, y el receptor siempre lo aceptaría. *Game over.*

Sin embargo, eso no es lo que hace la gente real en el juego del ultimátum: con frecuencia, los receptores rechazan las ofertas que consideran injustas. Cuando el emisor ofrece menos de un tercio de la cantidad total, el receptor suele rechazar la oferta y ambos se van a casa sin nada. La gente rechaza un dinero gratis para castigar a alguien a quien no conoce, y probablemente no conocerá nunca, solo por hacerle una oferta que considera injusta. Este resultado demuestra que a veces valoramos un dólar a menos de cero debido a nuestro sentido de la justicia.

Imagine que estamos caminando por la calle y nos topamos con un chiflado que está repartiendo billetes de 50 dólares a los viandantes. ¿Qué hacemos? ¿Los rechazamos solo porque vemos que de su bolsillo asoma un fajo de billetes de 100 dólares? ¿O le damos las gracias y juramos que desde ese momento vamos a pasar por esa calle todos los días de nuestra vida? Y si estamos corriendo un maratón y alguien nos da al pasar un vaso de agua, ¿se lo tiramos a la

---

* En español en el original. *(N. del t.)*

cara solo porque en su mesa hay muchos más y no nos los ha dado? Por supuesto que no, eso sería una tontería. ¿Por qué entonces hay tantos casos en los que nos centramos en la parte vacía del vaso, la parte que no es justa, la parte que no obtenemos?

Bueno, tal vez es porque estamos locos. Los investigadores han descubierto que las ofertas injustas del juego del ultimátum —como 1 dólar sobre 10— activan zonas del cerebro distintas a las que se activan cuando las ofertas son justas, como 5 dólares sobre 10.[1] Y una vez que se activan las «zonas de la injusticia», es más probable que rechacemos las ofertas injustas. En otras palabras, nuestros cerebros odian la injusticia, y este odio nos hace actuar de manera que nuestra disconformidad con ella quede muy clara. Cerebros estúpidos y dementes... Qué le vamos a hacer; puede que no nos gusten, pero siguen siendo nuestros cerebros.

James rechazó por injusto el precio de un paraguas, a pesar de que lo necesitaba, de que se lo podía permitir, y de que, en aquel momento, 10 dólares por no mojarse aún más seguramente era un buen precio. James no rechazó el trabajo del cerrajero, aunque expresó claramente su descontento y su frustración, infravalorando el acceso rápido a su propia casa. Y Renée, molesta por el aumento de precios durante el mal tiempo, dejó de usar Uber una temporada, a pesar de que el valor de utilizar el servicio con buen tiempo no había cambiado.

(Para los que han prestado atención: sí, James se negó a gastar 5 dólares de más para mantenerse seco *el mismo día* en el que vio sin inmutarse cómo su jefe pagaba 725.000 dólares por una interminable presentación de PowerPoint. Existe una razón por la que el cerebro de Jamos no percibió la contradicción entre estas dos transacciones, pero tenga paciencia, que en breve hablaremos de ella.)

¿Qué pasaría si las máquinas de Coca-Cola tuviesen termómetros que midiesen la temperatura exterior, y estuviesen programadas para ir incrementando el precio a medida que aumenta el calor en la calle? ¿Cómo nos sentaría esto en un día de 35 grados centígrados? Pues esta fue una propuesta real de Douglas Ivester, director ejecutivo de Coca-Cola Company, para incrementar sus ingresos. Sin embargo, cuando los consumidores reaccionaron con furia, y Pepsi llamó oportunista a Coca-Cola, Ivester se vio obligado a dimitir, a pesar de que la empresa nunca llegó a fabricar una máquina de ese tipo. La estrategia de oferta y demanda era lógica, tal vez incluso racional, pero la gente la percibió como injusta; les pareció un intento descarado de exprimir a los clientes, y eso les enfureció enormemente.

Parece ser que tenemos mucha «mala leche» escondida que aflora en nuestras relaciones económicas, y nos encanta decir a todo el que nos vende algo: «¡No se te ocurra lucrarte a mi costa!». Somos personas muy gruñonas y muy críticas, y no tenemos problema alguno en renunciar voluntariamente a algo de valor si su precio nos parece injusto, solo por rencor y por venganza.

Cuando se activa nuestro sentido de la justicia, no nos importa si existen razones legítimas para elevar el precio: la mano invisible del mercado recibe un pisotón. En una encuesta telefónica (¿se acuerdan de los teléfonos?), el 82 por ciento de los encuestados afirmaron que era injusto incrementar el precio de las palas tras una gran nevada (un ejemplo híbrido de los paraguas en la lluvia y Uber en la nieve), a pesar de que la regla económica básica de la oferta y la demanda dice que eso es precisamente lo más eficiente, legítimo y correcto.[2]

En 2011, Netflix anunció en un blog que pronto modificaría su estructura de precios: su intención era dividir en dos su sistema combinado de transmisión en tiempo real y alquiler de DVD, que en aquel entonces costaba 9,99 dólares al mes, y ofrecer ambos servicios por separado a 7,99 dólares al mes cada uno. De esta forma, todos los que utilizasen uno solo de los servicios —transmisión o alquiler— pagarían 2 dólares menos al mes, pero los que utilizasen ambos tendrían que pagar casi 6 dólares más cada mes.

La gran mayoría de los suscriptores de Netflix utilizaban solo uno de los servicios, pero ¿cuál cree que fue su reacción al cambio? Exacto: lo odiaban. No porque el precio pasase a ser más caro —en casi todos los casos era más barato—, sino porque parecía algo injusto.* Los clientes de Netflix salieron en desbandada como en su momento habían hecho los de JCPenney: la empresa perdió cerca de un millón de suscriptores y su valor en Bolsa se desplomó; a las pocas semanas, los directivos de Netflix abandonaron su nuevo plan. Debido a que sus clientes tuvieron la impresión

---

* Aquí también entra en juego la aversión a las pérdidas: los clientes no querían perder una de las opciones, incluso aunque no la utilizasen nunca.

de que Netflix se estaba intentando lucrar a su costa, rechazaron en masa un servicio que les ofrecía una elevada utilidad: un valor de al menos 9,99 dólares por el que solo tendrían que pagar 7,99. Estos clientes quisieron castigar una supuesta injusticia, y para ello se mostraron dispuestos a perjudicarse a sí mismos; estaban dispuestos a renunciar a un maravilloso servicio que iba a costar 2 dólares menos solo por castigar el imaginario incremento de 6 dólares en un combinado que ni siquiera utilizaban.

La experiencia de Renée con Uber está basada en un caso real (como todos los ejemplos ofrecidos hasta ahora). En diciembre de 2013, durante una tormenta de nieve en Nueva York, Uber aumentó sus precios hasta 8 veces su tarifa normal, una tarifa que ya era más elevada que la de los taxis y la de otros servicios de transporte en vehículos privados.[3] Algunas personas famosas fueron las que expresaron su indignación de manera más vehemente (tienen tiempo para ello). Uber respondió que las tarifas elevadas eran simplemente «precios de reclamo», para animar a más conductores a salir a ofrecer sus servicios y poder cubrir el aumento de la demanda, pero la explicación no logró calmar la furia de la gente.

Normalmente, los clientes de Uber disfrutan de la alta fiabilidad y disponibilidad de los conductores de Uber, y están dispuestos a pagar un plus por ello, pero cuando las verdaderas fuerzas de la oferta y la demanda entran en juego a lo grande, como durante una tormenta de nieve; cuando la oferta de conductores es baja y la demanda es alta, y por tanto los precios aumentan mucho de repente, los clientes se resisten a pagar ese plus. Si no existiese Uber, no habría suficientes taxis, los posibles usuarios tendrían pocas oportunidades de conseguir uno. Uber cobra más para hacer frente al desequilibrio existente entre los usuarios que desean un servicio de transporte y los conductores que desean ofrecerlo. Normalmente estamos dispuestos a alterar nuestra percepción de precio y valor justo... pero solo un poco pues nuestra flexibilidad tiene un límite; cuando el aumento del precio es elevado, repentino y oportunista, lo sentimos como injusto.

Continuando con el experimento mental, imagine ahora que existe otro servicio de transportes llamado Rebu, que siempre cobra ocho veces más que Uber. En este caso los clientes no hubiesen tenido problema alguno a la hora de pagar los precios más altos de Rebu durante la tormenta, pues esa es su tarifa habitual; de hecho, hasta podrían pensar que es un buen negocio. Lo que la gente consideró injusto fue que Uber aumentase sus tarifas justo cuando más necesitaba sus servicios. Si los precios de Rebu siempre son ocho veces más altos que los de Uber, no se considerarían injustos durante la tormenta, aunque es muy posible que el resto del tiempo se consideren demasiado elevados.

Esfuerzo justo

¿Por qué el principio de justicia modifica nuestra percepción del valor? ¿Por qué renunciamos voluntariamente a cosas de valor solo porque las consideramos injustas? ¿Por qué Renée abandonó Uber y por qué James optó por correr bajo la lluvia? Porque la justicia está profundamente arraigada en nosotros. ¿Y qué es lo que nos hace decidir si una cosa es justa o no? Principalmente, el esfuerzo percibido.

La evaluación del nivel de esfuerzo que se ha dedicado a algo es un atajo muy común que solemos utilizar para valorar la justicia del precio que se nos pide pagar por algo.

La venta de paraguas no se vuelve más difícil cuando se pone a llover, y conducir un coche para Uber durante una tormenta de nieve puede requerir un esfuerzo extra, pero no ocho veces más esfuerzo. Estos incrementos de precio no se corresponden con el esfuerzo adicional, y dado que el coste de producción no ha aumentado, creemos que los precios más altos son injustos. No obstante, lo que James y Renée no parecen ver cuando se centran solo en el esfuerzo (y por tanto en la justicia) es que, aunque el esfuerzo requerido para ofrecer ese servicio no haya cambiado, el valor del servicio que se les ofrece —llegar a casa con seguridad y sin mojarse— sí que ha *aumentado* debido a las circunstancias.

A James le parecía que el precio del cerrajero no era justo, solo porque le llevó muy poco tiempo. ¿Hubiera preferido uno algo torpe que tardase mucho en abrir la puerta y tuviese que sudar para hacerlo? Pues es posible. Un cerrajero le comentó a Dan que cuando comenzó a trabajar como tal le costaba horrores abrir una cerradura, y a menudo no le quedaba otra opción que romperla, por lo que tenía que dedicar más tiempo y dinero para poner una nueva y acabar el trabajo; en consecuencia, además de su tarifa habitual, tenía que cobrar por el material. Pese a ello, la gente pagaba todo sin rechistar, e incluso le dejaban buenas propinas. Sin embargo, a medida que fue adquiriendo destreza en su trabajo, y por tanto pudo empezar a abrir las puertas con mayor rapidez y sin necesidad de forzar la cerradura (y, por tanto, sin tener que reemplazarla ni cobrar a sus clientes por ello), no solo dejó de recibir propinas, sino que aumentaron las protestas por su tarifa habitual.

¿En serio? Lo que deberíamos preguntarnos es qué valor tiene para nosotros abrir la puerta, pero como es muy difícil realizar esta valoración de forma objetiva, nos solemos fijar en el esfuerzo que lleva abrirla. Cuando percibimos que ha costado un gran esfuerzo, aunque tengamos que pagar más, nos sentimos mejor. Sin embargo, lo que debería importarnos es el valor de la puerta abierta.

Esta equiparación inconsciente entre esfuerzo y valor es lo que a menudo nos lleva a pagar más por la incompetencia. Es fácil pagar por el esfuerzo evidente, pero nos resulta más difícil pagar a alguien que es realmente bueno en lo que hace, alguien que realiza su trabajo sin esfuerzo porque su pericia le permite ser rápido y eficiente. Nos cuesta más pagar por el profesional rápido y hábil, simplemente porque realiza menos esfuerzo, y si realiza menos esfuerzo, se valora menos.

On Amir y Dan llevaron a cabo un estudio en el que preguntaban a un grupo de personas cuánto pagarían por recuperar unos datos electrónicos perdidos.[4] La conclusión fue que la gente estaba dispuesta a pagar más cuanto mayor fuera la cantidad de datos recuperados, pero sobre todo que era muy sensible al número de horas empleadas por el técnico: cuando la recuperación se hacía en unos minutos, la predisposición a pagar era reducida, pero cuando llevaba una semana o más, dicha predisposición era mucho más alta; en resumen: estaban más dispuestos a pagar por un servicio más lento y con el mismo resultado. En la práctica, cuando valoramos más el esfuerzo que el resultado, lo que estamos pagando es la incompetencia, y aunque esto es algo irracional, al parecer nos *sentimos* más racionales y más cómodos pagando por esa incompetencia.

Cuenta la leyenda que Pablo Picasso se encontraba descansando en un parque cuando se le acercó una mujer que insistió en que le pintara un retrato. Tras mirarla fijamente durante un instante, realizó un retrato perfecto de un solo trazo.

—Ha logrado usted capturar mi esencia en un solo trazo. ¡Asombroso! ¿Cuánto le debo?

—Cinco mil dólares —respondió Picasso.

—¿Qué? ¿Cómo puede pedir tanto? ¡Solo le ha llevado unos pocos segundos!

—No, señora. Me ha llevado toda mi vida y unos pocos segundos.

Esta anécdota revela claramente la gran importancia de la pericia, el conocimiento y la experiencia, pero estas son precisamente las cosas que, cuando juzgamos el valor de algo basándonos ante todo en el esfuerzo, no sabemos valorar, y en ocasiones ni siquiera ver.

Veamos otro ejemplo. ¿Alguna vez ha tenido un problema con el coche —por ejemplo, un ruido persistente o una ventana que no se mueve— que el mecánico arregló en unos minutos utilizando una única herramienta, y luego le dijo que eran 80 dólares? La mayoría de la gente se enfada en estas circunstancias. Ahora, imagine que el mecánico ha trabajado tres horas y le pide 120 dólares. ¿Le parecería más justificado? ¿Y si tardase cuatro días y le cobrase 225 dólares? ¿El resultado no es el mismo que en el primer caso, pero mucho más caro en tiempo y dinero?

Pensemos ahora en un técnico de reparaciones informáticas, que es capaz de arreglar el servidor de una empresa cambiando un único archivo de la configuración; en este caso, la empresa no estaría pagando por ese simple cambio —un esfuerzo de apenas cinco segundos—, sino por saber qué archivo hay que cambiar, y cómo. O que estamos atrapados en un sótano con un héroe de peli de acción que está intentado desactivar una bomba nuclear: el contador se aproxima a cero, y el futuro del mundo está en juego; si no lo logra, ¡adiós, mundo! ¿Preferiríamos que no supiera qué hacer y se pusiese a toquetear el explosivo con dedos sudorosos y torpes, o pagarle una fortuna por actuar de forma rápida y segura, pues sabe que siempre, siempre, siempre hay que cortar el cable rojo? *¡No, espera, quería decir el cable azul!* (¡Boom!).

El problema es, básicamente, que nos cuesta mucho pagar por el conocimiento y las habilidades adquiridas. Nos resulta muy difícil valorar los años pasados aprendiendo y refinando esas habilidades, e incluirlos en lo que estamos dispuestos a pagar; lo único que vemos es que tenemos que pagar mucho dinero por una tarea que no ha dado la impresión de ser muy difícil de hacer.

Otro ejemplo ilustrativo de cómo la justicia y el esfuerzo influyen en nuestras valoraciones lo encontramos en el modelo «pague lo que usted desee», utilizado cada vez más por restaurantes y artistas. Uno de estos restaurantes ha descubierto que, con este sistema, sus clientes tienden a pagar menos de lo que normalmente les hubieran cobrado, lo cual a primera vista no parece muy positivo para el dueño; sin embargo, dado que el sistema consigue atraer a mucha más gente de lo habitual, y ninguno de los clientes opta por no pagar nada o pagar muy poco, el restaurante está aumentando sus beneficios.[5] Esta voluntad relativamente elevada de pagar se debe probablemente a que la gente ve claramente el esfuerzo —los camareros apuntando pedidos y sirviéndolos sin descanso, los cocineros preparando la comida, el resto del personal preparando las mesas y descorchando los vinos, etc.— y siente la necesidad de recompensar ese esfuerzo: comer en un restaurante y largarse sin pagar no solo es deshonesto, sino que además parece muy injusto. Esto demuestra que la justicia puede funcionar en ambos sentidos.

Suponga que, en vez de un restaurante, el modelo de «pague lo que desee» se aplica a un cine medio vacío, y que, al acabar la película, los empleados del cine piden a los espectadores que pongan la voluntad en una caja situada a la salida. En este caso, los espectadores tendrían la impresión de que al cine no le ha costado nada ofrecerles la película, pues no son ellos los que la han hecho; tal vez podrían aumentar un poco el contraste, pero la calidad de los actores y el vestuario no depende de ellos. Como no parece que el cine haya realizado ningún esfuerzo extra, la impresión es que no merece que se le recompense por ello, por lo que lo más probable es que los espectadores paguen muy poco, o nada en absoluto.

En la misma línea, mucha gente no se siente culpable por descargar ilegalmente películas o música gratis, porque considera que todo el esfuerzo de producción ya tuvo lugar en el pasado, y que cada descarga no exige un nuevo esfuerzo o gasto por parte del productor. (Por esta razón, muchos de los esfuerzos para acabar con la piratería se están centrando cada vez más en personalizar las pérdidas, resaltando el daño causado a los artistas.)

La diferencia entre el restaurante y el cine pone de manifiesto la importancia de los costes fijos frente a los costes marginales en relación con la justicia y el esfuerzo. Los costes fijos, como las butacas y la iluminación de un cine, no suelen activar nuestro sentimiento de reciprocidad tanto como los costes marginales, como el plato de pescado fresco con verduras a la parrilla que el chef está preparando para nosotros, o los vasos rotos que había en la bandeja que se le ha caído a un aprendiz de camarero algo torpón, provocando los odiosos aplausos de más de uno. (En serio, ya vale con eso. Es una falta de respeto.)

Esta diferencia también demuestra que, aunque tendemos a castigar a los precios que consideramos injustos porque no vemos el esfuerzo, también recompensamos a aquellos negocios que nos parecen justos por su evidente esfuerzo. ¿No es este otro claro ejemplo de una forma de valorar las cosas que tiene poco que ver con el valor real? Efectivamente, así es, y esto nos lleva directamente al tema de la *TRANSPARENCIA*.

Esfuerzo transparente

La empresa de James no dudó en pagar a la consultora de Gina 725.000 dólares porque parecían haber hecho un gran trabajo, no solo evaluando las necesidades de la empresa y proponiendo posibles soluciones, sino elaborando una presentación para demostrar lo mucho que se habían esforzado en el proyecto.

Es posible que, si el cerrajero no se hubiera mostrado tan sarcástico e impertinente con James, y se hubiese molestado en explicarle con calma la cantidad de sutiles y complicadas habilidades que tuvo que adquirir y perfeccionar para ser capaz de abrir la puerta con tanta rapidez, la situación no habría sido tan tensa. Y también es posible que si Coca-Cola hubiese explicado que cuesta mucho más mantener frías las bebidas cuando hace calor, o que en los días calurosos hay más demanda y los reponedores tienen que trabajar más para que no falten latas en las máquinas, la gente no habría armado tanto alboroto. Puede que, al aumentar el nivel de transparencia y hacer el esfuerzo más evidente, James y los consumidores de refrescos no se hubieran alterado tanto y hubieran estado más dispuestos a pagar más.

Imagine que entramos en una tienda y vemos dos relojes de cuerda, y que uno tiene una carcasa transparente con la que podemos ver el funcionamiento del intrincado mecanismo. ¿Pagaríamos más por ese reloj solo porque podemos ver todo el «esfuerzo» que está haciendo? Tal vez no (nunca hemos hecho este experimento), pero lo que está claro es que así es como solemos comportarnos inconscientemente en muchas de las transacciones financieras que hacemos.

Estamos más dispuestos a pagar más cuando vemos los costes de producción, a gente corriendo de aquí para allá, el esfuerzo dedicado a realizar algo. Asumimos implícitamente que algo que nos parece arduo y trabajoso vale más que lo que no da esa impresión. Lo que establece psicológicamente nuestra voluntad de pagar no es el esfuerzo objetivo, sino la *apariencia* de ese esfuerzo.

¿Es racional este comportamiento? No. ¿Altera nuestra percepción del valor? Sí. ¿Nos ocurre con frecuencia? Puede apostar a que sí.

La consultora que asesoró a la empresa de *widgets* de James, en su afán por demostrar en la reunión lo mucho que había trabajado, a punto estuvo de realizar de nuevo todo el proyecto. Sin embargo, piense ahora en los bufetes de abogados que cobran unos elevados honorarios por hora. Los abogados suelen tener muy mala fama, y puede que en parte se deba a que habitualmente no vemos el esfuerzo que realizan en su trabajo, tan solo una factura de servicio por horas (a menudo más horas de las que caben en un día, pero horas, al fin y al cabo). No percibimos el esfuerzo ni el sudor y tampoco nos transmiten la imagen de laboriosidad que logró proyectar la inteligente consultora.

La transparencia —que muestra el trabajo dedicado a un producto o servicio— permite a una empresa o a un profesional demostrar que han trabajado duro y se han ganado nuestro dinero. No valoramos las cosas a menos que sepamos con seguridad que requieren mucho esfuerzo. Esta es la razón por la que internet es un medio en el que es tan difícil comprar y vender productos o servicios; como no percibimos el esfuerzo, no nos parece que haya que pagar gran cosa por las aplicaciones o los servicios online.

Empresas grandes y pequeñas aprenden tarde o temprano que la transparencia les permite mostrar —y demostrar— su esfuerzo, y con ello su valor, por lo que, cada vez más, procuran ofrecer indicadores que nos permitan valorar sus servicios. La empresa de viajes Kayak, por ejemplo, hace un gran hincapié en la transparencia: su página web nos informa de todo el proceso de búsqueda mientras lo está realizando; para ello utiliza una barra de progreso, y una lista que nos va mostrando todo lo que va encontrando, como horarios, precios, conexiones, lo que nos permite ser conscientes de todos los elementos que han tenido que buscar. De esta forma, Kayak nos muestra que tiene que tener en cuenta muchos factores y que tiene que realizar muchos cálculos. El objetivo final es impresionarnos con todo el trabajo realizado para nosotros, e inducirnos a pensar que hacer todo eso nosotros solos, sin su ayuda, nos llevaría una eternidad, o tal vez incluso más.

Comparemos esto con una búsqueda en Google, en la que nos limitamos a teclear lo que queremos encontrar y al instante tenemos infinidad de posibles respuestas. Está claro que lo que hace Google debe ser muy sencillo, ¿no?

Otro ejemplo es una de las innovaciones más interesantes de la industria de las pizzas a domicilio: el rastreador de pizzas. Cada vez que pedimos una pizza por internet, una barra de progreso nos informa del proceso de creación y entrega de nuestro pedido: se ordeña la vaca para hacer queso, se pone sobre la masa, se mete en el horno, el repartidor arranca su moto, sortea el atasco de la hora punta, llama a nuestra puerta, el colesterol obstruye nuestras arterias y tenemos que tomar Danacol. Obviamente, no suelen incluir todos estos pasos, pero los que sí muestran mantienen pegados a muchos amantes de la pizza a las pantallas de sus ordenadores para observar el progreso de sus pedidos.

Entre los procesos más opacos se encuentran los de los gobiernos. Para remediarlo, algunos ponen en marcha astutos proyectos dirigidos a lograr una mayor transparencia de sus actividades, como han hecho recientemente en Boston. Las carreteras de la ciudad de Boston llevan en obras desde la invención de la rueda, y con el fin de incrementar la información sobre la situación de tales reparaciones, la alcaldía ha creado mapas online en los que se muestran todos los baches que se están reparando. De esta manera, los residentes de la ciudad pueden comprobar que los obreros están trabajando duro, aunque no hayan llegado a su barrio todavía. También podrán decir: «¡Qué fuerte!, ahora entiendo por qué fue supermegadifícil aparcar mi Ferrari en mi plaza de aparcamiento de Harvard, o sea, ¿sabes?».

Hablando de Boston y de Harvard, a nuestro amigo Mike Norton se le ocurrieron otras formas muy creativas de demostrar el valor de la transparencia: utilizar una página web de citas que no solo nos muestra con quién somos compatibles, sino también con quién *no* somos compatibles. Al mostrarnos miles de emparejamientos poco adecuados (seamos honestos: a menudo los emparejamientos que proponen estas páginas son *horribles*), los operadores de la página también demuestran que han realizado un gran esfuerzo para clasificar a todos los que introducen sus datos en la página y encontrar las mejores opciones de emparejamiento.[6] ¿Hemos mencionado ya lo mucho que nos asustan los nuevos sistemas para ligar y lo adorables que son nuestras esposas?

Si Uber, el cerrajero y el vendedor de paraguas hubieran explicado el esfuerzo que había detrás de sus precios, es muy posible que esas explicaciones hubieran conseguido que los precios pareciesen más justos. Netflix podría haber explicado que las licencias de emisión en directo son muy caras; que la empresa estaba reduciendo el precio para determinados usuarios; que así podría centrarse en mejorar cada servicio por separado; y que se proponía renovar y mejorar su programación... pero no lo hizo. Los restaurantes podrían poner carteles explicando el porqué de cada incremento de precio: el coste del gas, de los ingredientes, de los huevos o de la mano de obra; o bien podrían desviar la culpa señalando con el dedo a los impuestos o a alguien que no les gusta en la Casa Blanca. Cualquiera de estas explicaciones ayudaría a los clientes a comprender y aceptar los aumentos de precios. El problema es que las empresas no lo suelen hacer. Sí, la transparencia nos ayuda a entender el valor, pero, por desgracia, si estamos a cargo de la gestión de un negocio, no solemos pensar que una explicación sobre el esfuerzo que hay detrás de nuestro producto o servicio pueda cambiar la forma en la que los clientes lo valoran. Y, sin embargo, sí lo hace...

Si bien es verdad que hacer hincapié en el deseo humano de transparencia nos ayuda a percibir el valor del mundo que nos rodea, también nos hace más susceptibles a la manipulación. La consultora demostró haber realizado un gran esfuerzo, pero ¿realmente sirvieron de mucho sus consejos? El cerrajero más torpe trabajó mucho para abrir la puerta, pero ¿acaso no nos ha hecho perder una hora de nuestro tiempo? Los obreros de Boston, ¿realmente están trabajando duro, o solo lo simulan mientras hablan de fútbol?

Podemos ser víctimas de la transparencia, o de la falta de ella, con mayor frecuencia de la que nos gustaría admitir, y cuando se nos muestra un esfuerzo muy claro, tendemos a sobrevalorar un producto o servicio. La transparencia, al poner de manifiesto el esfuerzo y por tanto la apariencia de justicia, puede hacer que nuestra percepción del valor de las cosas se aleje considerablemente de su valor real.

El esfuerzo en casa

Nuestro sentido de la justicia y del esfuerzo va más allá del mundo financiero. Por supuesto que no podemos dar consejos a nadie sobre sus relaciones personales, pero hemos descubierto que, si cogemos a cualquier pareja, ponemos a cada uno en una habitación distinta y les preguntamos qué porcentaje de las tareas domésticas realizan ellos solos, el total siempre supera con creces el 100%. En otras palabras, cada uno cree que se esfuerza más que su pareja, y que es posible que la división de las tareas no sea justa.

¿Por qué ocurre esto? Porque nosotros siempre somos totalmente transparentes con nosotros mismos. El problema es que vemos todos los detalles de nuestro propio esfuerzo, pero no vemos los detalles del esfuerzo de nuestra pareja, por lo que tenemos lo que podría llamarse una transparencia asimétrica. Si fregamos el suelo, vemos que está limpio y sabemos cuánto trabajo nos ha llevado, pero si lo ha fregado otra persona no nos percatamos de ello, y no somos conscientes del esfuerzo necesario para dejarlo tan brillante. Cuando sacamos la basura, sabemos el esfuerzo que hace falta para ello y el asco que nos da, pero no sabemos nada de eso cuando es el otro quien la saca. Sabemos que ponemos la vajilla en el lavaplatos con una lógica geométrica perfecta, y somos muy conscientes de que nuestro cónyuge no muestra el más mínimo respeto por el hecho de que los platos, obviamente, deben ir abajo, y los vasos, arriba.

¿Deberíamos entonces adoptar la estrategia de la consultora en nuestras relaciones, y crear un PowerPoint cada mes para mostrar a nuestra pareja y a nuestros hijos cuántas encimeras hemos limpiado, cuántos platos hemos fregado, cuántas facturas hemos pagado, cuántos pañales hemos cambiado o cuántas bolsas de basura hemos bajado? ¿O deberíamos optar por el método de los abogados, y limitarnos a proporcionar una factura que únicamente detalle las horas trabajadas? Cuando hacemos la cena, ¿deberíamos describir todos los pasos necesarios, como comprar, cortar, cocinar y limpiar? ¿O simplemente suspirar mucho para que nuestros cónyuges nos valoren más? Bueno, molestar a nuestra media naranja haciéndonos las víctimas también tiene sus desventajas, así que tal vez lo mejor es dejar que cada lector escoja el equilibrio que más le guste entre mostrar el esfuerzo realizado y fastidiar a su pareja, pero al menos seguro que ya le hemos dado en qué pensar. Además, recuerde: los abogados matrimoniales son caros; cobran por horas y nunca muestran el esfuerzo que hacen.

SEAMOS JUSTOS CON LA JUSTICIA

La gente siempre exige «justicia», ya sea en sus negociaciones, sus compras, su matrimonio o su vida en general, lo cual no es algo malo en sí mismo. La justicia es buena. Cuando en 2015 Martin Shkreli decidió aumentar de golpe el precio de un medicamento vital llamado Daraprim, subiéndolo de 13,50 a 750 dólares —¡un 5.555 por ciento!— justo después de adquirir la empresa que lo fabrica, mucha gente puso el grito en el cielo. El aumento se consideró manifiestamente injusto, y pese a que el Daraprim sigue costando más de lo que debería y a que Shkreli continúa siendo un [expresión censurada], al menos la atención del público se centró por fin en la injusticia del precio de los medicamentos. Así pues, nuestro sentido de la justicia puede resultar útil, incluso en el mundo económico.

Sin embargo, a veces sobrevaloramos el concepto de justicia. En circunstancias menos graves e indignantes que las provocadas por Shkreli, cuando un precio nos parece injusto intentamos castigar al que lo ha fijado, y a menudo, renunciando a algo que nos podría resultar útil, nos castigamos a nosotros mismos.

La justicia está en función del esfuerzo, y el esfuerzo se muestra mediante la transparencia. No obstante, teniendo en cuenta que el nivel de transparencia es una cuestión que depende exclusivamente de la estrategia de los productores, la publicidad que insiste en utilizar la justicia (especialmente de nuestro propio uso engañoso de la justicia) como una referencia de valor no siempre se lleva a cabo con la mejor de las intenciones.

La transparencia también ofrece confianza y crea valor al mostrar el esfuerzo que asociamos a la justicia. ¿Puede darse el caso de que personas sin escrúpulos intenten aprovecharse de nuestro deseo de transparencia, y quieran *dar la impresión* de que han trabajado más de lo que *realmente* han hecho únicamente para añadir valor a su producto? Bueno, si tomamos como referencia los más de 150 años de duro trabajo que nos ha llevado escribir este libro, tenemos que decir que... no. Eso jamás ocurrirá.

10

Creemos en la magia
del lenguaje y los rituales

Cheryl King se ha quedado a trabajar en la oficina. Está realizando un estudio de viabilidad sobre la posibilidad de contratar un equipo de expertos que determine qué objetos de consumo debería fabricar exactamente su empresa, y si la gente los compraría. La empresa todavía no ha tomado ninguna decisión al respecto, pero su ansioso director ejecutivo le ha puesto una fecha límite para entregar el estudio y no tiene más remedio que terminarlo cuanto antes. No le molesta quedarse hasta tarde de vez en cuando, pero lo que no puede soportar es el horrible sushi que suele acompañar a esas ocasionales horas extras.

En el centro de la ciudad hay un restaurante de moda franco-asiático llamado Ooooh La La Garden, que al parecer tiene muy buenas críticas. Recientemente, este restaurante ha empezado a servir a domicilio, por lo que la gente de su equipo, que también tiene que quedarse a trabajar, ha decidido encargar que les traigan un pedido para cenar. Cheryl ni siquiera ha echado un vistazo al menú, pues está muy agobiada, así que ha pedido a sus colegas que elijan por ella, y uno de ellos, Brian, le trae algo llamado «Rollo de Dragón Escurridizo». Tras ponerlo sobre una servilleta, empieza a comerlo distraídamente sin apartar los ojos de la pantalla. «¡Puaj!», piensa al acabarlo. «Estaba asqueroso. Reseco y blandengue al mismo tiempo. En fin, por un día...»

Mientras, en la sala contigua, sus colegas están entusiasmados con su comida, brindando, saboreando y paladeando con deleite. A ellos les encanta. Cheryl se pone sus enormes auriculares e intenta concentrarse en los productos.

Al cabo de un rato, Brian vuelve a su despacho con una botella de vino y le ofrece un trago, diciendo que le dieron ese mismo vino como regalo de aniversario, y que es increíble: un Chateau Vin Délicieux Pinot Noir, cosecha de 2010, uno de los favoritos de los expertos. Brian sirve un poco en una taza de Cheryl, que pone «Para una de las 500 mejores madres del mundo» (sus hijos se creen muy graciosos). Cheryl toma un sorbo y murmura: «Está bien, gracias. No voy a tomar mucho porque en algún momento me tendré que ir a casa». Durante la siguiente media hora, mientras termina su parte del proyecto, Cheryl se bebe todo el vino, pensando que no está mal, pero que no es nada del otro mundo; desde luego, no tan bueno como el vino que tiene en su casa.

Cuando sale de la oficina, se cruza con Brian, y le da 40 dólares por la comida y la bebida:

—¿Basta con eso?

—Perfecto. ¿A que ha estado genial? Estaba hecho con...

—Sí, estaba bien. Nos vemos el lunes.

Ese fin de semana, Cheryl y su marido, Rick, van al nuevo local de fusión de moda, Le Café Grand Dragon Peu Peu Peu, en Laurel Street, cuyo nombre suena como una ametralladora francesa: *Peu peu peu.* Sus amigos ya han llegado, así que se sientan junto a ellos en las dos sillas vacías.

—¡Oh, mirad este menú! Es precioso.

—¿Verdad que sí? Según tengo entendido, aquí todo es estupendo —dice su amiga Jennifer Watson.

Tras leer el menú, Cheryl muestra su entusiasmo:

—¡Oooh, mirad esto! «*Fromage* curado y artesanal de leche de cabra sobre mezcla de carnes de reses bovinas alimentadas con hierba de montaña, con lechuga de la huerta, tomate cultivado a la vieja usanza, verduras frescas variadas, cebollas cuidadosamente seleccionadas, y nuestra mezcla especial de especias, importadas de todo el mundo y aprobada por nuestros rigurosos expertos, todo ello servido al ancestral estilo de las tabernas medievales.

—Eso suena genial —dice Rick.

—A mí me suena como una hamburguesa con queso muy cara —rezonga Bill Watson.

Las dos parejas charlan unos minutos hasta que llega el camarero y les recita todo un monólogo shakespeariano moderno sobre las sugerencias del día. Señalando a una línea del menú, Bill le pregunta qué es la *Spécialité de la maison*.

—Eso es el «Especial de la casa», caballero.

—Sí, ya lo sé, pero ¿cuál es?

—Verá... —dice el camarero, aclarándose la garganta—. El chef es muy conocido, tanto aquí como en su Francia natal, por crear una experiencia culinaria única cada temporada.

—Está bien, pero dígame por favor cuál es la especialidad hoy.

—Bien, esta temporada es un solomillo cuidadosamente preparado y cocinado para extraer todos los sabores de la alimentación del ganado, criado al aire libre con agua y sol de las mejores praderas, y rigurosamente controlado desde su nacimiento hasta la mesa.

—Hmm. Creo que me quedo con lo del *fromage*.

Poco después aparece el *sommelier* y le ofrece a Rick una abultada carta de vinos, con una letra diminuta. Rick no sabe mucho de vinos, así que le pide que le recomiende uno.

—Muy bien. El Chateau Vin Délicieux Pinot Noir de 2010 es el resultado de una cosecha extraordinaria y muy especial. Las lluvias que cayeron durante el verano de ese año en el sur de Francia provocaron que el nivel freático del terreno aumentase tanto que el subsuelo de la mayoría de los viñedos quedó inundado con agua muy rica en sedimentos, lo cual proporcionó a las uvas un aroma más pleno y robusto. Además, la vendimia se llevó a cabo exactamente 144 horas más tarde de lo habitual, y las uvas maduraron con brisa de montaña y agua dulce hasta alcanzar un punto óptimo. Esta cosecha ha recibido varios premios y reconocimientos en todo el mundo, y es digna de los paladares más exigentes.

Murmullos de aprobación general. «Estupendo. Empecemos con eso.» El *sommelier* asiente, se retira y regresa con una botella, que descorcha con ceremonia, y sirve un dedo en la copa de Rick. Rick levanta su copa, la examina a la luz, la agita levemente, bebe un minúsculo sorbo, cierra los ojos, aprieta los labios y lo paladea llevándolo de un carrillo al otro; finalmente, se traga el sorbo, hace una pequeña pausa, asiente y permite que llenen las copas de los demás. Hecho esto, todos alzan su copa, Rick propone un brindis, los presentes responden alegremente, y comienza la comida.

Deciden compartir el entrante del día.

—Este es nuestro famoso «Rollo de Dragón Escurridizo», elaborado a mano con productos piscícolas frescos seleccionados por el chef, como salmón, trucha, atún y caviar, todo ello criado en los mejores caladeros, y aderezado con cebolleta, tobiko, algas marinadas en salsa de soja, pepino, aguacate y frutos secos, cuidadosamente colocados con pinzas de plata y delicadamente presentados.

—Mmmmm.

—¡Vaya pinta tiene eso!

Tras la comida, les traen la cuenta. En total, por el vino, el rollo, la sofisticada hamburguesa con queso, y una velada de risas y anécdotas, tienen que pagar 150 dólares por pareja. En su opinión, una verdadera ganga.

Esas dos escenas muestran la magia del lenguaje a la hora de cambiar la valoración de un producto. El lenguaje puede influir en la forma en la que disfrutamos de las experiencias; puede hacer que prestemos especial atención a lo que consumimos, y también que dirijamos nuestra atención hacia aspectos concretos de ellas. Nos puede ayudar a disfrutar más de la cada experiencia, y cuando disfrutamos más de algo —sea por la propia experiencia física de consumirlo o por el lenguaje que lo describe— lo valoramos más y estamos dispuestos a pagar más por ello. El producto físico no cambia, pero nuestra experiencia sí lo hace, igual que nuestra predisposición a pagar por él. El lenguaje no se limita a describir el mundo que nos rodea, sino que también influye en la forma en la que le prestamos atención, y en lo que acabamos disfrutando y no disfrutando.

¿Recuerda el sushi y el vino que Cheryl despreció en su despacho? Pues eran exactamente los mismos que después alabó cuando se dejó influir por el lenguaje que los describía. Del mismo modo, si se hubiera limitado a pedir una «hamburguesa con queso» en el restaurante, en lugar de un «*fromage* curado y artesanal de leche de cabra sobre mezcla de carnes de reses bovinas», seguramente la hubiera disfrutado mucho menos y hubiera protestado por el precio.

Es verdad que el hecho de comer con amigos, lejos de una pantalla de ordenador y del agobiante trabajo, tiene un valor en sí mismo, por el que todos estamos dispuestos a pagar; disfrutamos más de la comida cuando está vinculada a una experiencia como esa... y pagamos gustosos por ello. No obstante, también es verdad que, si la descripción de la comida nos resulta sugerente, aun siendo exactamente la misma, podemos disfrutar más de ella. El lenguaje tiene un poder mágico que puede cambiar nuestra percepción de la comida y que nos lleva a aceptar un precio que consideramos acorde con la belleza descrita.

En lo que al valor se refiere, el entorno de un restaurante (lujoso), la compañía (buenos amigos) y la descripción de la comida (con términos posmodernos) contribuyen a hacer más intensa y agradable la experiencia de comer.

Está bastante claro que el lenguaje es el componente más valioso y poderoso de toda la experiencia descrita. Las palabras no deberían hacer las sillas más cómodas, las especias más sabrosas, la carne más tierna o la compañía más agradable. Objetivamente, la forma de describir un producto no debería ser relevante: una hamburguesa es una hamburguesa, una casa es una casa y un Toyota es un Toyota, y ni el estilo ni la expresividad cambian la esencia de algo. O compramos una hamburguesa, una casa y un Toyota, o compramos un pollo, un apartamento y un Ford. Se trata ni más ni menos que de escoger entre cosas, ¿no?

Pues no. Desde los primeros estudios sobre toma de decisiones se sabe con seguridad que tendemos a escoger entre las descripciones de los productos, y no entre los productos en sí. He ahí cómo la magia del lenguaje influye sobre el valor.

El lenguaje nos lleva a fijarnos en determinadas características concretas de un producto o experiencia. Imagine dos restaurantes adyacentes: uno ofrece una hamburguesa con un «80 por ciento de carne sin grasa», mientras que el otro ofrece una hamburguesa de «carne con un 20 por ciento de grasa». ¿Qué ocurriría? La experiencia nos dice que la forma concreta de describir la misma hamburguesa nos hace valorarla de manera muy diferente: la primera se centra en la parte «sin grasa», lo que nos induce a pensar en algo saludable, sabroso y apetecible; la segunda centra nuestra atención en el porcentaje de grasa, y por tanto nos hace pensar en una carne poco saludable y asquerosa, e incluso nos planteamos hacernos veganos. Por ello, valoramos mucho más la hamburguesa «sin grasa», y estamos dispuestos a pagar más por ella.

El simple movimiento de la lengua para formar palabras puede llegar a ser como un interruptor que activa en nosotros nuevas perspectivas y contextos. Ya hemos visto que la gente afirma que podría retirarse con el 80 por ciento de sus ingresos, pero no con un 20 por ciento menos de dichos ingresos; que hacemos donaciones para obras de caridad si la suma se expresa en céntimos por día, pero no cuando nos piden la misma cantidad en dólares por año;[1] y que un «reembolso» de 200 dólares se guarda en el banco, mientras que una «bonificación» de 200 dólares se gasta en las Bahamas.[2] El porcentaje de ingresos, la donación y los 200 dólares son cantidades idénticas independientemente de cómo se describan, pero las descripciones modifican nuestras impresiones sobre un producto o servicio y, como veremos en breve, también alteran nuestra experiencia al consumirlos.

Es muy posible que los enólogos sean los que mejor utilizan el lenguaje para manipular a sus clientes. Estos profesionales han creado un lenguaje propio, y utilizan palabras y expresiones como «tanino», «acidez», «complejidad en boca» y «sabores tostados». También han ideado términos para describir el proceso de elaboración del vino, así como su movimiento, como las «lágrimas» que deja el vino en la copa cuando la agitamos. No está nada claro que la gente sea capaz de apreciar o siquiera comprender la importancia de estos términos, pero el caso es que muchos de nosotros nos comportamos como si así fuera: servimos el vino con afectación, lo agitamos levemente, lo miramos al trasluz, lo olisqueamos y lo probamos con cuidado. Y, por supuesto, estamos dispuestos a pagar mucho más por un vino bien descrito.

Por un lado, estar dispuestos a pagar más por una descripción de un vino y su proceso de elaboración es un acto irracional, ya que el lenguaje no cambia el producto; por otro, una buena descripción nos puede hacer disfrutar más del vino. El lenguaje modifica nuestra forma de degustar el vino, influyendo profundamente en nuestra percepción, sin alterar para nada el líquido que está dentro de la botella. El lenguaje nos cuenta una historia, y al escuchar la descripción de un vino, desde su viscosidad al servirlo hasta su retrogusto, pasando por sus tonos a la luz, sus aromas «en nariz» y su «paladar», nos vemos absorbidos por dicho relato, que transforma e incrementa nuestra valoración y nuestra satisfacción al beberlo.

Así pues, aunque el lenguaje no cambie el producto, sí modifica nuestra forma de interactuar con él y de disfrutar de él. El lenguaje también puede, por ejemplo, hacer que nos lo tomemos con más calma y prestemos más atención a lo que hacemos. Supongamos que tenemos en la mano una copa del considerado mejor vino del mundo, pero, como hizo Cheryl, la bebemos mientras estamos absortos trabajando y no le hacemos mucho caso. ¿Cuánto la disfrutaríamos? Por otro lado, imaginemos ahora que tenemos una copa de un vino muy inferior, pero que pensamos en su historia y en su elaboración, lo examinamos, lo probamos y lo saboreamos; a pesar de su objetiva inferioridad, obtendríamos de él una gran utilidad, quizá mayor que la del vino objetivamente mejor.

La industria del café, al igual que hizo la del vino antes que ella, ha comenzado a contratar a creativos para realizar el lenguaje que rodea a sus productos e incrementar su valor. O eso parece. Ahora oímos cosas como «café de semilla única», «café de comercio justo», «café prensado de manera natural en los intestinos de un gato», «café de civeta» (no quiera ni saber qué es eso), y «café besado por el sol y regado por las lágrimas de indígenas que sostienen las hojas de mil generaciones». Esto último es inventado, pero resulta creíble porque hay una historia larga y melodramática asociada a cada gota de nuestras tazas de *Veni, Vidi, Venti,** y cada detalle de la historia que nos tragamos va acompañado de un pequeño incremento en el precio que estamos dispuestos a pagar.

El chocolate también está siguiendo este camino, con el llamado cacao de semilla única (no tenemos ni idea de por qué las semillas únicas hacen que la comida sea mejor, pero a los consumidores parece encantarles) y otras variedades cada vez más caras. Hay incluso una empresa en Reino Unido que ofrece a los «entusiastas del chocolate» toda clase de emocionantes experiencias chocolateras. Pagando, por supuesto. (¿Quién no se considera un entusiasta del chocolate?)

¿Hasta dónde va a llegar esta moda del lenguaje? ¿Veremos en el futuro cómo se comercializa la «leche de vaca única»? ¿Hablarán los redactores de menús sobre la personalidad de Betsy, la vaca de Minnesota de la que procede la leche del *caffè latte* que hemos pedido, leche que fue ordeñada a las 6 de la mañana del quinto día de la segunda semana del verano pasado? ¿Estarán los clientes más dispuestos a pagar si saben que la madre de Betsy contribuyó con su leche a elaborar un helado que se tomó el cuadragésimo segundo presidente de EE. UU., o que la trasladaron a Minnesota a bordo del primer tráiler del mundo propulsado con energía solar? ¿O que le encanta pastar y tomar el sol, y que nunca acepta propinas? ¿Querrán los clientes contemplar una foto de Betsy mientras el camarero describe apasionadamente la «claridad», la «viscosidad debida a la lactosa» y la «textura bovina» de lo que se están bebiendo? Como Betsy vive en una granja circular, le sugerimos que antes de introducir esa galleta agite

* Eslogan que se basa en un juego de palabras con la famosa frase *Veni, Vidi, Vici* (Llegué, vi, vencí), en el que la última palabra se sustituye por uno de los tamaños de los vasos o tazas de café de la cadena Starbucks, de veinte onzas (unos 600 mililitros), por lo que el significado pasaría a ser algo así como «Llegué, vi, me pedí un vaso grande». *(N. del t.)*

levemente el vaso esmerilado y artesanal que contiene el precioso líquido. Son 13 dólares. Gracias.

Como hemos visto, el lenguaje influye en cómo valoramos toda clase de bienes, servicios y experiencias. Tras siglos de debate, perece que por fin hemos logrado refutar la teoría de Julieta Capuleto: una rosa con otro nombre *no* olería igual de bien.

INCREMENTANDO EL CONSUMO

El placer que obtenemos de algo procede tanto de las sensaciones que nos ofrece ese algo —el sabor de una comida, la velocidad de un coche, la melodía de una canción— como de lo que ocurre en nuestro cerebro cuando registra esas sensaciones. Es lo que llamamos experiencia de consumo completa.

El lenguaje incrementa o reduce la calidad de esa experiencia de consumo, y esta es la principal razón por la que influye de manera tan poderosa en nuestra valoración de las cosas, ya sea chocolate, vino o una hamburguesa de carne de vaca de pura raza. El llamado *VOCABULARIO DE CONSUMO* es un representante típico de este tipo de lenguaje, y lo usamos cuando empleamos términos específicos para describir una experiencia, como el «buqué» de un vino o la «cenefa» de una cortina. Su objetivo es que la gente se pare a pensar, se concentre y preste atención, apreciando cada experiencia y experimentando el mundo de forma distinta.

Una descripción de un minuto del plato especial del chef no solo centra nuestra atención en ese plato durante un minuto, sino que además ofrece un contexto y da una mayor entidad al plato en sí mismo. Nos plantea un modo de pensar en el plato complejo y con matices, y nos hace concentrarnos en la textura, los sabores y los aromas hasta tal punto que casi podemos verlo, olerlo y saborearlo. Nuestra mente y nuestro cuerpo nos preparan para la experiencia. Cuando el lenguaje nos guía hacia una experiencia, o nos hace anticiparnos a ella, la altera, la mejora y nos hace valorarla más.

Escuchando al camarero y al *sommelier* describir la comida y el vino, Cheryl y Rick se interesaron mucho más por los productos, y fueron más conscientes de las cualidades tan especiales que ofrecían y de la alegría y el placer que estaban a punto de experimentar.

Aunque no es precisamente el más saludable de los ejemplos, los anuncios de McDonald's solían enumerar todos los ingredientes habituales de sus productos en una canción: «Dos piezas de pura carne de ternera, nuestra salsa especial, lechuga, tomate, queso, pepinillos y cebolla entre dos bollos de pan con semillas de sésamo». Durante treinta segundos, nos pasaban por la mente todos los ingredientes de lo que deseábamos comer. Los anuncios —al igual que sus primos mayores, los publirreportajes— desmenuzan la experiencia que vamos a vivir para que nos dé la impresión de que un único mordisco incluye siete sabores distintos. ¿Qué suena mejor: la explosión de sabores de la mezcla descrita, o una simple «hamburguesa»?

Los creativos publicitarios se sirven del vocabulario de consumo para resaltar los aspectos que desean que aceptemos y ocultar los que desean que ignoremos. No te preocupes por el precio de estas zapatillas o por lo difícil que es convertirse en un atleta profesional, «Simplemente, hazlo» (Nike). Olvídate del peligro de hacerte cortes en la cara porque la presión social te fuerza a dar una imagen limpia y aseada, pues tenemos «Lo mejor para el hombre» (Gillette). Sabemos que no te sobra el dinero, pero «Hay cosas en la vida que el dinero no puede comprar. Para todo lo demás, MasterCard». Algo menos sutiles son los eslóganes «¡Te chuparás los dedos!» (KFC), «¡Me encanta!» (McDonald's) o el más directo e instructivo de todos: «Se derriten en tu boca, no en tu mano» (M&Ms).

Jeff se fijó en la curiosa yuxtaposición de términos de consumo utilizada en el Café Europa de Times Square, en Nueva York: algunos carteles introducen en las mentes de los clientes palabras como «Relajación», «Sonrisa», «Tranquilidad», «Placer», «Aroma» y «Sabor» para describir las sensaciones que el establecimiento desea que perciban los clientes y, de este modo, que salgan más satisfechos. Y parece que funciona, ya que la gente está dispuesta a pagar 3,5 dólares por una diminuta taza de café. Claro que en esa ubicación podrían haber puesto carteles algo más útiles, como «Ignore los pitidos de los taxis», «Intente no inhalar por la nariz», o «No le compre entradas de cine al hombre que no lleva pantalones».

Cuando el vocabulario de consumo no solo describe lo que estás a punto de consumir, sino también el proceso de producción, solemos apreciar el producto aún más (nuevamente el impacto del esfuerzo y la justicia), incrementando a su vez el valor percibido. También nos identificamos más con el producto por el compromiso con el lenguaje. ¿Recuerda el efecto dotación, el cual, debido a la sensación de propiedad virtual, hace que el mero hecho de sostener un objeto pueda aumentar el valor percibido del mismo? Pues este es un caso muy similar: el hecho de comprender y apreciar en mayor medida el proceso de elaboración de algo —una mesa de Ikea o una buena comida— puede aumentar el valor que percibimos.

RICO Y DIVERTIDO

La tendencia de determinados restaurantes a excederse con el lenguaje descriptivo no ha pasado desapercibida para los profesionales de la parodia. Dos de nuestros ejemplos favoritos son el menú del ficticio restaurante Fuds (www.fudsmenu.com/menu.html) y el Generador de Menús de Bar de Brooklyn (www.brook

lynbarmenus.com), que utiliza palabras aleatorias para completar un supuesto menú de un local de moda imaginario. Como neoyorquino, Jeff puede dar fe de que son disparates muy creíbles, pues se parecen mucho a los menús de algunos restaurantes reales.

Brochetas de lima con mantequilla salada	4
Bocaditos de anchoa con jamón a la sidra	6
Cordero con revuelto de chucrut francés	4
Higos de invierno con almejas	4
Paté de arroz	1
Alcachofas infladas	8
Priva flambeada	2
Centeno en salmuera	0
Tartar de sardinas, ostras y médula	4
Pastel al agua con puerros silvestres salteados	4

Por desgracia, estas delicias no existen. ¿Quién no querría un poco de priva flambeada, acompañada de paté de arroz y un salteado de puerros silvestres?

LAS PALABRAS PARECEN JUSTAS

La descripción también influye poderosamente en nuestra valoración de las cosas si en ella se pone de manifiesto el esfuerzo y la justicia. Como acabamos de ver, el vocabulario que revela esfuerzo es extremadamente importante. Términos como «artesanal», «hecho a mano», «comercio justo» y «orgánico» no solo se emplean para transmitir creatividad, exclusividad, opiniones políticas y salud, sino también para destacar la existencia del esfuerzo, pues nos inducen a pensar que el producto se ha elaborado con mucho trabajo y recursos, y nos sugieren de forma implícita que el valor del producto es mayor que el del realizado de otra forma. En resumen, las palabras añaden valor.

¿Pagaríamos más por un queso producido en pequeños lotes con herramientas y métodos tradicionales, o por un queso similar producido en grandes cantidades por máquinas modernas? Obviamente, la producción artesanal del queso en pequeños lotes exige mucho más esfuerzo, por lo que es más costoso y probablemente estaríamos dispuestos a pagar más por él. Sin embargo, es muy posible que, si el lenguaje no hiciese hincapié en ello, ni siquiera fuésemos capaces de notar la diferencia entre ambos quesos.

El lenguaje del esfuerzo es universal. De hecho, demasiado universal: quesos, vinos, pañuelos, apartamentos... Todo es artesano, artesanal o artístico. Hay «lofts artesanales» e «hilo dental artesano» (sí, en serio). En un viaje en avión con muchas turbulencias, Jeff intentó distraerse ojeando una revista, pero cuando vio un artículo sobre los aguardientes destilados ilegalmente de forma artesanal, se sintió aún peor.

Artesanal significa «hecho por un artesano», en lugar de en una gran fábrica, y, por definición, este tipo de aguardientes ilegales se destilan a mano, por lo que en ese caso la coletilla «artesanal» no aportaba ningún significado (ni valor) adicional; no era más que una clara redundancia.

Las palabras como «artesanal» pueden ser omnipresentes y muy molestas, pero ¿qué consiguen? Pues consiguen sugerir que una persona muy habilidosa ha elaborado un producto con sus propias manos. Y, como es sabido, cualquier cosa hecha a mano conlleva un esfuerzo extra y por lo tanto debe pagarse más por ella. Piense en todos los términos que sugerían la complejidad del proceso —la heurística del esfuerzo— que utilizó el camarero para describir los mismos productos que Cheryl había consumido despreocupadamente en su mesa de despacho sin tantas alabanzas y tanta verborrea.

¿Y qué hay de la «economía colaborativa»? Empresas como Uber, Airbnb y TaskRabbit pertenecen a la llamada economía colaborativa, un concepto que resalta los aspectos positivos de estos servicios. ¿A quién no le gusta compartir y quién no aprecia a los que comparten? ¿Qué persona que ya haya dejado la guardería no piensa que compartir es una cualidad humana maravillosa? Nadie.

La expresión «economía colaborativa» transmite una imagen positiva de la humanidad, sin hacer mención de los aspectos negativos, y ello lleva a que la mayoría de nosotros la valoremos más. La palabra «colaborativa» hace que esta economía parezca abnegada y altruista, como si estuviéramos dejando a nuestra hermana pequeña jugar con nuestras piezas de Lego, o donando un riñón a un huérfano. Sin embargo, no siempre es así. De hecho, algunos críticos sostienen que el ascenso de la economía colaborativa es simplemente una consecuencia de un mercado laboral que ofrece cada vez más trabajos a tiempo parcial, pocas prestaciones y muy poca seguridad; que elimina las protecciones que tenían los trabajadores y se aprovecha de la figura del «profesional autónomo», y que es otro término diseñado para hacer que no llevemos tan mal el escaso porcentaje de empleo fijo existente. Después de todo, a todos nos gusta tener más alternativas de transporte y alojamiento, ¿no?

Algunas empresas han sido acusadas de practicar el llamado «maquillaje verde», esto es, de realizar pequeños cambios cosméticos en sus productos para dar una imagen ficticia de respeto por la naturaleza. Y a otras se las ha acusado de usar «maquillaje rosa» —pagar a organizaciones como la Fundación Susan G. Komen, que lucha contra el cáncer de mama, para obtener una certificación de estar a favor de la lucha por la salud de las mujeres—, porque saben que pagaremos más por los productos asociados al esfuerzo por hacer un mundo mejor. Los buenos publicistas son increíblemente hábiles a la hora de usar el lenguaje para transmitir una imagen atractiva, y lo cierto es que no existen normas estrictas que regulen quién puede etiquetar sus productos como «ecológicos», o «de comercio justo», o «buenos para los bebés, los árboles y los delfines». Cualquiera puede constituir una organización, contratar a un diseñador gráfico para crear un logotipo y ponerlo en cualquier producto. Y así tenemos eslóganes tan atractivos como: «Respetuoso con el medio ambiente», «Selección inteligente y saludable», o «Aprobado por el Consejo de Cosas Buenas Que Le Hacen Feliz».*

La cuestión es que el lenguaje ofrece una ventana que permite ver el esfuerzo que tanto ansiamos ver, esfuerzo que conduce a la justicia y a la calidad, que a su vez se convierten en indicadores del valor. Ese es el camino largo y escabroso que recorremos entre el lenguaje y el valor, y en el que en cualquier momento podemos tropezar y caernos.

LENGUAJE AMBIGUO

El lenguaje no solo puede ofrecer una apariencia de esfuerzo y crear una sensación de valor, sino que también puede hacer que pensemos que las personas que usan ciertos términos son necesariamente expertos en la materia, como los profesionales de la medicina, las finanzas y las leyes. Los legos no solemos tener ni idea de lo que significan algunas de sus frases y expresiones —ligamento lateral interno, obligaciones colateralizadas por deuda, prisión de deudores—, y a menudo ni siquiera somos capaces de leer su letra. El lenguaje oscuro e impenetrable transmite una impresión de

* Por cierto, el libro que tiene en las manos ha obtenido la calificación «Soy el número 1», la más alta concedida por el Consejo de Cosas Buenas Que Mejoran Su Vida. Enhorabuena por haber tomado una decisión inteligente y provechosa.

conocimiento y pericia; nos hace sentir que ellos saben más que nosotros, que han debido esforzarse mucho y durante mucho tiempo para adquirir esos conocimientos y esas habilidades, y que ahora están en condiciones de mostrarlo mediante un lenguaje innecesariamente complicado. Por tanto, lo que ofrecen debe de ser sin duda muy valioso.

Esta forma de usar el lenguaje genera lo que el escritor John Lanchester denomina «sacerdocios», es decir, el uso de elaborados lenguajes y rituales diseñados para engatusarnos, desconcertarnos e intimidarnos, dejándonos con la impresión de que, aunque no estemos muy seguros de qué nos están diciendo, si aceptamos los servicios de esta gente tan cualificada estaremos en manos expertas.[3]

Volviendo al ejemplo del vino, la descripción del *sommelier* era muy seductora por su complejidad y poesía, pero también era confusa para todo aquel que no supiera de lluvias, cosechas y taninos. Parecía ser algo especial porque sonaba como algo que solo los expertos podrían entender. Por suerte para nosotros, nos podemos beneficiar de su enigmática y bien ganada pericia.

En este caso, lo que añade valor al producto es la *falta* de transparencia. El secretismo en la viticultura y la enología, o en cualquier otro proceso fuera del alcance de los legos, crea una sensación de complejidad subyacente que puede no estar justificada, pero que aun así influye en cómo valoramos el hecho en sí mismo.

«Arriba» es «abajo»

Podríamos pensar que una descripción sugestiva en el consumo de un bien o servicio únicamente puede modificar su valor monetario —es decir, inducir a Cheryl a pagar 150 dólares por una cena en vez de 40—, pero no es así. En realidad, las descripciones ricas y detalladas también pueden cambiar, y mucho, el valor percibido: Cheryl estaba dispuesta a valorar en 150 dólares la cena en el restaurante cuando en su oficina no la había valorado en más de 40. Más aún, estas descripciones pueden incluso marcar la diferencia entre pagar o *ser pagados* por un producto o servicio.

En un pasaje de la brillante novela de Mark Twain *Las aventuras de Tom Sawyer*, Tom tiene que encalar la valla del jardín de su tía, y cuando sus amigos se burlan de él por tener que trabajar, les responde: «¿A esto le llamáis trabajo? ¿Tiene un chico la posibilidad de encalar una valla todos los días? La tía Polly es muy exigente con este tema». Al oír que el trabajo de encalar una valla era descrito como un privilegio y un placer, sus amigos se pelean por obtener algo de ese placer, y en poco tiempo, Tom consigue que ofrezcan incluso sus objetos más preciados a cambio de sustituirle en su tarea.

Al final de ese capítulo, Twain escribe «Si Tom hubiera sido un ilustre y agudo filósofo, como el autor de este libro, hubiera comprendido entonces que trabajo es todo aquello que estamos obligados a hacer, sea lo que sea, y que juego es lo que no se nos obliga a hacer. [...] Hay en Inglaterra caballeros opulentos que durante el verano conducen diligencias de cuatro caballos haciendo un servicio diario de veinte o treinta millas, porque lo consideran un privilegio, y el hacerlo les cuesta mucho dinero; pero, si se les ofreciera un salario por su tarea, eso la convertiría en trabajo, y entonces renunciarían».

El lenguaje puede ser transformativo: puede convertir el dolor en placer y un trabajo en una afición, y viceversa. Jeff dice que se acuerda de la valla de Tom cada vez que publica algo gratis en el *Huffington Post*. Podría decirse que la fundadora del diario, Arianna Huffington, es la pintora de vallas más habilidosa de la historia, pues ha logrado ofrecer satisfactoriamente «resonancia», demostrando con ello el poder mágico que tiene el lenguaje.

¿De qué manera encajan los rituales en todo esto? ¿Acaso el hecho de que Rick agitase su copa, apretase los labios y propusiera un brindis hizo que el vino le supiera mejor que si no hubiera hecho todo eso? Pues lo cierto es que sí, y mucho más de lo que podríamos imaginar

El lenguaje descriptivo y el vocabulario de consumo asociados a cada producto o servicio tienden a ser notablemente coherentes y constantes, pues no suelen cambiar, y se retroalimentan; siempre evocamos los mismos términos cuando pensamos en un determinado producto: el buqué de un vino, la textura de un queso, el corte de un filete, etc. Pues bien, además de incrementar el valor por el lenguaje, como ya hemos visto, esta coherencia de los términos —la manera en la que los usamos y los repetimos, y cómo controlan constantemente nuestro comportamiento— acaba creando rituales.

Los rituales vinculan una única experiencia con muchas otras experiencias similares, pasadas y futuras, y este vínculo, que hace que las experiencias formen parte de una tradición que se extiende tanto hacia el pasado como hacia el futuro, concede un significado especial a cada una de ellas.

La mayoría de los rituales proceden de la religión, como ponerse una kipá en el judaísmo, utilizar cuentas de madera en las oraciones islámicas o besar la cruz cristiana. Sí, todos estos rituales son acciones con procesos muy concretos y con descripciones muy específicas. Todos ellos vinculan a la gente con acciones pasadas y con su propia historia, y lo que es más importante, son símbolos que transmiten un significado adicional, un orden superior. Y esto hace que todo lo conectado con el ritual, ya se trate de una oración o de una copa de vino, sea mucho más valioso de lo que lo sería por sí mismo.

Recuerde que el placer depende de las sensaciones que obtengamos al consumir un producto o servicio, y de cómo perciba nuestro cerebro estas sensaciones.

Al igual que el lenguaje, los rituales amplifican las sensaciones asociadas al consumo, aumentando nuestra conexión con experiencias del pasado y dotándolas de un significado especial, lo cual, a su vez, incrementa nuestro placer. Además, gracias a ese proceso, los rituales aumentan nuestra valoración de lo que sea que estemos empleando en el propio ritual: un pedazo de sushi o una copa de vino nos pueden parecer «más valiosos» por el hecho de realizar determinadas acciones o movimientos al consumirlos.

Kathleen Vohs, Yajin Wang, Francesca Gino y Mike Norton estudiaron los rituales,[4] y demostraron que estos pueden incrementar el goce, el placer, el valor, y, por supuesto, la disposición a pagar. Los afortunados participantes de su estudio recibieron una tableta de chocolate, que podían consumir de dos formas diferentes: directamente, o desenvolviéndola y rompiéndola de una forma muy concreta antes de comerla. Aquellos que tuvieron que hacer esto último estaban básicamente realizando un ritual antes del consumo; un ritual sin mucho significado, pero un ritual, al fin y al cabo. De manera similar, otros dos grupos recibieron zanahorias que tenían que comer normalmente o realizando antes un ritual consistente en golpear una mesa con los nudillos, respirar hondo y cerrar los ojos. Es una pena que, por puro interés científico, no se les ocurriera pedirles que las mordisquearan y dijeran: «¿Qué hay de nuevo, viejo?»; eso habría sido genial... para la ciencia, por supuesto, y no solo para nuestra diversión.

Al acabar el estudio, llegaron a la conclusión de que aquellos que realizaban los rituales disfrutaban mucho más de la experiencia de comer, tanto en el caso del chocolate como en el de las zanahorias. Los rituales mejoraban la experiencia y el placer, porque a la satisfacción producida por el hecho en sí mismo se unía la obtenida durante el ritual. Un incremento del placer es algo valioso, ¿no? Pues sí, lo es: cuando midieron la «disposición a pagar» de los participantes, descubrieron que los que habían comido el chocolate ritualizado estaban dispuestos a pagar más y pensaban que lo que se comían era algo más «exclusivo».

Por otra parte, hay que señalar que los rituales no se limitan a golpear algo con los nudillos o a respirar de forma rara, sino que pueden incluir casi cualquier tipo de acción o actividad. Brindar, estrechar la mano, bendecir la mesa o abrir una galleta Oreo por la mitad y lamer el relleno; todas estas cosas, y otras muchas, nos hacen centrarnos más en la experiencia, el producto o el consumo.

Los rituales que realizamos durante el consumo de algo hacen que el hecho en sí mismo sea más especial. Por un lado, lo sentimos más nuestro, pues invertimos más en él, y la inversión que realizamos está asociada a nuestras propias vidas y experiencias. Por otro, tenemos una mayor sensación de control, pues la actividad se vuelve algo familiar que podemos controlar, lo cual también añade valor.

Los rituales hacen que la comida nos resulte más sabrosa, los acontecimientos más especiales, la vida más viva y las experiencias más valiosas. Al igual que el vocabulario de consumo, los rituales nos hacen detenernos y centrarnos en lo que estamos haciendo, y al implicarnos más aumenta nuestro placer. Sin embargo, los rituales van un paso más allá que el vocabulario de consumo, ya que además exigen una actividad por nuestra parte que le confiere cierto significado; al llevarlos a cabo, los rituales pueden mejorar casi cualquier experiencia.

Puede que solo estemos bebiendo una copa de vino, pero con un ritual previo experimentamos más placer al beberla que sin él. Imagine dos botellas idénticas de vino, una junto a otra; con una servimos un trago en una taza de café, y con la otra en una copa de fino cristal, que agitamos, sostenemos a la luz, damos un sorbo y lo paladeamos. ¿Cuál deberíamos valorar más? ¿Por cuál pagaríamos más? Las botellas y los vinos que contienen son exactamente los mismos, y por tanto deberían valorarse igual, pero no es así. ¡Valoramos más el vino ritualizado! Está claro que este comportamiento no es racional, pero es comprensible, y en algunos casos incluso deseable.

A TODA MÁQUINA

Si aún duda del poder de los rituales y del lenguaje sobre el consumo, intente dar a un niño pequeño una cucharada de puré de guisantes. Después, haga lo mismo, pero esta vez diciéndole que la cuchara es un avión a punto de aterrizar.* Mueva su mano como si fuese el avión. ¡Imite el ruido de los motores! ¡Vamos, vamos, vamos! Se sentirá ridículo, pero todos sabemos que hasta el más egoísta de los niños pagaría más por comerse un avión en miniatura que una cucharada de espesa pasta verde. Y si piensa que al llegar a adultos ya no nos vemos influidos por un espectáculo a la hora de ingerir algo, le sugerimos que vaya a cenar a un restaurante estilo *hibachi*,** o a tomar una copa a un café teatro, o deténgase a examinar qué se está metiendo en la boca mientras se da un atracón de capítulos de su serie favorita.

Los humanos queremos creer que nuestra comida va a ser deliciosa, que nuestras inversiones van a tener éxito, que vamos a encontrar todas las gangas, que nos vamos a conver-

---

* Norton sostiene que los padres llevan *siglos* fingiendo que las cucharadas son «un avión a punto de aterrizar» para hacerlas más atractivas.

** En EE. UU., sinónimo de cocina *teppanyaki*, tipo de restaurante en el que los clientes pueden ver cómo los cocineros preparan sus platos en una gran plancha, al tiempo que les deleitan con espectaculares trucos de habilidad: malabares con cuchillos, percusión con saleros, llamaradas, acrobacias con la comida, etc. (*N. del t.*)

tir en millonarios de la noche a la mañana, y que estamos a punto de comernos un avión. Si es eso lo que nos dice el lenguaje y los rituales, todos estamos dispuestos a creerlo, al menos hasta cierto punto, pues experimentamos lo que deseamos experimentar.

Los rituales y el vocabulario de consumo nos inducen a valorar las cosas más de lo que objetivamente valen. Su magia radica en saber cómo transformar nuestras vivencias, desde las compras cotidianas hasta la toma de decisiones importantes, como el matrimonio, el trabajo y nuestra interacción con el mundo que nos rodea.

11

Sobrevaloramos las expectativas

A Vinny del Rey Ray le gusta la buena vida: coches rápidos, buenos negocios y diversión. Se considera un auténtico *connaisseur* de todo lo mejor, y está por encima de todos, por delante de todos y de vuelta de todo. Si hay algo que se considera «lo mejor», no para hasta conseguirlo, para luego alardear de ello. De hecho, si algo no tiene la mejor de las reputaciones, no se molesta en tocarlo siquiera. No llega a ser millonario, pero sí tiene bastante pasta, y se puede permitir asegurarse de que no está malgastando su vida con productos y experiencias que no sean de primera calidad.

Por ejemplo, solo se pone trajes de Armani, porque en su opinión son los mejores: tienen el mejor tacto y el mejor aspecto, y además proyectan una imagen de éxito que le ha venido muy bien en su trabajo como agente inmobiliario de propiedades de lujo.

Hoy se dirige a firmar un compromiso de venta de una casa, y lo hace al volante de su nuevo Tesla Modelo S, el mejor coche del mundo: cero emisiones, alta velocidad y miradas de envidia. Vinny arrienda un nuevo coche de lujo cada año, o como mucho cada dos años. Ya había leído todo sobre el Modelo S antes de adquirirlo por *leasing*, pero fue la prueba de conducción lo que le convenció: pudo sentir la potencia, la maniobrabilidad y el control del que tanto había leído, y pudo detectar las miradas y escuchar los suspiros que tanto había soñado. Ese coche estaba hecho para él.

Vinny se considera el mejor negociador inmobiliario de todo el valle. ¿De qué valle? De todos ellos. Sin embargo, hoy va a tener que negociar con Richard von Strong, un hombre cuya reputación de éxito —y de agresividad— le precede como si fuese una onda expansiva. Aunque normalmente es un tipo sereno que no se altera con nada, Vinny ha tenido un terrible dolor de cabeza todo el día, por lo que decide entrar haciendo un derrape en el aparcamiento de la primera farmacia que ve.

Una vez dentro, busca un Tylenol Extra Fuerte, pero no tienen. «Tenga, pruebe esto», le dice el farmacéutico ofreciéndole otra caja

—Es lo mismo que el Tylenol, pero mucho más barato.

—¿Qué? ¿Te estás quedando conmigo? Paso de copias baratas que no funcionan. Yo solo uso Tylenol. Gracias de todas formas, colega.

Tras coger otra vez su Modelo S, Vinny retrocede un par de kilómetros, compra su Tylenol Extra Fuerte y se lo toma con agua vitaminada de 3 dólares la botella.

Vinny frena ante el hotel de lujo donde Von Strong celebra todas sus reuniones; de hecho, es conocido por alquilar siempre una suite del ático para intimidar a sus adversarios. Con la cabeza a punto de estallar, Vinny desprecia los sitios libres para aparcar, para frente a la entrada, le da las llaves al aparcacoches y no deja pasar la ocasión de contarle al adolescente de recepción que el Modelo S fue el coche mejor valorado de su generación, que tiene más potencia que un cohete y que además salva el planeta.

Ya en el ascensor, recibe un mensaje de su asistente. Al parecer, Von Strong ha tenido que marcharse por una emergencia familiar, y Gloria Marsh, su asociada comercial, ocupará su lugar. Vinny respira hondo, relaja los hombros, se ajusta su corbata de seda y nota como el dolor de cabeza va remitiendo.

Vinny comienza relajado la negociación, pues no cree que Gloria sea tan dura de pelar como Von Strong. Tras escuchar su primera oferta, nota una sensación de triunfo en su interior: no parece que su oponente sea de las que juegan duro. Contraataca con una cifra mayor de la que estaba dispuesto a pedir a Von Strong. No está preocupado; no van a poder vencer a Vinny del Rey Ray. Hoy no. Al final, consigue su acuerdo. Los términos son algo menos favorables de los que había esperado obtener de Von Strong, pero está satisfecho.

Bajando en el ascensor, manda un mensaje a su asistente para que compre la mejor botella de vino que pueda encontrar, y se sube a su Modelo S para ir a celebrarlo.

¿QUÉ ESTÁ PASANDO AQUÍ?

La historia de Vinny ilustra claramente cómo las expectativas distorsionan nuestros juicios de valor. Vinny esperaba que su coche fuese mejor, tuviese mejor aspecto y fuese percibido mejor que cualquier otro, así que pagó más por él de lo que hubiera pagado por otro con menos expectativas. Esperaba que el Tylenol aliviase su dolor de cabeza mejor que una marca desconocida del mismo compuesto, así que pagó más por él. Y esperaba que un hombre fuese mejor negociador que una mujer, y también acabó pagando por ello.

Si alguna vez hemos leído información sobre el mercado de valores, seguramente nos habremos topado con el término «expectativas». Los precios de las acciones suelen reflejar el rendimiento de una empresa en relación con las expectativas de los analistas. Si, por ejemplo, Apple tiene un beneficio trimestral de 17.000 tropecientos millones de dólares, pero los analistas esperaban que el beneficio fuese de 18.000 tropecientos millones, entonces Apple «no ha cumplido con las expectativas», y es probable que el precio de sus acciones caiga. Por tanto, en relación con las expectativas, Apple ha tenido un mal rendimiento este trimestre.

Lo que ocurre es que en este razonamiento hay una trampa que tendemos a pasar por alto, y es que fueron precisamente las expectativas de los analistas las que elevaron inicialmente el precio de las acciones a un nivel demasiado alto. Los analistas esperaban que Apple tuviera un rendimiento muy bueno —uno de 80 tropecientos millones—, así que modificaron al alza su percepción del valor de la empresa. Y esto es, precisamente lo que nuestro cerebro hace también con nuestras experiencias.

Al igual que las acciones de una empresa, nuestras propias valoraciones se ven influidas por las expectativas de los analistas en los que más confiamos: nosotros mismos. Si esperamos que algo sea verdaderamente fantástico lo valoraremos más que si esperamos que sea un desastre: esperamos que el mismo vino bebido en una copa de cristal de Murano tenga mejor sabor que si se bebiese en una taza con el asa rota, y por tanto estamos dispuestos a pagar más por él. Esta premisa se cumple incluso si el aparato, el artilugio o el vino son exactamente los mismos en ambos casos.

Resulta que el cerebro juega un importante papel en la forma en la que experimentamos las cosas. Vaya sorpresa, ¿no?

El futuro es incierto, y nunca sabemos con exactitud lo que va a pasar. Incluso cuando sabemos cuál es el plan general —mañana nos levantaremos a las seis y media, nos daremos una ducha, nos tomaremos un café, iremos a trabajar, volveremos a casa, daremos un beso a nuestros seres queridos y nos iremos a la cama— no conocemos todos los detalles, ni los encuentros o acontecimientos imprevistos: el amigo del instituto al que encontramos casualmente en el tren, la tarta

de cumpleaños que nos cae en los pantalones, o la inesperada tensión sexual con Mavis en la sala de reprografía. Oh,
Mavis, tú y tu manía de cotejarlo todo...

Por suerte, nuestro cerebro trabaja duro para llenar esos
puntos ciegos, y utiliza nuestros conocimientos y nuestra imaginación para anticipar los detalles de una experiencia futura. Esto es lo que hacen las expectativas: añadir color a las
imágenes en blanco y negro que hemos creado sobre nuestro propio futuro.

Nuestra imaginación es increíblemente poderosa. Elizabeth Dunn y Mike Norton pidieron a sus lectores que se
imaginasen cabalgando en un unicornio por los anillos de Sa-
turno (no es broma), y luego llegaron a la conclusión de que
«la capacidad de evocar la imagen de una actividad tan asom-
brosa e imposible forma parte de la magia del ser humano,
y demuestra que nuestra mente nos puede llevar a casi cualquier parte».[1]

Si imaginamos nuestro futuro como una superficie plana con grietas, fisuras y huecos, podemos rellenar estos espacios con el viscoso fluido de nuestras expectativas. En otras
palabras, nuestra mente utiliza las expectativas para completar nuestra visión del futuro. La mente es algo realmente único y asombroso. Es una pena que muchos de nosotros intentemos apuñalarla por la espalda con cosas como *Amas de casa
reales de Ciudad Media, EE. UU.*

GRANDES ESPERANZAS

Las expectativas alteran el valor de nuestras experiencias en
dos momentos diferentes: antes de la experiencia de una
compra, en lo que podríamos llamar el periodo de espera o
anticipación, y durante la experiencia propiamente dicha.
Estos dos tipos de expectativas actúan de formas distintas,
pero igualmente importantes: nos proporcionan placer

(o dolor) al anticipar la experiencia, y además modifican la experiencia en sí misma.

En primer lugar, por ejemplo, mientras esperamos las vacaciones, planeándolas, imaginando lo bien que lo vamos a pasar, los afrutados cócteles y la playa de arena blanca. Nuestra anticipación nos proporciona un placer adicional.

No obstante, el segundo efecto es mucho más poderoso, porque esas expectativas son capaces de alterar la manera en la que percibimos el mundo que nos rodea. Una semana de vacaciones puede ser más placentera y más valiosa debido a unas elevadas expectativas, pues gracias a ellas prestamos más atención y saboreamos más los momentos. Y no solo cambia nuestra mente, sino también nuestro cuerpo. Sí, cuando anticipamos algo, nuestra fisiología también puede alterarse, y el ejemplo más claro y más clásico de ello son los perros de Pávlov, cuya anticipación de la comida les hacía empezar a salivar.

Desde el mismo momento en que comenzamos a esperar o anticipar algo, nuestras mentes y nuestros cuerpos se preparan para acoger a la realidad, y esta preparación puede y suele afectar a la realidad misma. ¡Guau, guau!

ESPERA... ¿QUÉ? ¿LAS EXPECTATIVAS IMPORTAN?

A diferencia del resto de los efectos psicológicos que hemos explicado hasta ahora, las expectativas —como el lenguaje y los rituales— pueden alterar el valor real de los hechos, no solo nuestra *percepción* de ese valor. En la tercera parte de este libro exploraremos más en profundidad esta importante distinción, y veremos cómo podemos utilizar algunas de estas peculiaridades humanas en nuestro propio beneficio.

Durante el periodo de anticipación, las expectativas añaden valor a o sustraen valor de cada compra que hacemos. Si esperamos que algo sea una experiencia positiva, nos preparamos para ello, sonriendo, liberando endorfinas o sencillamente viendo el mundo bajo una luz más brillante. Y lo mismo ocurre con las expectativas negativas: si esperamos que algo sea malo, nuestros cuerpos se preparan para esa experiencia negativa, tensándonos, gruñendo, estresándonos, apartando la vista o pertrechándonos para afrontar el horrible y deprimente mundo que nos rodea.

Si la anticipación de unas buenas vacaciones nos resulta placentera, gracias a ello lograremos mejorar la experiencia cuando lleguen por fin. Si nos pasamos cuatro semanas soñando despiertos, imaginando que ya estamos tumbados en la playa, cóctel en mano, eso tiene un valor. Si añadimos el placer de las expectativas a la propia experiencia —cuatro semanas de sueños más una semana de vacaciones—, no es difícil darse cuenta de que las expectativas incrementan el valor general que percibimos mucho más allá de las propias vacaciones. En otras palabras, comprar una semana de vacaciones nos ofrece cinco semanas de placer. (Algunos dicen que compran lotería a pesar de ser muy conscientes de que es muy improbable que les toque, solo porque les ofrece unos cuantos días de placer imaginando lo que harían con el dinero si realmente ganasen.)

Igualmente, unas expectativas bajas pueden reducir el placer de una experiencia. Si nos informan de que la semana que viene nos tienen que hacer una endodoncia, las imágenes horribles y las pesadillas nos pueden arruinar todos los días previos. Y entonces, nos harán la endodoncia. Y nos dolerá mucho. Y tendremos el dolor de la endodoncia tras el pavor a la endodoncia, lo cual no es nada agradable, a pesar de que esto último suene como un buen nombre para una banda de punk rock. (¡Solo esta noche, Pavor a la Endodoncia, en su gira «Os vamos a taladrar»!)

¿Recuerda cuando dijimos que las descripciones detalladas y los rituales realzan la «experiencia de consumo»? Pues las expectativas funcionan de manera similar, ya que un alto nivel de expectativas influye en nuestra valoración de las propias experiencias. Las expectativas son una suerte de indicadores de valor que no están directamente vinculados con lo que nos proponemos comprar. No modifican el producto, sino que son la percepción que nuestro cerebro tiene de ese producto, la cual influye en mayor o menor medida en la forma en que lo experimentamos...

El vínculo expectativas - experiencias

Las expectativas no solo modifican nuestra percepción de una experiencia, sino la experiencia en sí misma. Las expectativas tienen un impacto real no solo en cómo nos preparamos para una experiencia, sino en cómo la vivimos, tanto objetiva como subjetivamente.

Se ha demostrado que las expectativas mejoran el rendimiento, realzan las sensaciones que tenemos al consumir y alteran nuestras perspectivas, influyendo en nuestra capacidad para calcular el valor y en nuestra disposición a pagar. Al igual que el lenguaje y los rituales, las expectativas nos inducen a concentrarnos en los aspectos positivos —o negativos— de la actividad, dando una gran importancia a estos elementos. Sea cual sea su procedencia, las expectativas tienen el poder de cambiar la realidad.

Vinny esperaba que su Tylenol y su Tesla funcionasen bien, y, según él, así lo hicieron. La gente que espera que una comedia sea divertida tiende a reírse más; las personas que esperan que un político tenga una buena actuación en un debate tienden a convencerse de que así ha sido;[2] y a aquellos que esperan que una cerveza no tenga buen sabor acaba no gustándoles tanto como les gustaría si no tuvieran tal expectativa.[3]

En el clásico de Rudolf Erich Raspe, *Las sorprendentes aventuras del Barón de Munchausen*, el héroe y su caballo quedan atrapados en una ciénaga, y el barón logra salir del atolladero tirando simplemente de su propio pelo. Aunque, por supuesto, esto es físicamente imposible, Munchausen creía firmemente que funcionaría —*esperaba* que funcionase—, y por tanto lo hizo. Por desgracia, las personas reales (no de ficción) no somos capaces de usar nuestras expectativas para influir tanto en nuestros cuerpos, pero aun así dejan su impronta.

Se ha realizado un gran número de investigaciones sobre cómo alteran las expectativas el funcionamiento de nuestras mentes. He aquí algunos de los hallazgos más sorprendentes (y más perturbadores):

A. Cuando se les recuerda a las mujeres que son mujeres, tienden a esperar un bajo rendimiento en operaciones matemáticas, y realmente rinden menos en estas tareas.

B. Cuando se les recuerda a las mujeres asiáticas que son mujeres, esperan hacerlo peor en operaciones matemáticas, y realmente lo hacen peor. Sin embargo, cuando a las mismas mujeres se les recuerda que son asiáticas, entonces esperan hacerlo mejor, y realmente lo hacen mejor.[4]

C. Cuando los profesores esperan que algunos alumnos tengan un buen rendimiento y otros un mal rendimiento, cada grupo rinde conforme a estas expectativas. Y esto se debe a que tanto el comportamiento de los profesores como las expectativas de los alumnos sobre su propio rendimiento se basan en las expectativas iniciales de los profesores.[5]

Aunque en realidad estos estudios revelan que el impacto de los estereotipos y los sesgos es mucho más amplio, lo que nos interesa en este caso es que subrayan la capacidad de las expectativas para alterar nuestra actitud y nuestras capacidades mentales.

Hay que señalar que existe una creciente corriente intercultural que utiliza las expectativas para hacer que nuestro rendimiento vaya más allá de nuestras capacidades *mentales*. Desde la petición de Oprah Winfrey para que sus espectadores realicen una «aportación al mundo» hasta la difusión de los «mapas de sueños», pasando por el uso de la visualización deportiva —y la fe ciega en ella— por parte de los atletas de élite, cada vez más gente cree en el poder transformador de la creación de expectativas. Aunque no vamos a hacer ningún comentario sobre la supuesta eficacia científica de estas prácticas, como autores de lo que será sin duda un gran éxito de ventas a nivel mundial, una aclamada película y la clave para lograr la paz y mejorar la vida en la tierra, nosotros también creemos un poco.

Así pues, las expectativas importan, pero ¿de dónde proceden?

A LA CAZA DE LAS MARCAS

Las marcas registradas crean expectativas porque incrementan la percepción de valor. ¡¡Las marcas registradas funcionan!!©®™ Desde luego, influyen en el comportamiento subjetivo, tal y como confirman estudios que se remontan a la antigüedad, esto es, a la década de 1960. La misma carne[6] y la misma cerveza no saben igual si van unidas al nombre de marcas distintas.[7] Y si nos adentramos por un momento en el mundo de la neurociencia, la población consultada «afirmó sentir más placer al consumir refrescos de la marca Coca-Cola, afirmación que se correspondía claramente con mayores niveles de activación en el córtex prefrontal dorso-lateral, un área del cerebro asociada a las emociones y a los recuerdos culturales».[8] En otras palabras, las marcas no solo hacen que la gente *afirme* que disfrutan más de las cosas, sino que hacen que realmente las disfruten más en su cerebro.

En un reciente estudio sobre marcas, se pidió a algunas personas con demasiado tiempo libre —también llamados «voluntarios»— que probasen algunos productos, unos con la marca bien visible y otros sin ella. Los participantes se creyeron realmente que las gafas de sol de marca conocida filtraban más la luz que las otras, y que las orejeras de marca bloqueaban más el sonido que las otras. En estos experimentos, todos los productos eran idénticos, solo que a unos se les había puesto una marca conocida y a otros no. Así es: una simple etiqueta tenía un impacto real en la utilidad percibida de cada producto.[9]

Cabría pensar que las marcas solo mejoran las expectativas, esto es, que el producto de marca *debería* filtrar más la luz o bloquear mejor el sonido. Sin embargo, estos estudios demostraron que las expectativas creadas por las marcas realmente mejoraron el rendimiento objetivo; al poner a prueba los productos, los señalados como de marca *realmente* filtraban más luz y bloqueaban más el sonido. Los participantes se convirtieron en auténticos creyentes, conversos de la iglesia de la Santa Marca. Esperaban que los productos de marca fuesen mejores y más útiles, y sus expectativas hicieron que efectivamente fueran más valiosos. Toda una profecía autocumplida sobre gafas de sol y orejeras.

También nos gusta ser fieles a las marcas en las que confiamos. Supongamos que siempre hemos comprado un determinado tipo de coche; un Honda, por ejemplo. Creemos firmemente que esa marca tiene más valor que las otras, que debe ser mejor, que nuestro juicio es el correcto. Dick Wittink y Rahul Guha demostraron que, efectivamente, los que compran un nuevo coche de la misma marca que el que tenían están dispuestos a pagar más que los que compran esa marca de coche por primera vez.[10] Se trata de una combinación de autogregarismo* y adoración a la marca.

La reputación —relacionada con la marca, y a menudo confundida con ella— también influye en las expectativas, y su efecto se deja notar en todas partes.

Lo que hacía creer a Vinny que los productos de su elección eran los más rápidos, los más prestigiosos y los mejores no eran solo los nombres de Tesla, Tylenol y Armani, sino también la reputación de estos productos concretos.

Dan y sus colegas Baba Shiv y Ziv Carmon realizaron un experimento en el que entregaron a los participantes algunas botellas de la bebida energética Sobe, pero a un grupo se las entregaron solas y a otro acompañadas de folletos publicitarios que afirmaban que la bebida mejora las funciones mentales y la capacidad para resolver problemas y acertijos, además de diversos estudios científicos (ficticios) que apoyaban esta afirmación. Los resultados mostraron que los participantes que recibieron los (ficticios) estudios científicos tuvieron mejores rendimientos en unas pruebas que aquellos bebedores de Sobe que no contaron con la aprobación científica. Dicho de otro modo, la reputación de Sobe como ayuda a la resolución de problemas hizo que los voluntarios creasen la expectativa de que beberla incrementaría su rendimiento mental, y esa expectativa condujo a un incremento real de su rendimiento.[11]

En julio de 1911, la *Mona Lisa* era solo un cuadro entre muchos. Apenas un mes después, el cuadro fue robado del Museo del Louvre, y, aunque las autoridades no tardaron mucho en recuperarlo, de repente se crearon grandes colas de gente deseosa de ver el espacio vacío donde solía estar colgado el cuadro. Al parecer, había más gente interesada

* Si necesita refrescar su memoria, vuelva al capítulo 7, «Confiamos en nosotros mismos»

en ver la ausencia del cuadro de la que había para ver el cuadro mismo antes de su sustracción.

El robo se convirtió en un indicador del valor de la *Mona Lisa*, pues se da por supuesto que ningún ladrón se molestaría en robar una pintura sin valor. El crimen proporcionó un gran valor a largo plazo tanto al propio cuadro como al Louvre, y en la actualidad es probablemente la obra de arte más conocida de todo el museo. Su valor es incalculable, y su reputación —creada gracias al robo— se extiende por todo el mundo.

Jeff estudió en Princeton, una universidad muy «prestigiosa y respetada», que le ofreció cuatro años de mucha «pizza y cerveza». Esperaba recibir una excelente educación; probablemente la obtuvo, y sin lugar a dudas pagó bien por ella. Además, desde su graduación se ha beneficiado de la reputación de la universidad —con independencia del aprendizaje real que llevó a cabo en ella— en sus entrevistas laborales, en sus contactos profesionales y en sus reuniones sociales. La reputación de un gran número de centros educativos suele influir en las expectativas de la mayoría de la gente: padres, funcionarios, entrevistadores, citas a ciegas, etc. No estamos afirmando que este renombre sea inmerecido; solo que está claro que los nombres y las reputaciones de las universidades influyen en las opiniones y en las expectativas que la gente se forma sobre sus graduados.

El pasado es el prólogo

Nuestras experiencias pasadas también influyen en las expectativas sobre experiencias futuras. Una buena experiencia con un producto —un coche, un ordenador, un café, un destino de vacaciones— nos inducirá a sobrevalorar ese producto, proyectando nuestra experiencia pasada hacia un posible consumo futuro.

En los últimos años, Hollywood ha realizado infinidad de secuelas y versiones o adaptaciones de películas antiguas. (Si hubiera algún estudio al respecto, probablemente mostraría que el 145 por ciento de todos sus nuevos proyectos son antiguos proyectos con nuevos nombres.) ¿Por qué? Porque como espectadores nos gustó la película original y recompensamos a las productoras en taquilla. Dado que nuestra experiencia colectiva previa fue positiva, las expectativas sobre la continuación (en especial las de la propia productora) deberían ser elevadas; al menos, lo bastante elevadas como para que accedamos a pagar 15 dólares para ver nuestra juventud arruinada.

Uno de los problemas de las expectativas basadas en experiencias pasadas es que si se alejan mucho de la experiencia real pueden causarnos una decepción. Cuando la brecha entre las expectativas y la realidad es demasiado grande, la fuerza de esas expectativas no puede superarla y el tiro acaba saliendo por la culata. Los clientes de JCPenney esperaban precios rebajados y, cuando dejaron de tenerlos, montaron en cólera, a pesar de que los nuevos precios eran prácticamente iguales a los anteriores.

Imagine a una adolescente que recibe 25 dólares como regalo de cumpleaños de un familiar que durante años le ha mandado 100 dólares. ¿Cuál sería su reacción? «Es una coña, ¿no? ¿Solo 25? ¡Si siempre me da 100! Se va a enterar... Instagram, Snapchat, redes sociales, #nohayderecho.» En lugar de ver los 25 dólares como una ganancia, los ve en términos de sus expectativas de 100 dólares, fruto de las experiencias pasadas, y por tanto lo que hace es percibir el regalo como una pérdida.

Una vez más, el éxito pasado no garantiza el éxito futuro, pero no resulta nada fácil intentar explicarle eso a nuestras expectativas. El hecho de que algo haya salido bien en el pasado no significa que vaya a salir bien en el futuro: el filete que tanto nos gustó puede estar demasiado hecho la siguiente vez que lo comamos, nuestro lugar de vacaciones favorito puede estar en alerta por temporal, y un susto escalofriante de una película de terror nos parece aburrido sin el factor sorpresa. Solo tenemos una oportunidad para causar una buena primera impresión, tanto en el caso de las personas como en el de las compras, pero nuestras expectativas no funcionan así; están cargadas de experiencias del pasado, y ansiosas por ser aplicadas una y otra vez a las mismas experiencias o a otras nuevas.

La presentación y el entorno también crean expectativas que hacen que nuestras percepciones se conviertan en realidad.

El hecho de servir el mismo vino en recipientes de diferentes formas, estilos y materiales —un vaso de chupito, una elegante copa de flauta, una taza, etc.— puede alterar nuestra percepción del valor, y con ello el precio del vino. ¿Recuerda que Cheryl probó el mismo vino exclusivo primero en una taza de café en su mesa y después en un buen restaurante en compañía de buenos amigos, y que no lo valoró de la misma forma en un caso que en otro? Influida por el entorno, dio un valor distinto a un producto que era exactamente el mismo.

Marco Bertini, Elie Ofek y Dan realizaron un experimento en el que daban cafés a dos grupos de estudiantes, pero con una diferencia: a unos les ofrecían leche y azúcar en jarras y azucareros de cerámica, y a otros, en recipientes de plástico. Los que percibían que estaban en un entorno más exclusivo afirmaron que el café les gustaba más y que pagarían más que los otros que no lo percibían, aunque los ingredientes fuesen exactamente los mismos.[12]

Del mismo modo, un célebre virtuoso del violín que se pone a tocar de incógnito en el metro es ignorado por la mayoría de los que pasan a su lado, mientras que un principiante que se pone a rasgar las cuerdas en un opulento auditorio suena... bueno, puede que no «muy bien», pero seguro que mejor de lo que suena en la calle.

El poder de las expectativas es más potente cuando pagamos por algo antes de consumirlo o experimentarlo.

A modo de ejemplo, volvamos por un momento al dolor de pagar. Cuando pagamos antes de consumir, logramos reducir el dolor que sentimos en el momento del consumo. Si pagamos 100 dólares por algo que no vamos a consumir en, digamos, tres meses, obtenemos un producto valorado en 100 dólares más tres meses de anticipación, sueños y emoción. Así pues, recibimos más que aquello que hemos pagado, y cuando finalmente llega el momento del consumo solemos tener la impresión de que lo que consumimos es una ganga.

Pagar después de consumir también reduce hasta cierto punto el dolor que sentimos cuando se lleva a cabo el consumo, pero obtenemos una cantidad menor de utilidad y de placer, ya que en este caso no disfrutamos de la agradable espera previa a la experiencia. Cuando reflexionamos sobre el pasado, lo hacemos utilizando nuestra memoria y nuestros recuerdos, que, debido a los testarudos hechos y detalles reales, poseen menos libertad creativa de la que tiene nuestra imaginación cuando soñamos con el futuro, con todos sus espacios en blanco y sus atractivas posibilidades. ¡Maldita seas, memoria!

Los estudiantes de la Universidad del Sur de California obtienen más placer con un videojuego si antes de jugar intentan imaginarse lo espectacular que es el juego. El hecho de retrasar el consumo aumenta lo que los sociólogos denominan el «factor babeo», y experimentos con chocolate y refrescos han demostrado que los participantes disfrutan más consumiendo estas cosas si tienen que esperar un tiempo antes de hacerlo.[13] Aunque los resultados confirman lo que sabíamos instintivamente sobre el aumento del placer producido por la anticipación, aún es preciso determinar por qué tantos experimentos sociales utilizan el chocolate como producto estrella.

¿Recuerda que Jeff y su mujer pagaron su luna de miel por anticipado, y por tanto dispusieron de varias semanas para imaginar lo divertido que iba a ser? Esa historia nos mostraba los aspectos positivos de las expectativas creadas en relación con una experiencia placentera. Las expectativas negativas, por el contrario, pueden reducir nuestras valoraciones. En una ocasión, Dan y sus colegas ofrecieron a algunos estudiantes vasos de cerveza con un chorrito de vinagre (no mucho, pero el suficiente como para cambiar el sabor de la cerveza), y a los que sabían de la existencia del vinagre *antes* de beberla les gustó mucho menos que a los que se enteraron *después*. Si se advierte a la gente de que algo puede saber mal, es probable que al probarlo se muestren de acuerdo, no solo porque la experiencia física sea diferente, sino también por las expectativas creadas por la advertencia.[14]

El futuro tiene infinitas posibilidades, y tendemos a ser optimistas en relación con estas posibilidades. La anticipación, la imaginación, las expectativas... todas estas cosas contribuyen a incrementar el valor de lo que disfrutaremos más adelante, ya sea un espectáculo, un viaje o un delicioso chocolate exclusivo. Sin embargo, cuando recordamos una experiencia, la realidad controla bruscamente nuestra evaluación, y nos vemos obligados a rellenar los huecos con datos objetivos. A menos que se trate de un político, pero no vamos a entrar en eso.

DE NUEVO LOS MOVIMIENTOS Y LOS MANTRAS

Los rituales y el lenguaje también crean expectativas que influyen en el rendimiento y el disfrute. Ya hemos visto cómo las descripciones detalladas —por ejemplo, de la comida de restaurantes caros— aumentan nuestra atención y nuestra concentración, pero hasta ahora no habíamos comentado que también incrementan nuestras expectativas. Cualquier comida digna de un monólogo de tres minutos debe ser deliciosa; así lo esperamos, y nos autoconvencemos de que eso es lo que estamos experimentando.

Sabemos que los rituales pueden realzar aún más nuestras experiencias, reduciendo la ansiedad y aumentando la confianza, la concentración y la atención.

En *Las trampas del deseo*, Dan describió los beneficios del ritual que acompaña al Airborne, el suplemento dietético que, según afirmaba, era capaz de prevenir o curar el resfriado común: el efervescente sonido que nos tranquiliza y garantiza que el compuesto funciona, lo cual influye en la percepción e induce a esperar que tomándolo nos sentiremos mejor. Antes de una actuación o de jugar al billar, Jeff sigue un protocolo muy concreto, que incluye chicles, caramelos y *ginger ale* (cada cual con sus manías). ¿Son supersticiones, rituales o tonterías? No lo sabemos con seguridad, pero sí sabemos que hacen que se sienta mejor, tal vez porque creció inspirándose en los extraños rituales y en el innegable éxito del peculiar tercera base de los Boston Red Sox, Wade Boggs.*

¿EXPECTATIVAS? ¡GENIAL!

Apenas hemos arañado la superficie de los múltiples orígenes y efectos de nuestras expectativas, pero lo importante es ser conscientes de que son extraordinariamente comunes y

---

* Boggs —un bateador que ganó cinco veces el trofeo al jugador con más carreras en una temporada— siempre comía pollo antes de cada partido, escribía la palabra «Viviente» en hebreo antes de batear, y tenía unos cuantos rituales muy específicos, como emplear exactamente el mismo tiempo en sus prácticas de bateo, sus estiramientos y sus calentamientos. Es una pena que acabase jugando en los Yankees, o, como dicen en Nueva Inglaterra, «que le atropellara un coche».

poderosas, y de que tienen un impacto innegable: hacen que la valoración que realizamos de las cosas no guarde relación alguna con el valor real de las mismas. Y están por todas partes.

Está claro que las expectativas modifican nuestra forma de valorar todas y cada una de las cosas de la vida, desde lo prosaico (el Tylenol y el café) hasta lo sublime (el arte, la literatura, la música, la comida, el vino y el compañerismo). Si nuestras expectativas sobre una experiencia futura son elevadas, tendemos a valorarla más y a estar dispuestos a pagar más por ella, independientemente de la procedencia de tales expectativas; y si esperamos menos, lo valoraremos menos y estaremos dispuestos a pagar menos por ello. En ocasiones, esto es algo bueno; de hecho, si pensamos que nos va a gustar más el sushi, ¿no deberíamos pagar más por las buenas expectativas y un sushi más sabroso? Otras veces, sin embargo, no está tan claro: si creemos que un producto de marca más caro va a funcionar mejor que el mismo producto en su versión genérica —y nuestras expectativas hacen realidad esta creencia—, ¿deberíamos pagar más por él?

Algunos dependemos de nuestras expectativas más que otros. Reconocemos que Vinny parece un tipo bastante imbécil (nuestras sinceras disculpas a todos los Vinnies por el estereotipo). Nos gustaría creer que el resto de nosotros no somos tan imbéciles, pero todos nos comportamos como Vinny en algún momento de nuestras vidas; por ejemplo, cuando sin darnos cuenta nos apoyamos en nuestras expectativas para realizar elecciones y determinar gastos.

Por supuesto, uno de los elementos que más contribuyen a crear las expectativas que modifican nuestras valoraciones es precisamente lo que estamos intentando descifrar: el dinero. Esperamos más de las cosas caras y menos de las baratas, y, mediante un círculo vicioso de expectativas y valor, obtenemos aquello por lo que pagamos (o lo que estamos dispuestos a pagar).

12

Perdemos el control

Rob Mansfield se podrá jubilar cuando las vacas vuelen.*

Educado en los mejores centros docentes, trabajador incansable y exitoso hombre de negocios, Rob nunca se ha molestado en ahorrar para su jubilación. Hasta los treinta y tantos años trabajó en una gran empresa que le ofreció un buen plan de jubilación con contribuciones corporativas, pero optó por no aceptarlo. Como ganaba lo que consideraba un salario exiguo, llegó a la conclusión de que necesitaba hasta el último céntimo para poder sobrevivir y divertirse un poco mientras aún era joven, para disfrutar de la vida. La idea de renunciar a unos cuantos cientos de dólares de su salario le parecía una tontería, y decidió vivir a lo grande durante cinco o diez años. Cuando le aumentasen el sueldo, pensaba, no le costaría mucho empezar a ahorrar una cantidad importante cada mes. Ya se ocuparía el Rob del futuro del Rob jubilado.

---

* En todo este capítulo, y en buena parte del resto del libro, los autores hacen gran hincapié en el complicado proceso de ahorro para la jubilación en Estados Unidos. Como en ese país no existe un sistema público de cotizaciones y pensiones similar a los existentes en Europa (España incluida), allí resulta mucho más difícil jubilarse con dinero suficiente para poder sobrevivir después, ya que es la propia gente la que debe preocuparse de ahorrar, y, como se verá, muchos no lo hacen. (*N. del t.*)

En la actualidad, como consultor autónomo y gestor de su propia empresa, Rob gana bastante dinero; no de forma regular, pero puede pagar sus facturas y las de su esposa, y de vez en cuando disfrutar de las cosas buenas de la vida. Cada mes reserva un dinero para pagar impuestos y seguros médicos, pero no para su jubilación.

En su boda, cinco años atrás, sus nuevos suegros contaron a todos los invitados las delicias de su prejubilación. Habían ahorrado concienzudamente, y, con poco más de sesenta años, disfrutaban de un estilo de vida simple pero relajado: viajaban con frecuencia para visitar a sus familiares, jugaban al tenis y pasaban mucho más tiempo juntos. Ah, y comían en muchos bufés.

A Rob todo eso le pareció tremendamente aburrido. Él soñaba con la emoción de tener su propia empresa y con los placeres de salir a cenar, viajar y comprar nuevos juguetes cada vez que firmase un nuevo contrato. Además, es un apasionado de las motocicletas clásicas, y cada pocos años se compra una. Siempre está arreglando, renovando y sacando brillo a las que ya tiene, y a veces incluso sale a dar una vuelta en una de ellas.

Dos años después de la boda, alentada por sus padres, la mujer de Rob le preguntó por primera vez qué pensaba hacer con su plan de jubilación. Rob bromeó diciendo que había estado invirtiendo en lotería, que recientemente había plantado dos bellotas y que ya compraría una hamaca cuando crecieran los robles. Su mujer frunció el ceño y preguntó:

—¿Hablas en serio?

—No, mujer. No te preocupes —respondió él.

—¡Rob!

—Lo tengo todo bajo control.

Mientras salía echa una furia de la «sala de entretenimiento» (o refugio masculino), le dedicó un insulto impublicable, y Rob tuvo una idea para ahorrar dinero: una hucha de palabrotas. Si se le hubiera ocurrido antes, ya sería rico.

Desde aquel choque, Rob se plantea a menudo crear una cuenta de ahorro para su jubilación, en la que él mismo haría ingresos regulares, pero al final de cada mes, por mucho que haya ganado, siempre tiene la impresión de que no puede permitírselo. Nunca faltan facturas que pagar, y además hay cosas que siempre desea hacer o comprar para él mismo o para su mujer —cenas románticas, escapadas de fin de semana, piezas nuevas para sus motos, mejores sistemas de sonido, etc.—, y es más importante que lo pasen bien y disfruten de la vida mientras puedan que ponerse a ahorrar. De hecho, ya han pasado varios años y aún no se ha puesto a ello, y además el trabajo ya no le da tanto dinero como antes. El Rob del futuro no está ahorrando más ahora que cuando tenía 25 años.

Por desgracia, Rob no es el único que no ahorra para su jubilación (o que no ahorra lo suficiente). En 2014, casi un tercio de los adultos de Estados Unidos ni siquiera había empezado a ahorrar para su jubilación, y tampoco lo había hecho casi la cuarta parte de los que se aproximaban al final de sus carreras profesionales (entre los 50 y los 64 años).[1] En otras palabras, cerca de 40 millones de familias con miembros en edad laboral no disponían de ningún tipo de activo para la jubilación, y los que sí los tenían estaban muy por debajo de las estimaciones más conservadoras sobre cuánto deberían tener.[2] Otra encuesta reveló que el 30 por ciento de los estadounidenses han ahorrado tan poco para su jubilación que tendrán que trabajar hasta los 80 años.[3] Teniendo en cuenta que la esperanza de vida en Estados Unidos es de 78 años, el resultado es que muchos nunca podrán disfrutar de la vida de jubilado. No solo se nos da muy mal ahorrar, sino que también se nos da muy mal la aritmética más básica.

Otro interesante estudio reveló incluso que el 46 por ciento de los *asesores financieros* no cuentan con su propio plan de jubilación.[4] Así es: aquellos cuyo trabajo es ayudarnos a ahorrar no están ahorrando. Buena suerte, mundo.

El caso de Rob —y el de muchos otros con dificultades para ahorrar— pone de manifiesto los problemas que tenemos con las recompensas a largo plazo y con el autocontrol. Nos cuesta mucho resistir la tentación, incluso aunque sepamos muy bien qué es lo que nos conviene y lo que nos estamos jugando.

Levante la mano si ayer se prometió a sí mismo que hoy se despertaría temprano para ir al gimnasio. Deje la mano levantada si levantar esa mano ha sido el único ejercicio que ha hecho hoy.

Es verdad que las recompensas a largo plazo y el autocontrol no son patrimonio exclusivo de la psicología del dinero, pero, para bien o para mal, nuestra capacidad para retrasar en el tiempo las gratificaciones y para controlarnos influye poderosamente en nuestra forma de gastar (o más bien de *mal*gastar) nuestro dinero. Nos enfrentamos a todas horas con decisiones relacionadas con el autocontrol, algunas sobre temas más o menos inocuos —procrastinar, pasarse horas conectado a las redes sociales, comerse tres o más porciones de tarta, etc.—, y otras que pueden ser más peligrosas y destructivas: no tomarse la medicación, tener sexo sin protección, conducir mirando el móvil...

LOCOS POR LOS DULCES

¿Por qué nos cuesta tanto autocontrolarnos? Porque tendemos a valorar mucho más las cosas que podemos obtener de forma inmediata que las que podamos obtener en el futuro, incluso aunque seamos conscientes de que estas últimas nos benefician más. Algo que es bueno para nosotros, pero que no podremos disfrutar hasta dentro de unos días, semanas, meses o años, no nos resulta tan valioso como algo no necesariamente igual de bueno pero disponible en el acto. Sencillamente, el futuro no nos tienta tanto como el presente.

En su famoso test de los malvaviscos, Walter Mischel dejaba a niños y niñas de cuatro o cinco años solos en una habitación con un malvavisco sobre una mesa, y antes de marcharse les decía que, si no tocaban el malvavisco durante un rato, volvería con *otro* y podrían comerse los dos, pero solo si eran capaces de no tocarlo. ¿Resultado? Casi todos los niños se zampaban el primer malvavisco tan pronto como se cerraba la puerta, o poco después, y no tenían la oportunidad de comerse el segundo.

Sin embargo, nosotros no somos niños pequeños, ¿verdad? Los adultos no somos tan impulsivos; tenemos autocontrol, ¿no? Si piensa así, responda entonces a esto: ¿preferiría tener ahora mismo *media* caja de deliciosos bombones del mejor chocolate, o la caja *entera* dentro de una semana? Imagine además que se le ha permitido ver y oler los bombones, que los ha tenido bajo las narices, a pocos centímetros de su boca. ¿Qué haría?

La mayoría de la gente —incluso de los *adultos*— pensaría que no vale la pena esperar una semana por media caja adicional de bombones, y optarían por disponer de la media caja en el momento. Entonces, ¿realmente somos como niños pequeños amantes de los malvaviscos? Vaya caca.

¡Un momento! ¿Y si trasladamos la elección hacia un futuro más lejano? ¿Preferiríamos media caja de bombones dentro de un año, o la caja entera dentro de un año y una semana? La pregunta es la misma: ¿vale la pena esperar una semana más para media caja extra de bombones? Pues resulta que, si la elección se formula de esta forma, en un futuro distante, la mayoría de la gente prefiere esperar una semana más por conseguir la caja entera. Después de tener que esperar un año entero, solemos pensar que merece la pena esperar una insignificante semana más para obtener un premio mayor por nuestra paciencia. ¡Bien! ¡Somos adultos después de todo!

No necesariamente. La diferencia entre nuestra elección presente y nuestra elección futura radica simplemente en que en las elecciones inmediatas (¿unos bombones ahora o el doble de bombones en el futuro?) intervienen las emociones, y en las decisiones futuras, no.

Cuando imaginamos nuestra realidad en el futuro —nuestras vidas, nuestras elecciones, nuestro entorno— pensamos en las cosas de manera diferente a como lo hacemos en el presente. Hoy en día nuestra realidad está claramente definida, con detalles, emociones, etcétera, mientras que en el futuro es mucho más difusa. Para entonces todos podemos ser personas extraordinarias, y haremos ejercicio con regularidad, controlaremos nuestra dieta a diario, nos tomaremos siempre nuestra medicación, nos levantaremos pronto, ahorraremos para nuestra jubilación y jamás hablaremos por el móvil mientras conducimos. Imagine cómo se enriquecería la literatura del mundo entero si todos aspirantes ocultos a escritor, que siempre están diciendo que «un día de estos» empezarán por fin su novela, se decidieran por fin a hacerlo.

El problema es, por supuesto, que nunca vivimos en el futuro, sino en el presente, y que en el presente las emociones tienden a cruzarse en nuestro camino. Las emociones presentes son reales y tangibles, mientras que las futuras, en el mejor de los casos, son una predicción. Son algo imaginario, y en nuestro futuro imaginario somos capaces de controlarlas, por lo que nuestras decisiones futuras no se ven influidas por las emociones.

En el presente, sin embargo, las emociones son muy reales y poderosas: nos hacen caer en la tentación una y otra vez, y nos hacen cometer un error tras otro. Esta es la razón por la que todos los meses —incluso aquellos que entonces eran «el futuro» (¡todos lo fueron en algún momento!)—

Rob renunciaba a ahorrar para su jubilación y optaba por comprar un nuevo altavoz o un bote de cera para los cromados de sus motos.

Esto es lo que ocurre cuando añadimos emociones a nuestro proceso de toma de decisiones: las actuales nos tientan, y las futuras, no. Por mantener nuestros ejemplos en el área del estómago, imagine que nos preguntan qué preferiríamos merendar dentro de un mes: un plátano o un trozo de tarta de chocolate. El plátano es más sano y mejor para nuestra salud, mientras que la tarta es deliciosa. Lo más probable es que digamos: «En el futuro, escogeré el plátano». El futuro carece de emociones, por lo que la elección de comida se basa solo en una comparación de valores nutricionales: ¿qué es mejor para nosotros? Sin embargo, cuando tenemos que elegir ahora mismo entre un plátano y una tarta de chocolate, pensamos: «Ahora mismo, lo que más me *apetece* es la tarta». En el presente, tomamos en consideración no solo los valores nutricionales, sino también nuestras emociones, deseos y anhelos. Para la mayoría de la gente, la tarta de chocolate tiene mucha más atracción emocional que el plátano. Y para aquellos que no lo sientan así, desde aquí nuestras sinceras condolencias.

DEFINICIÓN EMOCIONAL

Gran parte de lo que nos desvincula emocionalmente de nuestro yo futuro es el hecho de que ese yo futuro suele estar muy mal definido. A menudo nos imaginamos en el futuro como personas totalmente distintas a las que somos ahora,[5] y por ello comprendemos, sentimos y atendemos nuestras necesidades y deseos actuales mucho más que nuestras necesidades y deseos futuros.

La recompensa *inmediata* de un malvavisco, de media caja de bombones o de un equipo de sonido envolvente está muy viva y muy clara, por lo que influye más en nuestras decisiones. La recompensa de aquello que se obtendrá en un futuro desconocido es mucho menos clara, menos tangible y menos real, y por ello influye poco en nuestras decisiones. Es más difícil conectar emocionalmente con un futuro abstracto que con un presente tangible.

La decisión de ahorrar o no para el futuro es un excelente ejemplo de la diferente carga emocional existente cuando se piensa en el presente y cuando se piensa en el futuro (en el caso de la jubilación, en el futuro muy, muy lejano). Cuando ahorramos para nuestra jubilación, tenemos que renunciar a algo real ahora para disfrutar de ello después, y tenemos que hacer este sacrificio para un yo futuro al que no estamos vinculados, un yo futuro del que ni siquiera queremos saber nada. ¿Quién quiere pensar en cuando sea viejo y necesitado, si se puede ser joven y necesitado ahora mismo?

Dado que deberíamos establecer el valor de las cosas en base a los costes de oportunidad —lo que podríamos comprar con el dinero que estamos a punto de gastarnos—, el hecho de añadir un gasto futuro a la ecuación hace que tener en cuenta los costes de oportunidad sea aún más complejo de lo que ya es. ¿Cómo se puede comparar la tentación real de gastarse 200 dólares en una entrada para ver *Hamilton: El Musical* esta misma noche con la posibilidad de que dentro de treinta años un anciano que desconocemos pueda necesitar ese dinero para comprar unas medicinas? Es algo realmente difícil.

La cuestión de los ahorros para la jubilación es particularmente compleja e incierta, pues necesitamos saber nada menos que a qué edad dejaremos de trabajar, cuánto nos pagarán hasta ese momento, cuánto tiempo viviremos después, cuánto gastaremos durante nuestra jubilación, y, por supuesto, si nuestras inversiones habrán tenido el éxito esperado. Básicamente, tenemos que saber quiénes seremos, qué necesitaremos, qué nos deparará la vida y a qué precio, dentro de veinte, treinta o cuarenta años. Pan comido, ¿verdad?

Por si fuera poco, las herramientas para planificar la jubilación tampoco son muy sencillas, que digamos. Hay planes, planes alternativos y planes para gestionar los planes alternativos mientras los gestores alteran los planes alternativos. Están los temas fiscales, las prestaciones, las contribuciones, el IRS, las cuentas de ahorro y los planes de inversión 401(k) y 403(b). Intentar tomar una decisión puede ser tan confuso y desalentador como encontrar otra palabra para definir «sinónimo» o los tres pies del gato. Es muy duro.

La decisión de ahorrar requiere que realicemos una evaluación de nuestras necesidades en un futuro distante e incierto, y trazar después un plan adecuado, y eso es algo que Rob no es capaz de hacer. De hecho, es algo que muchos de nosotros no somos capaces de hacer, y que, incluso en el supuesto de que encontráramos la forma óptima para ahorrar lo máximo posible, siempre tendríamos que enfrentarnos a la tentación y a los desafíos del autocontrol. Es muy fácil sentirse bien ahora, y es muy difícil imaginar que en el futuro no vamos a estar tan bien. Como ya hemos comentado, al igual que muchos otros antes que nosotros, y creemos necesario recordar: los beneficios de consumir algo en el presente siempre serán mayores que el coste de renunciar a ese algo a cambio de algo distinto en el futuro. O, como dijo Oscar Wilde: «Puedo resistirlo todo, menos la tentación».[6]

La mayoría de nosotros intentamos vencer a la tentación con la fuerza de voluntad, pero pocas veces tenemos suficiente cantidad de lo segundo para superar las interminables reservas de lo primero. La tentación está en todas partes, y con el paso del tiempo y el avance de las tecnologías se hace cada vez más fuerte. Pensemos en todas las leyes, aparentemente superfluas, que necesitamos para poner freno a nuestras tentaciones: para evitar robos, para que no conduzcamos borrachos, para que no abusemos de los analgésicos, para que no nos casemos con parientes de sangre, etc. No existirían leyes contra todas estas cosas si la gente no sintiese la tentación de hacerlas.

Consideremos por un momento el hecho de recibir o enviar mensajes de texto mientras conducimos. Por supuesto que somos capaces de comparar los costes y beneficios de leer un mensaje de inmediato con tener un accidente y morir, o incluso matar a alguien. Nadie ha dicho jamás: «Pues sí, pensé en los costes y beneficios de escribir un mensaje mientras conducía, en el coste de acabar con una vida, en mi deseo de seguir vivo... ¡Y decidí que valía la pena escribirlo! De hecho, desde ahora no voy a apartar los ojos del móvil cuando vaya al volante».

Por supuesto que no. Todo el mundo es consciente de que, desde el momento en que apartamos la vista de la carretera, se incrementa drásticamente la probabilidad de morir, y nadie en su sano juicio piensa que es un acto inteligente. Sin embargo, lo seguimos haciendo.

¿Por qué somos tan estúpidos? Por los factores emocionales: por nuestra incapacidad para retrasar la recompensa, porque no es seguro que vayamos a morir si miramos el móvil un momento y por un exceso de confianza en nuestra capacidad para evitar la muerte. El conjunto de estos factores distorsiona la ecuación de valor. En el futuro ya seremos «personas perfectas», pero ese mensaje acaba de llegar ahora mismo. Bienvenida sea la tentación.

Sabemos que gastamos más dinero del que deberíamos, que comemos más de lo que deberíamos, y, dependiendo de nuestra convicción religiosa, que pecamos más de lo que deberíamos. Las tentaciones explican la discrepancia entre lo que sabemos a nivel racional que *deberíamos* hacer y lo que hacemos guiados por las emociones, ya sea con nuestro dinero, nuestro paladar o nuestros pantalones.

En lo que a gasto se refiere —entendido como lo contrario al ahorro—, las tentaciones son casi constantes. Suponemos que nadie necesita un manual básico para saber cómo funciona nuestra sociedad de consumo, pero, si lo desea, puede encender la televisión, conectarse a internet, leer una revista o darse un paseo por un gran centro comercial para sentir la omnipresencia de la tentación.

Rob se sumergió por completo en la tentación, comprando equipos de entretenimiento muy caros para su casa y motocicletas exclusivas para la carretera. Esas posesiones le recordaban constantemente lo que tenía, quién era y qué quería. Cada fin de mes, él *sabía* que debía ahorrar, pero no podía vencer la tentación de gastar. Como el niño que todos llevamos dentro —y el adulto que la mayoría llevamos dentro—, Rob tenía muy poco autocontrol.

Y la razón es que el autocontrol no solo exige el reconocimiento y la comprensión de las tentaciones presentes, sino también la fuerza de voluntad para evitarlas. Y la fuerza de voluntad, por definición, exige esfuerzo; el esfuerzo para resistir la tentación, para no ceder a nuestros instintos, para rechazar un malvavisco, una moto o cualquier cosa que tenga un impacto emocional.

No comprendemos con exactitud cómo funciona la fuerza de voluntad, pero sabemos que es una fuerza difícil de controlar.

En realidad, un ahorro escaso no es más que una de las

manifestaciones de una fuerza de voluntad reducida, pero el ahorro requiere algo más que fuerza de voluntad. Para poder ahorrar tenemos que establecer primero una estrategia de ahorro, y después exhibir la fuerza de voluntad necesaria para superar todas las tentaciones que nos esperan en todas partes.

Obviamente, es más fácil *no* empezar a ahorrar para la jubilación, pues de esa forma no nos vemos obligados a cambiar nuestras costumbres ni a reducir nuestros placeres actuales. Es más fácil meter en el microondas un aperitivo poco saludable que comprar, limpiar y preparar verduras frescas. Es más fácil estar rollizo. Y es más fácil justificar nuestro comportamiento que cambiarlo: no es culpa nuestra si de vez en cuando nos comemos un trozo de una tarta de chocolate; es culpa de la tarta, por estar tan rica.

CONTROLANDO A DISTANCIA

Vale la pena preguntarse qué otros factores —aparte de menospreciar el futuro— reducen nuestra fuerza de voluntad: qué afecta a nuestra capacidad para resistir la tentación; qué permite que nuestras emociones nos hagan sobrevalorar el presente; y cuál es la razón por la que no tenemos autocontrol.

Todo el mundo conoce el fenómeno humano de la excitación sexual, y algunos lo hemos estudiado fingiendo hacerlo «por puro interés científico». De hecho, George Loewenstein y Dan publicaron en 2006 un artículo en el que se demostraba que, cuando están excitados, muchos hombres hacen cosas que, en otras circunstancias, considerarían desagradables, de mal gusto o incluso inmorales.[7] Y, en otro artículo relacionado, se demostraba que los hombres toman peores decisiones cuando están excitados. Este último artículo se titulaba «Los bikinis inducen a una impaciencia generalizada en las elecciones intertemporales», tal vez porque el título «Esta nos parece una manera estupenda de usar los fondos de investigación, y así es como nos gusta pasar el rato» parecía demasiado largo.[8]

Además de la excitación sexual, los factores más importantes que habitualmente incrementan nuestra tendencia a perder el control son el alcohol, la fatiga y la distracción, y juntos forman los cimientos de las industrias de los casinos y de los publirreportajes nocturnos. Las herramientas de los casinos son la música mediocre y repetitiva, el constante tintineo de las monedas, el zumbido de las tragaperras, la aparente falta de puertas y relojes, las bebidas gratis y el exceso de oxígeno en el ambiente. Las armas de los publirreportajes y de la teletienda son las ediciones frenéticas, las descripciones largas y pesadas, y el estado de las mentes de sus espectadores a las 3 de la mañana. En ambos casos, se han levantado verdaderos imperios sobre nuestra incapacidad para resistir a la tentación.

Trabajando juntos en nuestra contra

El problema del autocontrol, por otra parte, no funciona de manera independiente del resto de problemas de valoración que ya hemos comentado, sino que más bien los amplifica. Creemos haber dejado bastante claro que es muy difícil pensar correctamente en el dinero, porque es un verdadero desafío tener que sopesar los costes de oportunidad, evitar el valor relativo, ignorar el dolor de pagar, sortear nuestras expectativas, mirar más allá del lenguaje, etcétera.

Y, por si todos esos retos no fueran suficientes, nos disponemos a complicar todavía más las cosas afirmando que muchas de las decisiones financieras que tenemos que tomar tienen que ver con el futuro: con el dinero, los deseos y las necesidades que tendremos (o no) más adelante, y con los desafíos del autocontrol. Así pues, además de tener que calcular correctamente el valor de nuestras opciones financieras actuales, también tendríamos que pensar en el futuro, lo que complica aún más las cosas.

¿Recuerda a Brian Wansink *(Mindless Eating)* y su tazón de sopa interminable cuando hablamos de la relatividad? Pues bien, la gente no solo siguió comiendo y comiendo por la sensación de hambre generada por la relatividad (la cantidad de sopa comparada con el borde del tazón). Con mucha frecuencia comemos solo porque tenemos la comida delante de nuestros ojos; no porque tengamos hambre, sino simplemente porque la comida está ahí. Tenemos el instinto de comer porque al comer nos *sentimos bien*: es algo tentador, es inmediato y nos apetece ahora. Sin autocontrol, no hay nada que nos detenga aparte del huidizo fondo de un tazón interminable.

Al menos, no somos peces. Si ponemos demasiada comida en nuestro acuario, nuestra pececita dorada —llamémosle *Wanda*— comerá sin parar hasta que le explote el estómago. ¿Por qué? Porque los peces no tienen autocontrol, y porque *Wanda* no ha leído este libro. Por tanto, cada vez que se sienta algo deprimido por su falta de autocontrol, acuérdese de los peces. Compárese con *Wanda*, y se sentirá mejor. Relativamente mejor.

El dolor de pagar también está en parte relacionado con el autocontrol, pues es una clase de dolor que, al hacernos más conscientes de nuestras elecciones, nos ayuda a mejorarlo. Si pagamos en efectivo en lugar de con tarjeta de crédito, es muy probable que sintamos el impacto de un pago repentino de 150 dólares por una cena con los amigos, y que este impacto nos ayude a luchar contra la tentación de una cena bastante cara. Por el contrario, los mecanismos que alivian el dolor de pagar crean un cortocircuito en nuestro autocontrol, haciéndonos caer en la tentación con mucha mayor facilidad y rapidez.

La contabilidad mental —en especial la maleable— es otra táctica que solemos utilizar para debilitar nuestro autocontrol: «No debería salir a comer hoy, pero... ¿y si la llamo comida de trabajo? Sí, podría hacer eso ¡Vamos allá! ¡Ñam, ñam!».

Cuando hablábamos de una excesiva confianza en nosotros mismos, nos estábamos centrando en nuestro yo *pasado*, en el que tomó una decisión monetaria en el pasado o en el que se fijó en un precio irrelevante, como el precio de venta sugerido de una casa. Sin embargo, también pueden existir problemas de confianza entre nuestro yo presente y nuestro yo futuro. El yo futuro de Rob confía en que su yo presente renuncie a algunas recompensas inmediatas para poder ahorrar para su jubilación, mientras que su yo presente confía en que su yo futuro tome decisiones más inteligentes y abnegadas sobre... el ahorro para su jubilación; ninguno de los dos ha demostrado ser digno de esa confianza. Y, en cuanto al resto de nosotros, es igual de imprudente e insensato confiar en que nuestro yo pasado haya resistido la tentación que confiar en que nuestro yo futuro lo vaya a hacer.

Estas fuerzas y el resto de temas que hemos visto nos hacen calcular el valor de las cosas de forma incorrecta. Nuestra falta de autocontrol, además, nos puede inducir a actuar de forma irracional incluso aunque hayamos calculado el valor correctamente. Es posible que seamos capaces de sortear todas las trampas psicológicas y de realizar una valoración financiera racional... pero, en muchos casos, nuestra falta de autocontrol nos lleva finalmente a actuar de forma irracional. La lucha por mantener el autocontrol es como enfrentarse a una carta de postres deliciosos después de cenar un plato de berza y rábanos. Venga, que solo se vive, y se gasta, una vez, ¿verdad?

DINERO NO TAN FÁCIL

Dan asistió una vez a una conferencia con celebridades del mundo de los deportes. Una de ellas era Mohamed Alí, y, por supuesto, era difícil no pensar en el impacto que tuvo su carrera como boxeador sobre su vida a largo plazo. Alí estuvo dispuesto a soportar todos los golpes que hiciera falta, literalmente, por el éxito de su carrera, pero después lo acabó pagando con los efectos de la enfermedad de Parkinson. No vamos a juzgar sus decisiones —no sabemos qué factores tuvo en cuenta o de qué información científica o de otra índole dispuso en su momento para tomarlas—, pero en la vida de Alí puede apreciarse una clara desconexión entre los deseos presentes y el bienestar futuro.

En la misma conferencia también estaba un conocido exjugador de baloncesto, que comentó con Dan su primer contrato como profesional. Cuando su entrenador le dio su primer salario, comprobó sorprendido que el cheque era de solo 2.000 dólares. Su contrato le aseguraba millones de dólares al año, así que no entendía por qué entonces le daban tan poco dinero.

Llamó a su agente, y este le dijo: «No te preocupes, yo tengo el resto de tu dinero, y está seguro. Lo voy a invertir para que cuando te retires no tengas que preocuparte por nada. Hasta que llegue ese momento, he ordenado que te vayan dando el dinero necesario para tus gastos. Si en algún momento piensas que necesitas algo más para vivir, llámame y lo discutiremos».

Los compañeros de este exjugador también tenían unos salarios gigantescos, pero no tenían el mismo agente, por lo que gastaron mucho más en coches y actividades muy caras, y no ahorraron nada. Ahora, años después, la mayoría de ellos están arruinados, mientras que el exjugador y su esposa pueden vivir desahogadamente gracias a los ahorros realizados durante su carrera.

La historia de este deportista pone de manifiesto un hecho bastante sorprendente, y es que, aunque muchos atletas profesionales ganan mucho dinero en poco tiempo, también se lo suelen gastar con rapidez, y a menudo acaban en bancarrota. En torno al 16 por ciento de los exjugadores de la NFL declaran estar arruinados en los doce años siguientes a su retirada, a pesar de haber ganado un promedio de 3,2 millones de dólares a lo largo de sus carreras.[9] Y algunos estudios sostienen que la proporción de exjugadores «en dificultades económicas», durante ese mismo período, es mucho más alta: hasta del 78 por ciento. De igual manera, aproximadamente el 60 por ciento de los exjugadores de la NBA tienen esas mismas dificultades antes de que pasen 5 años desde su retirada.[10] Y también se dan muchos casos similares entre los ganadores de premios de lotería: pese a ganar verdaderas fortunas, casi el 70 por ciento de los ganadores de premios importantes se arruinan antes de 3 años.[11]

El hecho de ganar una gran cantidad de dinero intensifica los retos del autocontrol, y a menudo un incremento repentino de riqueza es un desafío demasiado difícil. Pese a lo que se podría pensar, añadir una gran suma a nuestra cuenta corriente no garantiza en absoluto que seamos capaces de gestionar mejor nuestras finanzas.

Jeff tiene una hipótesis que le encantaría poder verificar: está convencido de que, al contrario que la mayoría de la gente, él sí sería capaz de gestionar bien un gran flujo repentino de dinero. Por desgracia, hasta el momento no ha sido capaz de encontrar la financiación suficiente (de siete cifras, como mínimo) para poner a prueba su teoría, pero no pierde la esperanza de que tarde o temprano aparezca algún mecenas que apoye este importante proyecto de investigación científica.

Casi todo en la sociedad en que vivimos alienta y recompensa la pérdida del autocontrol. La esencia de los *reality shows* de televisión es jalear a los que se comportan peor, a los que pierden más los estribos, a los que dramatizan más las situaciones, o a los que se vuelven más locos. Ninguna cadena emitiría un programa llamado *¿Comes más verduras que un niño de primaria?* En *Confianza ciega*, ni cada participante se deja caer de espaldas por turnos ni los demás hacen lo posible por que no acabe desgraciándose, y *Gran Hermano* no se centra en el tamaño, la bondad o la edad de ningún pariente cercano.

Los problemas de autocontrol están en todas partes, y nos han acompañado desde que el mundo es mundo, desde los tiempos de Adán, Eva y aquella manzana tan madura y jugosa (o cualquiera que sea nuestro pecado original favorito).

La tentación no solo está en todas partes, sino que cada vez se nota más. Piense en ello: ¿qué pretende la omnipresente publicidad que hagamos? ¿Acaso le importa lo que pueda ser bueno para nosotros dentro de veinte o treinta años? ¿Se preocupa por nuestra salud, nuestra familia, nuestros vecinos, nuestra productividad, nuestra felicidad o nuestra figura? La verdad es que no mucho.

Los intereses comerciales solo quieren que hagamos lo que es bueno para los vendedores, y quieren que lo hagamos cuanto antes. Las tiendas, las aplicaciones, las páginas web y las redes sociales se pelean por conseguir nuestra atención, nuestro tiempo y nuestro dinero para obtener beneficios a corto plazo, sin preocuparse demasiado (o nada en absoluto) por nuestros intereses a largo plazo. ¿Y saben una cosa? Saben muy bien, mejor incluso que nosotros mismos, sacar provecho de nuestros puntos débiles, y cada vez se les da mejor.

La (muy) mala noticia es que, debido al gran incremento de las tentaciones, ya tenemos muchos problemas de autocontrol, y es probable que en el futuro tengamos todavía más. A medida que van evolucionando los teléfonos móviles, las aplicaciones, las televisiones, las páginas web, las tiendas y cualquiera que sea el próximo objeto comercial, nuestras tentaciones irán aumentando. La buena noticia es que no estamos totalmente indefensos ante todo esto: podemos superar algunos de estos problemas estudiando nuestro propio comportamiento, los retos a los que nos enfrentamos y la forma en la que nuestro entorno financiero nos alienta a tomar malas decisiones. Y podemos apoyarnos en la tecnología para idear formas de usar el dinero que sean favorables a nuestros propios intereses a largo plazo, no a los intereses a corto plazo de otros.

En la tercera parte hablaremos más de esto. ¿Será capaz de esperar? ¿Tiene usted la fuerza de voluntad necesaria para resistir la tentación de ir directamente a buscar las soluciones? Nos gustaría pensar que sí.

13

Damos demasiada importancia al dinero

A comienzos de siglo —es decir, poco después del año 2000—, el joven Dan Ariely (al menos, más joven de lo que es ahora) se lanzó a la caza de un sofá para su nuevo despacho del Massachusetts Institute of Technology. Su búsqueda le condujo en primer lugar a un sofá que costaba 200 dólares y que no estaba nada mal, aunque poco después encontró otro de diseño francés por valor de 2.000 dólares, que le pareció mucho más interesante, con un tacto muy diferente y con la particularidad de que era realmente bajo. No estaba muy claro que fuese más cómodo ni que quedase mejor en su despacho, y desde luego no parecía que mereciese la pena pagar diez veces más por él. Pese a ello, Dan acabó comprando el más caro, y desde entonces todos los que entran en su despacho tienen problemas al agacharse para sentarse en él, y aún más al tener que hacer un gran esfuerzo para levantarse. Eso sí, nos negamos en redondo a dar credibilidad a esos rumores que afirman que Dan se decidió por ese sofá concreto por su morboso deseo de torturar a sus visitantes.

A Dan no le resultó nada fácil evaluar el posible resultado a largo plazo de un sofá tan sofisticado. Lo probó sentándose en él durante unos minutos, pero las cuestiones cruciales eran si sería cómodo después de estar un buen rato sentado —y resultó que sí lo era—, y cómo se sentirían sus visitantes al usarlo, y resultó que no demasiado bien. (Dan sabe ahora, muchos años después, que algunos de sus visitantes no se sienten cómodos al sentarse tan bajos, y que les cuesta levantarse.) Al no poder responder a estas cuestiones en el momento de la compra y, por tanto, no poder saber si aquel sofá se adaptaría a sus necesidades, Dan se basó en una sencilla heurística: si es caro debe de ser bueno. Así que se compró el sofá más caro.

Dan no es el único que utiliza esta estrategia para decidir. ¿Usted se comería una langosta muy barata? ¿Y caviar rebajado o *foie gras* en oferta? Los restaurantes no ofrecen nunca estos manjares a bajo precio porque saben muy bien cómo nos comportamos con los precios y con las poderosas señales que emiten. Aunque el mercado al por mayor de las langostas, el foie gras y el caviar se desplome, tal y como sucedió hace algunos veranos, los restaurantes nunca trasladan este ahorro a los clientes. Y no es porque sean codiciosos, sino porque los precios bajos nos envían mensajes perturbadores sobre la naturaleza de los artículos de lujo. Tendemos a inferir que un precio bajo significa una calidad inferior, a pensar que si cuesta tan poco es porque le pasa algo raro a la comida, y a suponer que no es tan buena como la de la competencia.

¿Y qué pasaría si, en vez de langostas rebajadas o foie gras en oferta, nos ofrecen una operación de corazón extremadamente barata? Pues lo mismo: pensaríamos que tal operación no es de fiar, y buscaríamos el mejor cirujano que pudiésemos encontrar, el cual, dada nuestra falta de conocimientos sobre cardiología, seguramente sería simplemente el más caro que pudiésemos encontrar.

Esto ocurre porque utilizamos otro mecanismo importante —no relacionado con el valor real— para valorar las cosas: asignar un significado a cada precio. Cuando no podemos evaluar algo de forma directa, y no disponemos de indicadores que nos permitan hacerlo, cosa que sucede a menudo, asociamos el precio al valor. Como joven e impresionable profesor del MIT, Dan no sabía cómo calcular el valor de un sofá de despacho, por lo que optó por basarse en lo único que podía medir y comparar: el precio. Una década y media después, tras muchos visitantes descontentos, Dan sabe que hizo una mala elección.

En *Las trampas del deseo*, Dan demostró que estamos acostumbrados a equiparar precios altos con calidad y eficacia. Junto con sus colegas Rebecca Waber, Baba Shiv y Ziv Carmon, Dan llevó a cabo un experimento con un falso medicamento analgésico al que llamaron VeladoneRx.[1] (En realidad, no eran más que píldoras de vitamina C.) Un técnico de traje impecable y bata blanca entregó a los participantes dosis y folletos de este supuesto medicamento, indicándoles que el precio era de 2,50 dólares la píldora. A continuación, fueron sometidos a una serie de descargas eléctricas para ver cuánto dolor podían soportar: casi todos los que ingirieron VeladoneRx mostraron reducidos niveles de dolor. Cuando Dan y sus colegas repitieron el experimento, pero indicando que el precio era de 10 céntimos la píldora, los participantes experimentaron en promedio solo la mitad del alivio que habían afirmado sentir los que habían tomado las píldoras más caras.

Baba, Ziv y Dan ampliaron estos hallazgos utilizando bebidas energéticas Sobe. En este experimento, como ya se ha mencionado, aquellos que leyeron los prospectos que afirmaban que la bebida mejoraba el rendimiento, realmente mejoraron su rendimiento en toda clase de pruebas mentales. Otro experimento demostró que los que recibieron bebidas a precio rebajado tuvieron un rendimiento menor que los que pagaron el precio completo por ellas, y otro experimento más reveló que los que recibían bebidas más baratas esperaban que fuesen de peor calidad, y, de hecho, debido a las señales emitidas por el precio, su efecto fue menor.[2]

Tenga o no sentido, un precio elevado tiende a hacernos pensar en un valor elevado, y, en el caso de cosas importantes, como la atención médica, la comida o la ropa, también nos hace pensar que el producto no es ordinario o de baja calidad. En ocasiones, la ausencia de mala calidad es tan importante como la presencia de buena calidad. Puede que la tía Susan no esté dispuesta a pagar 100 dólares por una camiseta, pero si ese es el precio «estándar» de JCPenney, entonces, lógicamente, alguien debe estar dispuesto a pagarlo, y por tanto debe de ser un producto de alta calidad; qué suerte tiene entonces la tía Susan al encontrar una de esas camisetas exclusivas por solo 60 dólares. El teléfono móvil Vertu ofrece el mismo servicio y las mismas prestaciones que la mayoría del resto de los modelos, pero aquellos que se lo pueden permitir pagan entre 10.000 y 20.000 dólares por el honor de jugar al *Angry Birds* en un prestigioso símbolo de estatus. «Nadie pagaría tanto por un Vertu si no lo valiese», parecen pensar las personas que se compran uno de estos exclusivos teléfonos. En otra plataforma tecnológica, y durante un solo día —porque se retiró rápidamente—, se pudo disponer de una aplicación para iPhone llamada Soy Rico, que lo único que hacía era mostrar unas palabras de afirmación de riqueza, nada más, y costaba 9.999,99 dólares. La compraron ocho personas. Desde aquí nos gustaría invitar a esas ocho personas a que se pongan en contacto con nosotros para ofrecerles otras oportunidades igual de prometedoras.

Los precios no deberían influir en el valor, el rendimiento o el placer, pero el caso es que lo hacen. Estamos entrenados para tomar decisiones rápidas basadas en el dinero cada vez que hacemos una transacción, y eso es precisamente lo que hacemos, en especial si no disponemos de otros indicadores de valor.

Recuerde que el efecto anclaje y la coherencia arbitraria muestran que un simple precio de referencia puede influir en nuestra percepción del valor. (El primer precio que vemos asociado a un producto fija nuestra valoración del mismo, y a veces ni siquiera es necesario que sea un precio, pues basta un número arbitrario como el número de Seguridad Social o el número de países de África.)

Consideremos por ejemplo el vino, la mejor manera de llegar al estómago de un hombre, lo cual, según se dice, es también la mejor forma de llegar a su corazón. Las evidencias están claras: cuando sabemos cuánto estamos gastando en lo que bebemos, la correlación entre precio y placer es increíblemente fuerte, con independencia de qué vino se esté bebiendo.[3] Sin embargo, utilizar el precio para inferir la calidad es un método bastante impreciso. El impacto del precio en la calidad inferida podría verse reducido si pudiéramos juzgar el vino de otras formas: conociendo su procedencia, su cosecha o su proceso de elaboración; o bien si conocemos en persona al vinicultor y sabemos con seguridad si tiene la costumbre de lavarse bien los pies antes de pisar las uvas, pero eso no parece probable.

SITUACIONES INCIERTAS

Todo esto está muy bien, pero ¿en cuántas ocasiones «conocemos al vinicultor»? Esto es, ¿en cuántas ocasiones conocemos todos los detalles relevantes que nos permitirían calcular objetivamente el valor de un safari, un complemento o un safari lleno de complementos? Prácticamente nunca. Como hemos visto, normalmente no tenemos ni idea de lo que debería costar algo, y, sin contexto, carecemos de la capacidad para calcular el valor real de ese algo, ya se trate de fichas de casino, de viviendas o de Tylenol. Por tanto, vamos flotando a la deriva como náufragos en el incierto océano del valor financiero.

En situaciones como estas, el dinero se convierte en la dimensión más significativa: es una cifra, es clara, y nos permite comparar entre múltiples opciones. Y como nos resulta fácil pensar en el dinero de esta forma literal y aparentemente precisa, tendemos a prestarle demasiada atención y a despreciar otras consideraciones.

¿Por qué ocurre esto? Bueno, todo se debe a nuestro amor por la precisión. En relación con nuestras decisiones en general, y con nuestras decisiones financieras en particular, se suele decir que la psicología nos ofrece una respuesta vagamente correcta, mientras que la economía nos ofrece una respuesta precisamente incorrecta.

Adoramos la precisión —y la ilusión de la precisión— porque nos da la sensación de que sabemos lo que estamos haciendo, especialmente cuando en realidad no lo sabemos.

Lo más curioso del dinero es que, aunque no comprendemos qué es exactamente, podemos medirlo. Cada vez que nos topamos con un producto o servicio con muchas propiedades distintas, que además posee un atributo preciso y comparable (el dinero), tendemos a exagerar la importancia de ese atributo concreto porque nos resulta más fácil. Es muy difícil medir y comparar características como el sabor, el estilo o el atractivo de algo, pero es fácil medir y comparar precios, por lo que acabamos centrándonos en el precio para tomar nuestras decisiones.

La mayoría de las personas prefieren ser el empleado mejor pagado de una empresa a no serlo, incluso si lo primero implica ganar menos dinero. Pregunte a la gente si prefiere ganar 85.000 dólares al año y ser el mejor pagado de su empresa, o ganar 90.000 y no serlo, y casi todos optarán por la segunda opción. ¿Tiene esto sentido? Sí.

Sin embargo, si planteamos la pregunta de otra forma obtenemos una respuesta muy distinta. Cuando se pregunta a las personas si serían más *felices* ganando 85.000 dólares y siendo los mejor pagados de su empresa, o ganando 90.000 dólares y no siéndolo —las mismas opciones con los mismos parámetros, pero en términos de felicidad—, suelen decir que serían más felices ganando solo 85.000 dólares. La diferencia en la respuesta a la pregunta general y la pregunta centrada en la felicidad se debe al hecho de que es muy fácil pensar solo en el dinero, el enfoque por defecto en ausencia de otros enfoques específicos. Cuando pensamos en algo como un empleo, aunque existen muchos otros parámetros, el dinero es algo tan concreto, preciso y fácil de medir que suele ser el primero que nos viene a la mente, y por lo tanto juega un papel crucial en nuestro proceso de toma de decisiones.

Con el fin de analizar un ejemplo más prosaico del mismo principio, consideremos la pesadilla que supone elegir un nuevo teléfono móvil, con sus múltiples características: tamaño de pantalla, memoria, resolución de la cámara, seguridad, datos, cobertura, etc. Dada la existencia de todos estos factores, ¿qué importancia deberíamos darle al precio? Bueno, a medida que se va incrementando la complejidad del producto, confiar en el precio se va convirtiendo en una estrategia sencilla y cada vez más atractiva, lo que nos lleva a centrarnos cada vez más en el precio y a ignorar deliberadamente las numerosas complejidades de la decisión.

De manera similar, tal y como vimos al hablar de la coherencia arbitraria, a la mayoría de nosotros nos cuesta mucho comparar un tipo de producto o experiencia con otro u otra muy diferente. No usamos los costes de oportunidad para comparar un Toyota con unas vacaciones o con veinte cenas caras, sino que comparamos cosas de la misma categoría: coches con coches, móviles con móviles, ordenadores con ordenadores, artilugios con artilugios. Imagine que en su momento fue el primero en comprar un iPhone, cuando no había ningún producto similar; ¿con qué lo compararía? (Sí, por entonces ya existían las Palm Pilot y las BlackBerry, pero estaban tan por detrás del iPhone que se podían considerar productos distintos. Además, ¿Palm Pilot? No, gracias, abuelo.) ¿Cómo podría averiguar si valía la pena pagar el precio? Cuando Apple lanzó el iPhone su precio era de 600 dólares, pero unas semanas después la empresa redujo el precio a 400 dólares, y con ello creó una base de comparación: el *primer* iPhone con el segundo, aunque fuesen exactamente el mismo producto con precio distinto. Una vez que existe más de un producto dentro de una misma categoría, el dinero pasa a ser un método atractivo para hacer comparaciones entre ellos, lo que nos puede llevar a exagerar la importancia del precio, pues entonces nos centramos en la diferencia de coste (¡Genial, es 200 dólares más barato!) en lugar de en otras cualidades, y, como suele ser habitual, continuamos ignorando los costes de oportunidad.

El dinero no es el único elemento que se puede utilizar para realizar comparaciones, pues existen otros que, si se logran cuantificar, pueden desempeñar la misma función. El problema es que estos factores son demasiado difíciles de cuantificar y, por tanto, de usar como referencia: ¿cómo se mide la exquisitez del chocolate, o la emoción de conducir un coche deportivo? Las dificultades de medición explican el tirón gravitatorio del precio, que *siempre* es fácil de cuantificar, medir y comparar. Por ejemplo, los megapíxeles, los caballos o los megahercios, una vez especificados y puestos uno al lado del otro, son más útiles para comparar y más precisos. A esto se le llama *EVALUABILIDAD*. Cuando comparamos productos, las características cuantificables son fáciles de evaluar y les prestamos más atención, aunque no sean verdaderamente importantes. De este modo, utilizando dichas características, el proceso de valoración de las distintas opciones nos resulta mucho más fácil. A menudo, estas son las características en las que el fabricante desea que nos fijemos (hablemos de los píxeles de esta cámara, no de la elevada frecuencia de averías). Cuando logramos cuantificar un factor, tendemos a prestarle más atención, y crece su importancia en nuestras decisiones.

Hace algún tiempo, Christopher Hsee, George Loewenstein, Sally Blount y Max H. Bazerman realizaron un experimento en el que preguntaban a un grupo de participantes cuánto pagarían por un diccionario de 10.000 palabras en perfecto estado, y a otro grupo cuánto pagarían por un diccionario de 20.000 palabras al que le habían arrancado la portada. Cada grupo solo conocía la existencia de un diccionario, y, en promedio, los participantes estaban dispuestos a pagar 24 dólares por el diccionario de 10.000 palabras y 20 dólares por el de 20.000. La portada —algo irrelevante a la hora de buscar palabras— suponía una gran diferencia.

Seguidamente, los investigadores acorralaron a otro grupo y les presentaron ambas opciones a la vez, de forma que pudiesen compararlas entre sí, y esto alteró la percepción de los productos. En este grupo de comparación fácil, los participantes dijeron que pagarían 19 dólares por el diccionario de 10.000 palabras y 27 dólares por el diccionario de 20.000 palabras sin la portada. De repente, con la introducción de una característica más clara y comparable —el número de palabras—, el diccionario más grande se hizo más valioso, a pesar de tener el defecto de la portada. Cuando se evaluaba un único producto, los participantes no tenían en cuenta el número de palabras, pero, cuando la comparación se hizo posible, las palabras pasaron a ser un factor importante en la evaluación. Una vez más, cuando no tenemos la menor idea de cómo evaluar productos, nos vemos desproporcionadamente influidos por factores que son fácilmente comparables, incluso si estos factores (en este ejemplo, la portada arrancada) tienen poco que ver con el valor real del producto. En este caso, la importancia del número de palabras aumentó y la del mal estado disminuyó. La mayoría de las veces, sin embargo, la característica cuya importancia tendemos a exagerar al tomar las decisiones es la que nos resulta más fácil de ver y evaluar: el precio.[4]

Así pues, tenemos la tendencia a centrar nuestra atención en lo más medible y comparable. ¿Hay algo malo en ello? Pues sí, lo hay, ya que puede ser un gran problema cuando la parte claramente medible no es la más importante de la decisión, esto es, cuando no es el fin deseado, sino un simple medio para llegar a ese fin. Un buen ejemplo de esto son los puntos por kilómetro de los que viajan con frecuencia en avión. Casi nadie tiene unas aspiraciones vitales que empiecen y terminen en la acumulación de kilómetros en avión, pues en realidad no son más que un medio para alcanzar el fin deseado: vuelos o vacaciones gratis. Incluso el personaje de George Clooney en *Amor sin escalas* se esfuerza por acumular kilómetros no por los kilómetros en sí mismos, sino como símbolo de poder y prosperidad.

Aunque muy poca gente considera que maximizar los puntos por ser un viajero frecuente es la clave de una vida plena, resulta tentador intentar maximizar cualquier cosa que se pueda medir fácilmente. ¿Cómo podemos comparar 10.000 kilómetros más de vuelo con cuatro horas más relajándose en la playa? ¿Cuántos kilómetros equivalen a una hora de relajación?

El dinero funciona de manera similar: no es un objetivo final en la vida, sino un medio para lograr un fin, pero como es algo mucho más tangible que la felicidad, el bienestar o los propósitos vitales, tendemos a basar nuestras decisiones en el dinero, en lugar de en objetivos más importantes.

Todos deseamos ser felices, estar sanos y disfrutar de nuestras vidas, y cosas mensurables como los kilómetros de viajero frecuente, el dinero y las nominaciones a los premios Emmy son algunos de los métodos más sencillos para evaluar nuestro progreso. Muchas veces la gente opta por viajar por rutas absurdas solo por acumular más kilómetros, aunque el proceso reduzca su felicidad general debido a retrasos en los vuelos, asientos incómodos o un vendedor parlanchín que no para un segundo de hablar sobre su amor por Mavis, la chica de reprografía. ¡Invítala a cenar de una vez, hombre!

GANAR EN EL JUEGO DE LA VIDA

Ah, sí, la vida. Y el dinero. Y lo que realmente importa.

El dinero es un indicador significativo de coste y de valor, lo que en líneas generales es algo positivo, pues gracias al dinero nuestras vidas como individuos y como colectivos son más ricas, dinámicas y libres. Sin embargo, su papel no es tan positivo cuando se utiliza para valorar aquellas partes de nuestras vidas que no están relacionadas con los bienes y los servicios.

Dado que el dinero es más tangible que las necesidades humanas como el amor, la felicidad o las risas de los niños, a menudo lo utilizamos de manera indirecta para valorar nuestras vidas. Cuando nos paramos a pensar en ello, sabemos que el dinero no es lo más importante en la vida; nadie yace en su lecho de muerte deseando haber pasado más tiempo con su dinero. No obstante, dado que el dinero es mucho más fácil de medir —y menos aterrador de considerar— que el sentido de la vida, tendemos a centrarnos en él.

Pensemos en cómo se valora el trabajo de un artista en una economía moderna que ya no paga la creación como se hacía en otros tiempos. Aunque en teoría el dinero no sea el objetivo último del arte, debido a que el dinero es la forma que tiene nuestra cultura de definir el valor, si a un artista no le pagan por su trabajo puede sentirse insultado y desmoralizado. Muchos de los grandes artistas de la Historia se vieron obligados a buscar un generoso mecenas, de esos que ya no quedan en la actualidad, pues de lo contrario hubieran estado en la indigencia. Y eso era en los tiempos en los que no tenían que competir por la atención del público con el Candy Crush o las modelos de Instagram...

Durante la poco convencional carrera de Jeff —abogado durante poco más de cinco minutos, humorista, columnista, autor, orador y modelo masculino de ropa interior (esto último no es cierto, pero por soñar...)— su familia saludaba cada uno de sus logros, como escribir un libro, salir en la tele, conseguir contactos, o conocer a Dan (pese a los rumores, fue en la presentación de su primer libro sobre la falta de honestidad, no en Tinder), con la pregunta: «¿Cuánto te van a pagar por eso?». Durante mucho tiempo esta actitud le molestó mucho, ya que le resultaba insensible y desdeñosa, como si no entendiesen el verdadero valor de lo que estaba haciendo. Bueno, efectivamente no lo entendían, pero en realidad no deseaban ser desdeñosos, sino que precisamente estaban intentando comprenderle utilizando el dinero como referencia. La búsqueda de términos monetarios era su método para traducir los pasos intangibles e incomprensibles que Jeff estaba dando a un lenguaje que podían entender mejor: el dinero. Al principio existía una brecha grande y dolorosa entre la forma de entender el mundo de Jeff y la de la gente que le rodeaba, pero cuando Jeff se dio cuenta de que no eran solo críticas, sino que también había intentos para comprenderlo, se impuso un lenguaje común. Este lenguaje les ayudó a analizar lo que estaba haciendo y a acumular juicios, valoraciones, consejos y apoyo. De esta forma, podían burlarse de sus elecciones profesionales con bromas *basadas en la realidad*, pullas *bien informadas* y comentarios sarcásticos *bien fundamentados*. Todo un progreso, sin duda.

No cabe duda de que una cierta atención al dinero es muy comprensible, pero más de uno diría que hace tiempo que dejamos atrás las partes más útiles de esa atención, y que en la actualidad no hacemos más que navegar sin rumbo por los océanos de la incertidumbre financiera, absolutamente obsesionados por el dinero.

MANZANAS CON MANZANAS, POLVO CON POLVO

Deberíamos darnos cuenta de que el dinero no es más que un medio para realizar intercambios, que nos permite intercambiar cosas como manzanas, vino, trabajo, vacaciones, educación y viviendas. No deberíamos otorgarle ningún simbolismo, sino limitarnos a tratarlo como lo que es: un simple instrumento para conseguir lo que necesitamos, queremos o deseamos, ya sea ahora, un poco más tarde o mucho más tarde.

El dicho sobre la supuesta dificultad para comparar peras con manzanas no es cierto. En realidad, tal comparación es muy fácil: nadie se planta ante el frutero durante varios minutos preguntándose si prefiere una pera o una manzana. Cuando valoramos las cosas por el placer que nos proporcionan —lo que se conoce como «evaluación hedonística directa»—, sabemos con certeza cuál nos daría más placer.

Lo que sí es difícil es comparar manzanas con dinero, porque cuando introducimos el dinero en la ecuación lo que conseguimos es que las decisiones sean mucho más difíciles, y que nos expongamos a cometer errores. Determinar a cuánto dinero equivale el placer que esperamos obtener de una manzana es un cálculo muy peligroso.

Desde este punto de vista, una estrategia muy útil a la hora de tomar decisiones financieras es fingir que el dinero no existe.

¿Qué pasaría si de vez en cuando eliminásemos el dinero de la ecuación? ¿Y si, en lugar de pensar en el dinero que nos va a costar irnos de vacaciones, cuantificásemos el coste de esas vacaciones en películas que podríamos ver o botellas de vino que podríamos beber? ¿O si pensásemos en el armario que queremos renovar e hiciéramos el cálculo de su coste en depósitos de gasolina, reparaciones de bicicleta o días libres en el trabajo? ¿Y si, en vez de considerar las diferencias entre precios de televisores de gran pantalla, pensásemos en ello como una cena con amigos o catorce horas extras, y solo entonces decidiéramos si vale la pena?

Cuando pasamos de comparar *dinero* con cosas a comparar directamente *cosas* con cosas, nuestras elecciones adquieren una perspectiva totalmente nueva y distinta.

Este proceso puede ser especialmente útil y aplicable para las grandes decisiones. Imagine que tenemos la opción de comprar una casa grande y con una gran hipoteca, o una casa pequeña con una hipoteca más reducida. Resulta difícil comparar estas opciones cuando los elementos que se barajan son entrada, cuotas mensuales e intereses, y aún más difícil cuando todos los implicados en el proceso —los prestamistas, los vendedores, los agentes— pretenden que gastemos más para comprar la casa más grande. ¿Y si no pensáramos en dinero? Podríamos decir: «Verán, es que la casa más grande me cuesta lo mismo que la más pequeña más unas vacaciones anuales, un curso de universidad para cada uno de mis hijos y tres años más de trabajo antes de poder jubilarme. Sí, me lo podría permitir, pero considero que no merece la pena cambiar todas esas cosas por otro baño y un jardín más grande». O tal vez, tras hacer estos cálculos, decidamos comprar la casa más grande, porque pensamos que sí vale la pena. ¡Genial! Al menos estaremos tomando una decisión bien informada, porque habremos considerado otros usos alternativos de nuestro dinero.

Este método de comparación directa no es necesariamente el enfoque más eficiente, ni el más racional, pues pocas veces tenemos la voluntad y el tiempo necesarios para realizar un análisis de costes de oportunidad para cada transacción, prescindiendo del dinero. Sin embargo, es un buen ejercicio para evaluar nuestra capacidad para tomar decisiones, especialmente las más importantes.

El dinero es a la vez una bendición y una maldición: es algo maravilloso poder disponer de dinero para realizar intercambios, pero, como hemos visto, a menudo nos confunde y nos induce a centrarnos en las cosas equivocadas. A modo de antídoto, de vez en cuando no está mal reconsiderar los productos en otros términos distintos del dinero, es decir, pensar en las transacciones subyacentes entre unas cosas y otras cosas, en lugar de entre cosas y dinero. Si después de pensarlo el trato le convence, adelante con ello. Si no, piénselo otra vez. Y otra vez. Y otra. Y otra más.

Sea cual sea nuestra posición en la vida, creemos que es importante que, en lugar de pensar en las decisiones vitales en términos de dinero, pensemos en ellas en términos de vida.

EL DINERO AL MANDO

Seguramente recuerda a algunas de las personas que hemos ido conociendo en los anteriores capítulos de este libro: George Jones, la tía Susan, Jane Martin, el recién casado Jeff, los agentes inmobiliarios de Tucson, Tom y Rachel Bradley, James Nolan, Cheryl King, Vinny del Rey Ray y Rob Mansfield. Todos ellos dedicaron mucho tiempo a intentar averiguar la mejor forma de gastar su dinero, y aun así lo hicieron mal. No fueron demasiado inteligentes, y no solo porque no fuesen capaces de descifrar el complejo y enrevesado mundo del dinero, ni porque utilizaran indicadores de valor irrelevantes, ni porque cometiesen errores, sino también porque se preocuparon demasiado por el dinero. Fueron a la deriva en el mar de la incertidumbre, y se dejaron guiar por indicadores de valor que acabaron llevándolos, como sacrificios rituales, a la misma base de un volcán de dinero.

Este capítulo comienza con un análisis de cómo sobrevaloramos el dinero en general — y los precios en particular— cuando intentamos calcular el valor para nuestras decisiones financieras, y posteriormente analiza cómo sobrevaloramos la importancia del dinero al tomar otras decisiones importantes, incluso a la hora de evaluar nuestras vidas.

Ninguno de nosotros es lo bastante competente, está lo bastante cualificado, o se siente lo bastante feliz como para decir a nadie cómo debe vivir su vida, pero sí disponemos de suficientes datos como para demostrar que deberíamos intentar liberarnos de la imperiosa y autoritaria carga del dinero, o al menos lograr que no nos atenace tanto como lo suele hacer.

No es nuestra intención decirle cómo debe priorizar las cosas, es decir, en qué lugar debería poner el dinero en la escala de valores de la familia, el amor, el buen vino, los deportes y las siestas. Lo único que deseamos es ayudarle a que piense más en cómo suele pensar en el dinero.

PARTE III

¿Y AHORA QUÉ?
CONSTRUYENDO SOBRE LOS CIMIENTOS
DE UNA FORMA DE PENSAR IMPERFECTA

14

Ponga el dinero en lo que importa

Pues eso: y ahora, ¿qué?

Hemos visto cómo tendemos a pensar en el dinero de manera incorrecta, cómo calculamos el valor usando métodos que tienen poco que ver con el valor real, y cómo estas estrategias de valoración nos hacen equivocarnos al pensar en el dinero y al gastarlo. Hemos echado un vistazo a lo que hay al otro lado del telón, una breve ojeada al funcionamiento interno de nuestro cerebro financiero, y hemos descubierto que damos demasiada importancia a factores irrelevantes, nos olvidamos de los verdaderamente importantes, y permitimos que indicadores de valor que en realidad son insignificantes nos acaben guiando por el mal camino.

Entonces, ¿cómo deberíamos pensar en el dinero? ¿Cuáles son las soluciones a todos nuestros problemas?

Estamos seguros de que algunos de los lectores ya habrán ido directamente al final del libro para averiguarlo, y más de uno lo habrá hecho incluso ojeando el libro en la librería. Si es así, 1) le aplaudimos por ahorrarse el coste del libro, pero 2) le advertimos que no está valorando correctamente nuestro esfuerzo, y 3) le ofrecemos la versión abreviada: a la hora de tomar decisiones financieras, lo que *debería* importar son los costes de oportunidad, el beneficio real que ofrece una compra, y el verdadero placer que obtenemos con ella, comparado con el que obtendríamos con otras formas de gastar nuestro dinero.

¿Qué cosas *no* deberían importar en un mundo perfectamente racional?

> ➤ Los precios rebajados, los «ahorros», o cuánto nos gastamos al mismo tiempo en otras cosas (relatividad).
> ➤ La clasificación de nuestro dinero, su procedencia y qué sensaciones nos inspira (contabilidad mental).
> ➤ La facilidad de los pagos (dolor de pagar).
> ➤ El primer precio que vemos o los precios que hemos pagado anteriormente por un producto (efecto anclaje).
> ➤ Nuestro sentido de la propiedad (efecto dotación y aversión a las pérdidas).
> ➤ La impresión de que alguien ha trabajado duro por algo (justicia y esfuerzo).
> ➤ Las tentaciones del presente (autocontrol).
> ➤ La facilidad a la hora de comparar el precio de un producto, una experiencia o un artilugio (exceso de importancia del dinero).

Recuerde: todas estas cosas no afectan al valor de una compra (aunque pensemos que sí lo hacen). Existen otros factores que, si fuésemos perfectamente racionales, tampoco deberían alterar el valor, pero que, como estamos llenos de peculiaridades, al final sí lo hacen. Estos factores son:

> ➤ Las palabras que describen lo que deseamos consumir y lo que hacemos al consumirlo (lenguaje y rituales).
> ➤ La manera en la que anticipamos el hecho de consumir, en vez de su verdadera naturaleza (expectativas).

El lenguaje, los rituales y las expectativas pertenecen a un grupo distinto que los factores anteriores, porque pueden llegar a modificar el valor de la propia experiencia: un descuento del 25 por ciento o un pago mediante un solo clic nunca cambiarán el valor de un producto, mientras que aprender el proceso de elaboración de un vino que nos sirve un *sommelier* con sus guantes blancos en un restaurante en plena montaña puede hacer que la degustación del vino nos resulte más interesante, significativa y valiosa.

Si fuéramos perfectamente racionales, el lenguaje, los rituales y las expectativas no influirían en nuestras decisiones de gasto, pero como somos humanos, y no robots, es difícil decir que estas tres cosas no deberían influirnos *nunca*. También es difícil determinar en qué momento tomar en consideración estas fuerzas se convierte en un error, especialmente si se tiene en cuenta que nos ofrecen una experiencia más placentera. Si esperamos obtener más placer de un vino —por el lenguaje descriptivo, el entorno, la botella, las copas, los rituales de degustación, etc.—, efectivamente *obtendremos* más. En tal caso, ¿es realmente un error permitir que ocurra, o es un valor añadido por el que deberíamos estar dispuestos a pagar?

Con independencia de que el lenguaje, los rituales y las expectativas sean o no elementos adicionales deseables en cualquier valoración, lo que está claro es que deberíamos ser nosotros mismos los que tomásemos la decisión de añadirlos o no. Nosotros deberíamos ser los que optásemos libremente por bucear en las profundidades de estas irracionalidades para obtener más valor, en vez de que sean otros los que nos fuercen a aceptar tales influencias. Con los conocimientos que ahora tenemos, podemos decidir si y cuándo queremos que nos sirvan el vino de una determinada manera para disfrutar más de él.

Francamente, no estamos muy seguros de querer vivir en un mundo sin lenguaje, rituales y expectativas, un mundo en el que experimentásemos las cosas en estados emocionales totalmente neutrales. No suena nada divertido, desde luego. Lo único que pretendemos es garantizar que podamos controlar las circunstancias en las que estos elementos tan importantes son utilizados.

Bueno, parece sencillo. Desde la relatividad a las expectativas, ahora ya sabe cómo pensamos habitualmente en el dinero, y los sesgos irracionales que nos influyen cuando lo hacemos. Ahora, con todas esas lecciones frescas en la mente, ya puede tomar todas sus decisiones financieras de manera más fundamentada.

En realidad, no es tan fácil, ¿verdad? De hecho, es una tarea más bien abrumadora. Hay dos razones por las que hemos decidido mostrar *por qué* tomamos decisiones monetarias estúpidas, en lugar de *qué hacer* en cada situación. Para empezar, sencillamente no sabemos cuál es la decisión correcta que tendríamos que tomar en todas y cada una de las situaciones posibles. Nadie lo sabe. Y, además, no queremos darle el pescado en mano, sino mostrarle lo mal que ha estado pescando hasta el momento para que, si lo desea, se esfuerce por hacerlo mejor en el futuro. Puede que considere que no es precisamente justo cargarle de información y luego esfumarse, informarle de que está remando a contracorriente y alejarse nadando, decirle «Estamos condenados al fracaso» y luego echarse a reír.

Lo cierto es que no pensamos que estemos condenados, al contrario, somos bastante optimistas, y estamos convencidos de que tenemos la capacidad para poder superar muchos de los errores que cometemos cuando manejamos el dinero.

Si realmente nos lo proponemos, podemos mejorar nuestro proceso de toma de decisiones tanto a nivel individual como colectivo. El primer paso es ser conscientes de nuestros errores, cosa que creemos haber conseguido ya. El segundo paso es transformar esa consciencia en un plan efectivo y concreto para cambiar.

Ahora que hemos estudiado todo lo que hacemos mal, podemos empezar a examinar los detalles de nuestro comportamiento con el fin de encontrar herramientas que nos ayuden a construir un futuro mejor. Una de las principales lecciones de la economía conductual, o economía del comportamiento, es que los pequeños cambios que realizamos en el entorno en el que vivimos importan mucho. Siguiendo este enfoque, creemos que una comprensión detallada de la debilidad humana es un excelente primer paso para la mejora de nuestro proceso de toma de decisiones en general, y de decisiones financieras en particular.

Empecemos considerando lo que podemos hacer cada uno de nosotros para evitar, corregir o mitigar cada uno de los errores de valoración que solemos cometer:

Ignoramos los costes de oportunidad

Piense en las transacciones en términos de costes de oportunidad, considerando lo que sacrificamos a cambio de lo que obtenemos. Por ejemplo, podemos traducir el dinero a tiempo: cuántas horas, días o meses tenemos que trabajar para poder pagar algo.

Nos olvidamos de que todo es relativo

Cuando vemos un precio rebajado, no deberíamos tener en cuenta el precio *antiguo* o cuánto nos estamos «ahorrando», sino únicamente lo que vamos a gastarnos. Pagar 60 dólares por una camisa que costaba 100 dólares no es «ahorrarse 40 dólares», es «gastarse 60 dólares». La tía Susan nunca se podía guardar esos 40 dólares en el bolsillo, pero sí tenía que ponerse una camisa muy fea. O, más bien, se la tenía que poner alguno de sus sobrinos.

En el caso de compras importantes y complejas, podemos intentar desglosar nuestro dinero, esto es, que si compramos algo con muchas opciones —como un coche o una casa—, deberíamos considerar cada elemento adicional por separado.

Además, deberíamos intentar no pensar en porcentajes. Cuando nos presentan un dato en porcentaje (por ejemplo, la comisión del 1 por ciento de los activos gestionados), deberíamos tomarnos la molestia de averiguar cuánto dinero está en juego. El dinero es algo tangible, y existe en términos absolutos; 100 dólares son siempre 100 dólares y sirven para comprar 100 paquetes de chicle, tanto si los obtenemos del 10 por ciento de una compra de 1.000 dólares como si es del 1 por ciento de una de 10.000.

Compartimentamos

La realización de presupuestos puede resultar muy útil, pero recuerde este sencillo principio: el dinero es fungible. Cada dólar es exactamente igual a los demás. No importa de dónde proceda el dinero —de nuestro trabajo, de una herencia, de la lotería, de un atraco a un banco o de nuestro pluriempleo como contrabajista en un cuarteto de jazz (siempre soñando)—, todo es nuestro y solo pertenece a la cuenta de «Nuestro dinero». Si nos descubrimos derrochando ciertas «clases» de dinero —solo porque en nuestra mente pertenece a las cuentas de «Bonificaciones» o «Ganancias inesperadas»— debemos pararnos a pensar, y recordar que todo es el mismo dinero: el nuestro.

Al mismo tiempo, deberíamos recordar que utilizar la contabilidad mental para clasificar nuestro *gasto* puede ser una herramienta presupuestaria útil para todos aquellos que no son capaces de calcular los costes de oportunidad de manera continua e instantánea, es decir, todos nosotros. Por un lado, es un instrumento potencialmente peligroso porque nos expone a incoherencias en nuestro uso del dinero, pero por otro, si se usa correctamente, nos puede ayudar a no alejarnos mucho de la forma en la que deseamos gastarnos el dinero.

Evitamos el dolor

El dolor de pagar puede ser el más tramposo y abominable de los errores que cometamos con el dinero. Un cierto nivel de dolor de pagar nos induce, al menos, a considerar el valor de nuestras opciones y los costes de oportunidad asociados a dichas opciones. El dolor nos ayuda a pensar antes de comprar y a dilucidar si realmente deberíamos gastar nuestro dinero en ese momento y lugar, esto es, nos hace considerar los costes de oportunidad.

El problema, por supuesto, es que la gente que diseña los sistemas de pago no comparte nuestro deseo de que nos paremos a pensar y a considerar alternativas. Por ello, tal vez la mejor solución para el dolor de pagar pueda ser algo tan simple como «No use tarjetas de crédito». O tal vez aún más sencillo: «Dese a sí mismo un puñetazo cada vez que gaste dinero para sentirlo realmente»; aunque puede que este no sea un plan financieramente viable, ya que al final las facturas médicas lo harían poco rentable.

Es muy posible que el abandono repentino del uso de tarjetas de crédito no sea una opción demasiado realista, pero al menos deberíamos mostrarnos escépticos con las tecnologías financieras más novedosas, en especial con aquellas diseñadas para exigirnos menos tiempo y atención a la hora de pagar, y para facilitar la entrega de nuestro dinero. Puede incluso que no falte mucho para que podamos pagar parpadeando de una forma concreta. Mucho ojo con eso.

Confiamos en nosotros mismos

La autoconfianza —en nuestros juicios, nuestras elecciones y nuestras respuestas en el pasado a los precios que nos hemos ido encontrando— se suele considerar algo bueno. «Confía en ti mismo», suelen aconsejar los gurús de la autoayuda (a cambio de unos buenos honorarios). Sin embargo, con frecuencia esto no es tan buena idea, especialmente en el contexto de los gastos, pues en estos casos confiar en las decisiones que hemos tomado en el pasado nos lleva a cometer los errores de anclaje, autogregarismo y coherencia arbitraria. Por tanto, deberíamos desconfiar de las cifras aparentemente «aleatorias», de los precios de venta sugeridos por el fabricante y colocados bien a la vista, o de los productos con precios desorbitados: cada vez que vea unos zapatos de 2.000 dólares o un sándwich de 150 dólares, tenga cuidado con el segundo par más barato, o el segundo sándwich más barato, o incluso con los zapatos comestibles.

Además de cuestionar los precios fijados por otros, también debemos cuestionar los que fijamos nosotros mismos. Deberíamos evitar pagar 4 dólares por un café solo porque es algo que ya hemos hecho muchas veces. De vez en cuando, conviene que nos cuestionemos nuestros hábitos porque, si no aprendemos de nuestros errores, estamos condenados a repetirlos. Deberíamos preguntarnos si un café vale realmente 4 dólares, o si una tarifa plana de telecomunicaciones cuesta realmente 140 dólares al mes, o si la suscripción a un gimnasio merece que nos pasemos una hora buscando aparcamiento para luego pasarnos otra hora en la cinta para correr, y todo ello sin dejar de jugar con el móvil.

Sobrevaloramos lo que tenemos y lo que podemos perder

No deberíamos dar por supuesto que las reformas que hagamos en nuestra casa incrementan necesariamente su valor. Deberíamos reconocer que nuestros gustos son solo nuestros, y que el resto de la gente puede tener otros. Por tanto, está bien hacer reformas, siempre que seamos conscientes de que es muy probable que aumenten el valor de nuestra casa solo para nosotros.

Deberíamos tener cuidado con las promociones y las ofertas de prueba. Todos los vendedores saben que una vez que tenemos algo en nuestro poder tendemos a valorarlo más, y por tanto nos cuesta mucho renunciar a ello.

Los costes hundidos no pueden recuperarse. Cuando se ha hecho un gasto, ya está gastado. Lo pasado, pasado está. Por tanto, a la hora de tomar decisiones, conviene centrarse exclusivamente en dónde estamos y en dónde estaremos en el futuro. Podemos pensar que los costes hundidos deberían afectar a las decisiones futuras, pero no es así. Tenemos que seguir el consejo de Elsa, en la película *Frozen*, y de todos los niños que han cantado su famosa canción durante los últimos años: «¡Suéltalo! ¡Suéltalooooo!».

Nos preocupamos por la justicia y el esfuerzo

Hay una sencilla lección que todos aprendemos en algún momento de nuestras vidas, ya sea con cinco años, cuando no nos dejan usar un columpio, o con treinta y cinco, cuando no nos conceden un ascenso: el mundo no es justo. Qué le vamos a hacer.

El hecho de que un precio sea justo o no lo sea no debería importarnos; lo único importante es la utilidad que nos proporciona. No deberíamos renunciar a algo que tiene un gran valor para nosotros —acceder a nuestra casa, recuperar unos datos del ordenador, viajar cómodo y calentito en el frío invierno— solo por castigar al que nos lo ofrece porque pensamos que está siendo injusto con nosotros; lo más probable es que no aprendan la «lección», y nosotros nos quedaremos bajo la lluvia o la nieve, y sin nuestros valiosos datos.

Además, es posible que nos equivoquemos a la hora de evaluar si un precio es justo o no, y si algo ha exigido mucho esfuerzo o no. Reconozcamos de una vez que el conocimiento y la experiencia son valiosos. El valor del trabajo de los cerrajeros, los artistas y los autores de libros sobre dinero no procede del tiempo y el esfuerzo que percibimos, sino del tiempo y el esfuerzo que han dedicado a desarrollar sus habilidades durante toda su carrera profesional. Los artesanos han perfeccionado el arte de lograr que lo que hacen parezca fácil de hacer, aunque realmente no lo sea. Desde

Picasso a cualquier padre o madre, en ocasiones los trabajos más difíciles parecen mucho más sencillos de lo que son en realidad.

No obstante, hay que tener mucho cuidado para no caer en la trampa del falso esfuerzo. Debemos huir del exceso de transparencia. Si un consultor se empeña en mostrarnos con detalle los grandes esfuerzos que ha realizado para no aportarnos gran cosa, aparte de una factura de 100.000 dólares, más vale reconsiderarlo. Si una página web no es más que una barra de progreso y un gran botón que dice «¡Pague ahora!», busque otra. Si nuestro cónyuge gruñe y refunfuña, gime y se lamenta, o muestra agonía y desesperación al meter la vajilla en el lavaplatos o al tender la ropa... bueno, en este caso más vale ofrecerle un buen masaje en los pies. Por si acaso.

Creemos en la magia del lenguaje y de los rituales

Ya lo dijo el gran grupo de filósofos del siglo XX *Public Enemy* (que además es un grupo de hip-hop): «No te creas la publicidad». Si la descripción de algo, o el proceso para consumirlo, es prolijo y pretencioso, lo más probable es que estemos pagando por esa descripción o ese proceso, aunque no añada ningún valor real.

Cuidado con la heurística del esfuerzo irrelevante: muy pocas veces hay verdaderas razones para comprar un martillo artesanal.

Al mismo tiempo, no olvide que el lenguaje y los rituales pueden modificar la calidad de nuestras experiencias, por lo que en ocasiones podemos optar por recibirlos con los brazos abiertos.

Convertimos las expectativas en realidad

Las expectativas nos inducen a creer que algo va a ser bueno —o malo, o delicioso, o asqueroso—, y modifican nuestra percepción y nuestra experiencia sin alterar la naturaleza subyacente de ese algo. Deberíamos ser muy conscientes de dónde proceden esas expectativas, ya sea el placer de los sueños y las aspiraciones o de la irrelevante fascinación de las marcas, las tendencias y las presentaciones. O, como han dicho muchos grandes filósofos y muchos diseñadores gráficos mediocres: «Nunca juzgues un libro por su portada».

Al igual que ocurre con el lenguaje y con los rituales, nuevamente tenemos que reconocer —hablamos de nosotros, Dan y Jeff— que las expectativas pueden influir en nuestras experiencias. Podemos *usar* estas expectativas a nuestro favor, o pueden *ser usadas* por otros para aprovecharse de nosotros.

Una vez que compramos una botella de vino, podemos sentir la tentación de automanipularnos para creer que vale 20 dólares más de lo que hemos pagado por ella. Podemos dejar que el vino respire, servirlo en una buena copa, agitarla y meter la nariz en ella sabiendo que al hacer todo eso vamos a disfrutar más de la experiencia. A esto se le llama usar las expectativas.

Lo que no es bueno es comprar una botella de vino porque alguien nos ha engatusado para gastar 20 dólares más de lo que deberíamos. Muchas veces escuchamos al *sommelier* describir la cosecha, los taninos, los premios, los reconocimientos, las reseñas y las trazas de bayas de saúco, y automáticamente asumimos que el vino debe valer mucho. A esto se le llama ser usado *por* las expectativas.

¿Cuál es la verdadera realidad? ¿El sabor objetivo de un vino tal y como lo experimentaría un robot, o el sabor que incluye nuestras expectativas y todas las influencias psicológicas que lo rodean? Pues lo cierto es que ambas lo son. Imagine que tiene dos botellas del mismo vino, pero las botellas tienen distinta forma, color, etiqueta y recomendaciones. Una cata a ciegas —o la realizada por un robot— determinaría que ambos vinos saben exactamente igual, pero nuestras expectativas basadas en las botellas pueden llevarnos a valorar ambos vinos de manera muy distinta.

La cuestión es que no vivimos nuestras vidas como robots ciegos. (Bueno, lo cierto es que no sabemos mucho de los avances de la inteligencia artificial y de la neurociencia; tal vez algunos sí lo hacen, pero la mayoría seguimos siendo humanos.) Por lo tanto, no deberíamos menospreciar una realidad en la que nuestras expectativas pueden mejorar de manera objetiva nuestro disfrute del vino. Eso sucede de verdad, y por ello también es real.

Se trata de elegir entre manipulación y automanipulación. No debemos permitir que otra persona nos manipule de manera inconsciente y contra nuestra voluntad, pero si optamos libremente por ser manipulados o por diseñar un método para hacerlo nosotros mismos, entonces no hay ningún problema. Todo aquel que haya comido alguna vez de pie junto al fregadero de la cocina —es decir, todo el mundo— sabe que la misma comida sería mucho más placentera si estuviéramos sentados en una mesa de un buen restaurante, observando el ambiente.

Le damos demasiada importancia al dinero

Los precios no son más que uno de los muchos factores que determinan el valor de las cosas. Puede que sea el único factor que podemos entender con facilidad, pero no es el único que importa, por lo que deberíamos considerar el uso de otros criterios, aunque sean difíciles de medir. Todos vamos flotando a la deriva en el océano embravecido de la incertidumbre, y no conviene que la idea de valor establecida por otra persona —esto es, el precio— sea el tronco al que nos agarremos desesperadamente para salvarnos. Un precio es solo un número, y aunque puede tener un peso importante en cualquier decisión, no lo es todo y no debería serlo para nosotros.

En general

Cuando no tenemos ni idea del valor de un producto, deberíamos investigarlo, buscando y preguntando. Con el enorme volumen de información disponible hoy en día —pues existe eso que llaman «internet»— no tenemos excusa para no estar bien informados. No es necesario pasarse una semana investigando los precios de los chicles, pero probablemente deberíamos indagar durante unas horas, o al menos unos minutos, antes de acudir a un concesionario para comprarnos un coche.

¿QUÉ HACE FALTA PARA QUE NOS PONGAMOS A INVESTIGAR?

En los concesionarios de coches se produce una asimetría de información desproporcionadamente elevada entre los vendedores (que saben mucho) y el resto de nosotros (que sabemos muy poco). Los vendedores de automóviles suelen aprovecharse de esa brecha de conocimientos, y seguramente se aprovechen más de determinados tipos de clientes. ¿Cuáles? ¡Las mujeres y las minorías!

Por esta razón, algunas personas podrían obtener un beneficio mayor si realizasen una investigación previa sobre el coche que desean comprar. ¿Quién ganaría más con más información? Los mismos grupos: las mujeres y las minorías.

Los concesionarios son entornos comerciales especialmente taimados y engañosos, con numerosas trampas monetarias y sesgos culturales, pero la lección es de aplicación general: siempre que nos enfrentemos a una situación en la que sepamos menos que nuestro interlocutor y que esa diferencia de conocimientos pueda ser usada en nuestra contra —lo cual sucede en muchos aspectos de la vida y con muchos tipos de gente—, podemos ganar mucho si nos molestamos en estudiar, aunque sea un poco.[1]

Nos conviene estar bien informados, no solo sobre nuestras posibles compras, sino también sobre nosotros mismos, nuestras preferencias y los errores que cometemos con el dinero.

15

Consejo gratis

Recuerde: «Gratis» también es un precio. Uno que llama nuestra atención de forma totalmente desproporcionada.

Según el dicho popular: «Los consejos gratis no existen».

Es totalmente cierto. Este capítulo le cuesta dos páginas al editor.

10

Conclusions

16

Contrólese

Cuando se trata de establecer cómo pensamos en el dinero, el autocontrol es un tema que merece una atención especial, ya que, aunque logremos sortear o eliminar los muchos obstáculos internos y externos que existen entre nosotros y las decisiones financieras racionales, la falta de autocontrol puede hacernos tropezar antes de llegar a la línea de meta. Puede que seamos capaces de determinar el valor correcto de nuestras opciones, pero nuestra incapacidad para controlarnos puede inducirnos a tomar la decisión equivocada.

Recuerde, nuestra falta de autocontrol se debe a que tendemos a menospreciar el futuro —porque no estamos vinculados a él a nivel emocional—, y al fracaso de nuestra fuerza de voluntad a la hora de vencer la tentación del presente. ¿Cómo podemos incrementar nuestro autocontrol? Conectando con nuestro futuro y resistiendo la tentación. Por supuesto, eso es más fácil decirlo que hacerlo...

REGRESO AL FUTURO

Solemos pensar en nuestro yo futuro como en una persona distinta a nuestro yo presente, por lo que al ahorrar para el futuro nos puede dar la impresión de que estamos dando el dinero a un desconocido, en lugar de a nosotros mismos.[1]

Un posible antídoto para esto es intentar establecer una conexión con nuestro yo futuro.

Hal Hershfield lleva mucho tiempo estudiando las posibles formas de superar este error, y sus hallazgos pueden resumirse en una sola idea: es preciso utilizar herramientas sencillas que nos ayuden a imaginar a nuestro yo futuro de manera más concreta, vívida y cercana.[2] Puede ser algo tan simple como mantener una conversación imaginaria con un «yo» más viejo de lo que somos ahora, o escribirle una carta. También podemos limitarnos a pensar en las necesidades, deseos, alegrías o remordimientos que tendremos a los 65, 70, 85 o 100 años.

Hablar con nuestro yo futuro es un paso muy importante para cambiar nuestra forma de pensar y para incrementar nuestra fuerza de voluntad con el fin de resistir la tentación actual. No es necesario imaginar una discusión negativa y llena de reproches: «¡Oye, joven yo, mira lo que has hecho! ¡No ahorraste nada para mí, y ahora tengo que vivir en una caja de cartón!», sino que puede y debe ser una conversación positiva y constructiva. Piense, por ejemplo, en cómo sería pagar por adelantado una estancia en un buen hotel, y que al llegar a recepción nos digan que ya está todo pagado; volveríamos la vista atrás y diríamos: «¡Eh, yo del pasado, muchas gracias por pagarme este hotel! ¡Eres genial!». Ahora, imagine esta misma conversación, pero que, en vez de una habitación de hotel ya pagada, lo que nos dejamos es mucho dinero en un plan de jubilación.

Podemos empezar con estas autoconversaciones, pero también deberíamos poner en práctica otros métodos que nos ayuden a acercarnos emocionalmente a nuestro futuro yo. Cuanto más definido, vívido y detallado podamos hacer el futuro, más cercano nos resultará, y más nos preocuparemos por los intereses de nuestro yo futuro, conectando con ellos y actuando en consecuencia.

Otra manera de implicarse más es cambiar uno de los entornos más importantes a la hora de tomar este tipo de decisiones: los recursos humanos. El departamento de RR. HH., el lugar donde los empleados suelen tomar las decisiones sobre sus ahorros, debería parecer la consulta de un médico o una residencia de ancianos. O, mejor aún, la consulta de un médico en una residencia de ancianos, decorada con tarros de caramelos para la tos, bolas de petanca, bastones, tazas con inscripciones como «La mejor abuela del mundo», y toda clase de cosas que hagan que la gente piense en la vejez y en el largo plazo. Obviamente, esto resulta más difícil en el caso de los millones de trabajadores autónomos que existen en el mundo, pero siempre se puede redecorar la cocina como una oficina de RR. HH. cada vez que tengamos que tomar una decisión importante sobre nuestra jubilación.

Un estudio ha revelado que la gente subestima menos el futuro si se describe con una fecha concreta en el calendario, en lugar de con un periodo de tiempo. Es más probable que empecemos a ahorrar para una jubilación que tendrá lugar «el 18 de octubre de 2037» que para una que se producirá «dentro de 20 años». Este simple cambio hace que el futuro nos resulte más lúcido, concreto, real y cercano,[3] y si lo adoptasen los profesionales de RR. HH. y los asesores de inversiones, seguro que podrían lograr que ahorrásemos más.

También podemos utilizar la tecnología para conseguir que la gente conecte más con su yo futuro de una forma literal (y algo inquietante). Cuando interactuamos con versiones más viejas de nosotros mismos, generadas por ordenador, comenzamos a ahorrar más,[4] porque conectamos más con nuestro yo futuro, nos emocionamos, sentimos empatía y deseamos facilitar la vida de esta persona mayor. Y no importa que se haga por altruismo hacia los demás o por puro egoísmo, el resultado es el mismo: sentimos la imperiosa necesidad de ocuparnos de esta persona, de este «yo futuro».

Puede que esto parezca el argumento de una película de ciencia ficción, pero se trata de una idea muy poderosa: en vez de *imaginar* una conversación con nuestro yo del futuro, la podemos tener de verdad, y podemos ver e interactuar con nuestros *alter ego* más viejos. Es probable que lo primero que preguntemos sean números de lotería premiados o resultados deportivos, pero, aunque no los podamos obtener, estaremos más dispuestos a ahorrar dinero para esta persona tan decrépita a la que podemos ver con detalle. ¡Y vaya si estamos mal! Tenemos que empezar ya a comer mejor y a hacer más ejercicio. Más hidratación, por favor; tenemos que hidratar esa piel.

Obviamente, no todos tenemos la oportunidad de realizar viajes virtuales por nuestro futuro mientras estamos rellenando los formularios para la jubilación. Entonces, ¿cómo democratizar esta idea de ver nuestro yo futuro? Tal vez nuestros cheques o nuestras tarjetas de crédito deberían incluir una foto nuestra alterada para parecer más mayores. O, para conectar con nuestras aspiraciones y sentimientos respecto del futuro, podríamos utilizar imágenes mentales de nuestro yo futuro haciendo todas las cosas maravillosas que sin duda desearíamos hacer en nuestro futuro perfecto: paseos por la montaña, vacaciones, juegos con los nietos, fotografías de las medallas olímpicas que vamos a ganar, de los discursos presidenciales que vamos a pronunciar, de las misiones espaciales en las que vamos a participar...

ATADME AL MÁSTIL

A la hora de tomar decisiones financieras que afecten a nuestro futuro, podemos probar toda clase de trucos que nos permitan lograr que nuestro yo presente y nuestro yo futuro tengan un comportamiento más favorable a nuestros intereses a largo plazo. Una posible solución es utilizar acuerdos vinculantes de autocontrol, o lo que llamamos *CONTRATOS DE ULISES*.

Probablemente todos recordamos la historia de Ulises y las Sirenas. Ulises sabía que si oía los cantos de las Sirenas no podría resistirse a seguir sus voces, llevando a todos sus hombres a la perdición, como muchos otros marineros antes que ellos, pero aun así deseaba poder escucharlas. (Al parecer, le habían dicho que su último disco era «irresistible».) Consciente de que si escuchaba los mitológicos acordes no podría controlarse, pidió a sus marineros que le atasen al mástil del barco; de esta forma podría escuchar la llamada de las Sirenas, pero no podría satisfacer sus deseos de seguirlas. Además, ordenó a sus hombres que se taparan los oídos con cera, para que ellos no pudieran escuchar ni los cantos de las Sirenas ni sus súplicas para que le liberasen, y no sintiesen la tentación de navegar a su perdición. Funcionó. El barco pasó intacto.

Un contrato de Ulises, por tanto, es un acuerdo en el que podemos atarnos metafóricamente para evitar futuras tentaciones: elimina nuestra capacidad de decisión y no nos deja otra opción que cumplirlo. Por desgracia, los contratos de Ulises no suelen ir acompañados de buena música, pero, al menos, tampoco suelen incluir el riesgo de estrellar nuestro barco contra las afiladas rocas.

Los contratos financieros del tipo Ulises se basan en cosas como límites preestablecidos para nuestras tarjetas de crédito, tarjetas de débito con un saldo mensual limitado, o incluso la eliminación de todo tipo de tarjetas y el uso de efectivo en exclusiva. Otro de estos pactos tiene un nombre que desde luego suena muy poco homérico: el «Plan de Jubilación 401(k)».

Un contrato Ulises sobre un Plan 401(k) es una estrategia irracional pero extraordinariamente efectiva. Sin duda, el planteamiento más racional para ahorrar a largo plazo sería esperar al final de cada mes, comprobar nuestros ingresos y nuestros gastos, y en ese momento decidir cuánto podemos permitirnos ahorrar. Sin embargo, todos sabemos lo que suele ocurrir con esta estrategia, y es que acabamos no ahorrando nada, como Rob Mansfield con sus motocicletas y sus salas de entretenimiento. ¿Qué hacemos entonces? Optamos por una estrategia irracional: comprometernos con un tipo y una cantidad de ahorro preestablecidos, sin saber en realidad cuánto dinero tendremos o necesitaremos cada mes. Al menos, con esta estrategia estamos reconociendo nuestra falta de autocontrol, y nos ayudamos a nosotros mismos a tomar de una vez una decisión que, de otro modo, hubiéramos tenido que tomar todos los meses. El Plan 401(k) (y otros similares) no es una estrategia ideal, pero es mejor que no hacer nada, y además presenta una enorme ventaja: se basa en una decisión única que funciona a largo plazo, en la que únicamente tenemos que vencer la tentación una vez en la vida, y no doce veces cada año. Superar un reto es duro, pero es mucho más duro superar doce retos al año. Reducir la tentación es una buena forma de tomar mejores decisiones, aunque no sea una buena premisa para un *reality show* (las cadenas de televisión no aceptaron la idea de Jeff sobre un programa llamado *Amas de casa frugales y maridos racionales*).

Otra estrategia inteligente es hacer que la contribución periódica a un plan de ahorro para nuestra jubilación sea la opción automática y por defecto, de manera que si no deseamos ahorrar tengamos que *optar* activamente por no hacerlo. Con este planteamiento no solo se eliminan los predecibles problemas mensuales derivados de equilibrar el ahorro para el futuro con las necesidades y tentaciones presentes, sino que incluso se prescinde del obstáculo de la decisión única.

Si se nos inscribe automáticamente en un plan de ahorro para la jubilación, la inercia y nuestra tendencia a la vagancia funcionan a nuestro favor, pues se incrementan las probabilidades de que no nos molestemos en cambiar nada, y así empezamos a ahorrar y no dejemos de hacerlo. A pesar de que una decisión de ahorro es evidentemente solo una decisión de ahorro, y ambos enfoques deberían ser idénticos —se trata de decidir si ahorramos o no—, el esfuerzo requerido para firmar el plan de ahorro se convierte en un verdadero obstáculo para el ahorro. El concepto de inscripción automática es contrario al pensamiento económico tradicional —que sostiene que todos deberíamos ser capaces de tomar decisiones racionales y bien informadas—, pero se adapta como un guante al sinuoso y muy humano enfoque de la ciencia conductual.

Cuando Rob era un joven empleado, su empresa le planteó la posibilidad de firmar una autorización para realizar contribuciones a su plan de jubilación, y optó por *no* hacerlo. ¿Y si le hubieran inscrito de manera automática? Lo más probable es que no se hubiera molestado en abandonar el sistema. La opción por defecto, combinada con la pereza y la inercia, hubiera tenido como consecuencia una enorme diferencia en el monto de sus ahorros a largo plazo.

Esta clase de planes automáticos de ahorro —para la jubilación, para la universidad, para atención médica, etc.— toma las trampas psicológicas que tanto favorecen el gasto automático (como el dolor de pagar y la contabilidad mental maleable), y las utilizan en nuestro propio beneficio. Ahorro automático frente a gasto automático: todos *sabemos* cuál es la mejor opción, pero cuando depende solo de nuestra voluntad no siempre optamos por ella.

Los contratos de Ulises aplicados al ahorro funcionan extraordinariamente bien. Un estudio de Nava Ashraf, Dean Karlan y Wesley Yin reveló que los participantes que optaron por restringir el acceso a una de sus cuentas bancarias —esto es, decidieron voluntariamente convertirla en una cuenta de ahorro de la que no podían retirar fondos— incrementaron sus ahorros en un 81 por ciento en un solo año.[5]

Otro estudio se centró en el ahorro automático de una parte de todos los *futuros aumentos de sueldo*, es decir, que la gente accedió a que una parte de sus futuros aumentos se destinase automáticamente al ahorro. Sus ganancias presentes no se vieron afectadas, y, cuando les subieron el sueldo, los aumentos solo fueron un poco más pequeños de lo que habrían sido de otro modo. Este sistema también logró incrementar los ahorros, y constituye otro gran ejemplo del aprovechamiento de algunos de nuestros defectos psicológicos —en este caso, el sesgo del *statu quo* y la resistencia al cambio— para superar otro: la falta de autocontrol.[6]

El proceso de asignación es otra forma que podemos utilizar para comprometernos a ahorrar y animarnos a seguir haciéndolo. La asignación —que consiste en guardar cantidades concretas de dinero en determinadas cuentas reales o mentales— puede sernos útil si se trata de una decisión proactiva e intencionada (y no una decisión instintiva, pues esas, como ya hemos visto, dan muchos problemas). La asignación puede evitar que utilicemos el dinero para otros propósitos, especialmente para aquellos en los que no teníamos previsto gastar nada. Podemos asignar el dinero utilizando recordatorios visuales en nuestros cheques, ingresándolo en cuentas bancarias distintas, o —tal y como sugerimos en el capítulo sobre compartimentación— asociándolo a una tarjeta de débito con un saldo fijo semanal.*

---

* ¿Es mejor hacer los ingresos semanales para esta tarjeta de débito los lunes o los viernes? La respuesta es los lunes. ¿Por qué? Porque si lo hacemos los viernes nos sentiríamos ricos durante los fines de semana, justo cuando es más probable que gastemos sin preocuparnos de las necesidades de los días posteriores. Si, por el contrario, lo hacemos los lunes, tenemos por delante unos días de gastos más establecidos —viajes al y desde el trabajo, comidas, etc.—, y podemos planificar y ahorrar más para el derroche del fin de semana. Y el mismo razonamiento es aplicable al día de la semana en el que conviene más recibir la paga semanal.

Estas estrategias nos recuerdan las reglas que nosotros mismos hemos fijado, y nos hacen ser más responsables.

Podemos automanipularnos aún más utilizando trucos emocionales como, por ejemplo, la culpa, que es la herramienta más potente de este tipo. Un estudio de Dilip Soman y Amar Cheema descubrió que la gente es menos propensa a utilizar mal un dinero ya asignado si éste está etiquetado con los nombres de sus hijos que si los niños quedan al margen del proceso.[7] Así es: el hecho de que los sobres llenos de dinero en efectivo llevasen escritos los nombres de los hijos de los participantes hizo que los padres gastasen menos y ahorrasen más. Un procedimiento retorcido y cruel, pero, por qué no decirlo, francamente efectivo. ¡Los niños al rescate!

También podríamos tomar en consideración el contrato de Ulises definitivo. Dado que Ulises consintió en que le ataran al mástil, ¿qué tal si llevamos esa voluntad de dejar que te aten un poco más allá y creamos un banco disciplinario con una *dominatrix* como logotipo?

Este banco nos quitaría la posibilidad de tomar decisión alguna sobre nuestro dinero. Nuestra empresa enviaría nuestra nómina al banco, que pagaría nuestras facturas y nos daría una cantidad para gastos. El resto estaría restringido, y no podríamos hacer lo que quisiéramos con él; se reservaría para usos concretos, y el gerente del banco podría cambiar las reglas si lo considerase necesario. Si nos pasásemos del saldo asignado o violásemos las normas establecidas, seríamos castigados por ser muy muy traviesos. De hecho, ¿por qué no combinar esto con otra de las ideas propuestas y diseñar un logo en el que una *dominatrix* abusa de una versión más vieja de nosotros mismos generada por ordenador? Estamos convencidos de que eso haría que la gente hiciera... algo... con su dinero.

En realidad, es obvio que no queremos esta clase de banco —sea cual sea su logotipo—, pero nos preguntamos si no preferiríamos vivir en un mundo en el que no tuviéramos que preocuparnos por gestionar nuestro dinero constantemente. ¿Y si delegásemos la mayoría de nuestras decisiones y responsabilidades en un sistema que gestionase nuestro dinero por nosotros? ¿Disfrutaríamos un poco más de la vida? Tendríamos menos libertad, pero también menos preocupaciones. Podría funcionar, pero no estamos seguros de que sea una buena idea, así que para hacer la prueba puede enviarnos todo su dinero y ya veremos cómo va la cosa. (Es una broma. No hace falta que nos envíe *todo* su dinero.)

Cabría añadir que los contratos de Ulises pueden ser herramientas extremadamente útiles para evitar la tentación en casi todos los demás aspectos de nuestra vida. Algunos alumnos de Dan le han comentado que durante el periodo de exámenes llegan a entregar sus ordenadores portátiles a un amigo, e incluso le piden que cambie su contraseña de Facebook para no poder acceder a su cuenta. Algunas chicas le han confesado que si no desean que una de sus citas vaya demasiado lejos se ponen la ropa interior más horrible que puedan encontrar. Tal vez se pueda diseñar incluso un contrato de Ulises literal, según el cual, cada vez que cedamos a la tentación tenemos que leer entera *La Odisea* de Homero, el poema épico que narra las aventuras de Ulises. En el griego original, por supuesto.

Dese un capricho

Otra manera de combatir los problemas de autocontrol es utilizando lo que se conoce como una RECOMPENSA SUSTITUTIVA. Recuerde que uno de los retos a los que nos enfrentamos es que valoramos las recompensas futuras —dos malvaviscos, una caja entera de bombones, etc.— mucho menos que las recompensas presentes, incluso aunque estas últimas —un malvavisco, media caja de bombones, etc.— sean mucho menores. ¿Y si intentásemos sortear nuestra incapacidad para motivarnos con la recompensa futura reemplazándola por otro tipo de recompensa presente? ¿Nos permitiría eso aumentar nuestro autocontrol?

En su complejo historial médico, Dan cuenta con una experiencia particularmente ilustrativa sobre este tema. Cuando era un adolescente, fue hospitalizado por quemaduras graves, y mientras estaba en el hospital contrajo la hepatitis C. Poco después, la Administración de Alimentos y Medicamentos le propuso someterse a un tratamiento con una medicina en pruebas, el interferón, y Dan aceptó. Por desgracia, este tratamiento exigía ponerse unas inyecciones extremadamente desagradables tres veces a la semana durante un año y medio. Después de cada inyección, Dan se ponía muy enfermo y se pasaba toda la noche siguiente con temblores, fiebre, escalofríos y vómitos. Si conseguía terminar el tratamiento, reduciría considerablemente las probabilidades de tener cirrosis hepática treinta años después... pero para ello tenía que sufrir tres noches a la semana. Aquello fue un ejemplo muy claro y muy extremo de sacrificios presentes a cambio de ganancias futuras.

Pese al gran inconveniente, Dan logró perseverar y completar el tratamiento. Tiempo después descubrió que fue el único paciente capaz de soportar el horrible régimen de medicación, y no lo logró porque sea una especie de superhombre o porque sea mejor que los demás (aquí es cuando Jeff se asoma y exclama «¡No lo es!»), sino porque fue capaz de comprender y aplicar con éxito el sistema de recompensas sustitutivas.

¿Qué fue lo que hizo? Cada vez que tenía que ponerse la inyección, alquilaba una película que tuviera muchas ganas de ver; iba a su casa, se ponía la inyección y comenzaba a verla mucho antes de empezar a notar los efectos, logrando así asociar algo desagradable —las inyecciones— a algo placentero: las películas. (De vez en cuando escogía comedias románticas malas, lo cual le hacía sentirse aún peor. En breve esperamos publicar un libro titulado *Las películas favoritas de Dan para olvidarse de las náuseas.*)

Dan no se molestó en intentar conectar con su yo futuro, ni tampoco se centró en los beneficios de tener un hígado sano, pues tales beneficios eran empíricamente importantes, pero no podían competir con el coste presente de los horribles efectos secundarios que sentía. Por tanto, en lugar de autoconvencerse de la importancia de preocuparse por su futuro, lo que hizo fue modificar su entorno. Se dio a sí mismo una razón menos importante, pero mucho más inmediata y palpable, para realizar el sacrificio. En vez de centrarse en un motivo más importante pero menos tangible (curarse de su hepatitis), se centró en algo mucho menos importante, pero tangible (las películas). Eso es una recompensa sustitutiva.

Tal vez podríamos lograr que la gente gastara más sabiamente y ahorrara más a menudo si ofreciésemos recompensas sustitutivas. Algunos estados de EE. UU. ya lo están haciendo, organizando «loterías» entre la gente que ingresa dinero en cuentas de ahorro;[8] cada depósito es recompensado con un boleto que ofrece una pequeña probabilidad de ganar una cantidad extra de dinero. Estos planes de ahorros basados en la lotería están dando sus frutos, y son otro ejemplo de recompensa sustitutiva.

* * *

Existen sin duda muchos otros métodos para combatir los problemas de autocontrol en muchas situaciones distintas. Como mínimo, debemos ser conscientes de que nuestra falta de autocontrol siempre supone un obstáculo en el camino hacia el éxito, incluso si utilizamos los brillantes sistemas de toma de decisiones financieras que analizaremos en las páginas siguientes.

17

Nosotros contra ellos

Hace algunos capítulos ofrecimos ciertos consejos para contrarrestar algunos de los indicadores de valor que utilizamos erróneamente. No obstante, tenemos que reconocer que una cosa es ser conscientes de cómo *deberíamos* cambiar nuestro comportamiento y otra muy distinta ser capaces de cambiarlo realmente. Esto es especialmente cierto con el dinero, pues no solo tenemos que luchar contra nuestras propias tendencias e inclinaciones, sino también contra un entorno financiero diseñado para inducirnos a tomar malas decisiones en este terreno. Vivimos en un mundo en el que numerosas fuerzas externas nos piden cosas constantemente —nuestro dinero, nuestro tiempo, nuestra atención, etc.—, lo cual dificulta enormemente que podamos pensar y actuar de manera racional.

Por ejemplo, sabemos que cuando las hipotecas se ofrecen indicando únicamente el tipo de interés, la gente puede saber con facilidad cuál es la que más le conviene, es decir, que una al 4 por ciento de interés es mejor que una al 4,5 por ciento. (Aun así, la mayoría no suele dedicar mucho tiempo a encontrar la hipoteca más barata, olvidando que cualquier reducción en el tipo de interés, por mínima que sea —por ejemplo, del 3,5 al 3,25 por ciento—, acaba suponiendo un gran ahorro a largo plazo.)

Sin embargo, cuando los bancos añaden un sistema de reducción del tipo de interés a cambio de una aportación inicial —por ejemplo, reduciendo un 0,25 por ciento el tipo de interés si se paga un importe inicial de 10.000 dólares—, nuestra capacidad para comparar ofertas se reduce considerablemente. De repente, el cálculo pasa de un solo factor (porcentajes) a dos factores (pago inicial y porcentajes), y esta decisión, a pesar de ser solo un poco más compleja, nos hace cometer muchos más errores.

Seguramente ahora estará pensando: «Bueno, vale, es que descifrar cuestiones complejas es difícil». Cierto. El problema es que los bancos conocen bien nuestras dificultades para calcular el valor cuando las elecciones tienen múltiples factores a tener en cuenta, así que, ¡oh, sorpresa!, de repente las hipotecas tienen cada vez más opciones. Es verdad que se presentan como «ayudas al consumidor», para brindarnos la oportunidad de tomar decisiones con más y mejor información... pero, por supuesto, más opciones y más información implica que es más fácil que cometamos errores. Es un sistema que en realidad no está diseñado para ayudarnos, sino más bien para exacerbar nuestros errores financieros.

Así pues, la lucha para intentar mejorar nuestro proceso de toma de decisiones no tiene que dirigirse únicamente contra nuestros defectos personales, sino también contra el sistema que intenta fomentar estos defectos y aprovecharse de nuestras limitaciones. En consecuencia, no nos queda más opción que luchar con más fuerza y ahínco. Cada uno de nosotros tenemos que adaptar nuestros procesos mentales para pensar con mayor detenimiento e inteligencia en cómo gastamos nuestro dinero. Y, como sociedad (dando por supuesto que deseamos que la gente que nos rodea tome mejores decisiones monetarias), tenemos que diseñar también sistemas que se adapten mejor a nuestra forma de pensar en el dinero, para que nuestras elecciones nos beneficien a todos, no solo a aquellos que puedan explotar y abusar de nuestro defectuoso comportamiento.

Por esta razón, cuanto mejor entendamos nuestras limitaciones y nuestros errores en el presente, mejor equipados estaremos para enfrentarnos a ellos en el futuro. Nadie puede predecir el futuro de nuestras inversiones, nuestra salud o nuestro empleo, y tampoco puede anticipar la llegada de acontecimientos globales, famosos presidentes o robots bebedores de vino.*

Lo que sí sabemos es que el futuro complicará aún más nuestro proceso de toma de decisiones de gasto. Desde el bitcoin hasta Apple Pay, desde los escáneres de retina a las preferencias de Amazon, cada vez aparecen sistemas más modernos, diseñados para inducirnos a gastar más, con mayor facilidad y con mayor frecuencia. Vivimos en un entorno cada vez más hostil para la toma de decisiones meditadas, razonadas y racionales, y, debido a estas herramientas modernas, cada vez va a resultarnos más difícil tomar decisiones que realmente favorezcan nuestros intereses a largo plazo.

LA TENTACIÓN DE LA INFORMACIÓN

Ahora que sabemos que hay numerosos intereses comerciales que quieren hacerse con nuestro tiempo, nuestro dinero y nuestra atención, cabría considerar si podemos hacer algo al respecto. Después de todo, nos creemos seres razonables y racionales. ¿Acaso necesitamos algo más que la información correcta para poder tomar inmediatamente buenas decisiones, o incluso las mejores?

¿Comemos demasiado? Que nos den la información de las calorías y se acabó el problema. ¿No ahorramos lo sufi-

---

* De hecho, gracias al cómic *Calvin y Hobbes*, Jeff llegó a pensar que a estas alturas de su vida ya estaría tocando el saxofón en un cabaré de Nueva Orleans en el que solo admitiesen a mujeres.

ciente? Utilicemos una calculadora de jubilación y empezaremos a ver cómo crecen nuestros ahorros. ¿Mandamos mensajes mientras conducimos? Hay que decirle a todo el mundo que es muy peligroso. ¿Los jóvenes dejan los estudios? ¿Los profesionales de la medicina no se lavan las manos antes de reconocer a sus pacientes? Basta con explicar a los jóvenes por qué deben seguir estudiando y a los médicos por qué deben prestar mucha atención a su higiene.

Por desgracia, la vida no es tan simple. La mayoría de los problemas que tenemos en la vida moderna no se deben a la falta de información, y por eso los fracasos al intentar mejorar nuestro comportamiento no se suelen resolver ofreciendo información adicional.

Actualmente nos encontramos en un interesante punto de inflexión en la historia, en el que la tecnología puede favorecernos o perjudicarnos. En la actualidad, la mayor parte de la tecnología financiera opera contra nosotros, porque casi toda está diseñada para que gastemos más y más pronto en vez de menos y más tarde. Además, está diseñada para que pensemos menos en los gastos que vamos a realizar y tendamos más a caer en la tentación. Si confiamos solo en nuestro instinto y en la omnipresente tecnología, todos estamos a merced del abrumador volumen de mecanismos que una y otra vez nos incitan a tomar tentadoras decisiones a corto plazo.

Por ejemplo, el dinero digital que se promociona como el no va más de la modernidad en materia de consumo. Liberados del dinero en efectivo, nos dicen, podremos ser más flexibles, ahorrar tiempo y dedicar menos esfuerzo a gestionar nuestro dinero, y recibiremos información que nos ayudará a analizar nuestros gastos. Dicho así, suena como una verdadera utopía de éxtasis tecnológico: las colas serán más cortas, las firmas serán más rápidas, y el acceso y el uso serán más sencillos y fluidos; se eliminará el fastidioso proceso de pago y entraremos en una nueva era de las finanzas en la que el dinero físico no será más que un recuerdo del pasado.

No tan rápido. En realidad, lo más probable es que estas herramientas modernas agudicen nuestro mal comportamiento a la hora de gastar, y que acabemos gastando demasiado y con demasiada facilidad, rapidez, frecuencia e impulsividad. Este futuro podrá ser muy luminoso si somos recaudadores de deudas o abogados especialistas en bancarrotas, pero, para el resto de los mortales, la única luminosidad sería la producida por las llamas que hacen un agujero en nuestras carteras.

No tiene por qué ser así.

Cada vez hay más gente que se percata de que la tecnología diseñada para que nuestro proceso de gasto sea «más sencillo» no nos lleva necesariamente a que gastemos «mejor». Muchos estamos empezando a pensar en que es necesario realizar algo más que modificar nuestro comportamiento, y estamos intentando modificar nuestro entorno financiero, nuestras herramientas financieras y nuestras opciones financieras predeterminadas.

Podemos incrementar nuestros conocimientos diseñando sistemas, entornos y tecnologías que, en lugar de tentarnos, nos ayuden. Podemos emplear en nuestro beneficio los mismos comportamientos y tecnologías diseñados para dañarnos. Podemos darle la vuelta a todo. Podemos usar a nuestro favor nuestras propias peculiaridades.

¿De qué manera podemos transformar el entorno financiero? ¿Cómo podemos crear sistemas opuestos a Apple Pay y Android Pay, esto es, qué podemos hacer para conseguir pensar en este tema con más claridad en lugar de pensar cada vez menos? Se trataría de no limitarse a actuar *después* de realizar los pagos, mediante un sistema que registra nuestros gastos *a posteriori*, sino, por el contrario, crear un sistema que nos ayude *antes* de tomar las decisiones financieras. ¿Y cómo? Modificando las herramientas de pago para adaptarlas a lo que somos en realidad: seres con tiempo, atención y capacidades cognitivas limitadas, además de numerosas excentricidades. Si empezamos comprendiendo lo que se nos da bien y lo que se nos da mal, podremos diseñar instrumentos de gasto y ahorro que realmente nos ayuden a tomar buenas decisiones.

Esperamos que este libro, las limitaciones humanas que en él se exponen, y las formas en las que podemos utilizar estas limitaciones a nuestro favor, nos inspiren a todos para dar los pasos necesarios para desarrollar estas herramientas.

Psicología aplicada

Pensemos en el mundo de las «aplicaciones informáticas», llamadas *apps*. Hace apenas una década eran prácticamente desconocidas, y hoy en día estas nuevas herramientas, diseñadas para entretener, educar y fascinar, parecen ser tan necesarias como los martillos y los destornilladores. Si las aplicaciones nos pueden ayudar a mejorar nuestra salud física y nuestro bienestar mental, ¿pueden ayudarnos también a mejorar nuestra salud financiera y nuestro bienestar fiscal?

Para poder controlar los costes de oportunidad, ¿por qué no desarrollamos una aplicación que nos ayude a realizar complejos cálculos y comparaciones en cualquier momento? Además, podría hacerlos de manera instantánea. ¿Está pensando en comprarse unos zapatos de 100 dólares? Pues... basta con poner el precio en la aplicación y *¡abracadabra!*, serían dos entradas de cine para usted y su pareja, con palomitas y unas copas de vino después. ¿Prefiere vestir bien o sentirse bien?

Para gestionar los aspectos buenos y los malos de la contabilidad mental, ¿qué tal una aplicación que establezca categorías y límites de gasto, y además nos advierta cuando estemos llegando al límite en alguna de esas categorías?

Para combatir la aversión a las pérdidas, tal vez podríamos crear una aplicación que calculase el valor esperado de nuestras decisiones, con independencia de si la elección realizada se considera habitualmente como una ganancia o como una pérdida. ¿Desea vender su casa? Tal vez esa aplicación pueda ayudarle a fijar el precio correcto y sortear su apego subjetivo.

Estas son solo algunas ideas sobre el tema. Lo realmente importante para nuestro futuro es lograr que, además de distraernos o tentarnos, los mismos teléfonos que llevamos a todas partes nos ofrezcan instrumentos para tomar mejores decisiones en tiempo real. En cada cafetería de Silicon Valley hay un puñado de programadores desempleados esperando que llegue su oportunidad para desarrollar un producto útil.

LO BUENO ES BUENO, PERO SIN PASARSE

Existen cada vez más estudios e investigaciones que demuestran que un exceso de información puede obstaculizar la modificación del comportamiento.[1] Con aplicaciones que controlan las horas que dormimos, el ritmo cardiaco que tenemos, las calorías que ingerimos, el ejercicio que realizamos, los pasos que damos, las escaleras que subimos y las respiraciones que hacemos —por no hablar del dinero que gastamos, el tiempo que pasamos conectados a internet, etc.—, vivimos en una época de absoluta cuantificación personal. Podemos saber al instante todo lo que hacemos, hemos hecho o deberíamos hacer, pero, aunque no está nada mal disponer de toda esta información, el exceso de datos puede incluso llegar a reducir el placer de las actividades más saludables, como el ejercicio, el sueño, la dieta y el ahorro. A medida que se acumulan los datos, y con ello nuestro esfuerzo para reconocerlos y evaluarlos, las actividades pueden pasar de «estilo de vida» a «trabajo», disminuyendo por ello nuestra motivación para realizarlas. Así pues, aunque los datos nos pueden ayudar a ser conscientes de lo que *deberíamos* hacer, demasiados datos pueden reducir nuestro deseo de hacerlo. Al igual que ocurre con todas las cosas —vino, helados, tecnología, descanso...—, la clave está en la moderación. Sí, incluso con el vino y con los helados. (No queríamos incluir esta frase, pero nuestros abogados y nuestros médicos insistieron.)

Rasque y gane

Dado que el dinero digital actual nos hace ser menos conscientes del dolor de pagar, para que incrementemos nuestro *gasto*, podríamos intentar aumentar nuestra *consciencia*, lo que a su vez aumentaría nuestro dolor de pagar, para reducir el gasto y aumentar los *ahorros*.

No solemos pensar en el ahorro con demasiada frecuencia, y cuando sí lo hacemos, nuestros pensamientos pocas veces nos llevan a ahorrar más. Con el fin de evaluar hasta qué punto el diseño del dinero digital puede influir en nuestro comportamiento, Dan y sus colegas realizaron un experimento a gran escala en Kenia, con miles de usuarios de un sistema de pago a través del teléfono móvil. Algunos de los participantes recibían dos mensajes de texto semanales: uno al inicio de la semana, en el que se le recordaba que debía ahorrar, y otro al final, en el que se le ofrecía un resumen de sus ahorros. Otros recibían unos recordatorios algo distintos, redactados de forma que parecía que habían sido enviados por sus hijos, y en los que les pedían que ahorrasen para «nuestro futuro».

Otros cuatro grupos fueron básicamente sobornados (aunque el término formal fuese «financieramente incentivados») para que ahorrasen. El primero de estos grupos podía obtener una bonificación del 10 por ciento por los primeros 100 chelines ahorrados, mientras que el segundo grupo obtenía una bonificación del 20 por ciento por los primeros 100 chelines ahorrados. Al tercer y cuarto grupo también se les ofrecían bonificaciones del 10 y el 20 por ciento, respectivamente, por los primeros 100 chelines que lograsen ahorrar, pero incluyendo el factor de aversión a las pérdidas. (El procedimiento era el siguiente: los investigadores ingresaban en las cuentas de los participantes las bonificaciones completas —10 o 20 chelines— al principio de la semana, diciéndoles que podían quedarse con ellas si alcanzaban el ahorro estipulado de 100 chelines, pero que se las retirarían si no lo lograban). Desde un punto de vista puramente económico, este último planteamiento era exactamente igual que el de las bonificaciones a final de la semana, pero incorporaba la idea de que retirar el dinero de las cuentas de los participantes les iba a resultar doloroso, por lo que se esforzarían más para incrementar sus ahorros.

El último grupo de participantes recibía los mismos mensajes de texto, y, además, al principio del experimento, se les entregó una moneda dorada con los números del 1 al 24 grabados en ella, en representación de las 24 semanas que duraba el experimento. Estos participantes debían poner la moneda en algún lugar visible de su casa y tachar con un cuchillo el número correspondiente a la semana en que habían conseguido ahorrar algo de dinero.[2]

Al finalizar los seis meses del experimento, el grupo que obtuvo un resultado espectacular, mejor que cualquiera de los demás, fue —¡redoble de tambores, por favor!— el de la moneda. Todos los demás grupos lograron ahorrar un poco, pero los que recibieron la moneda llegaron a ahorrar cerca del doble de lo que ahorraron los que solo recibían los mensajes recordatorios. Al empezar el experimento, se podría pensar que el ganador iba a ser alguno de los que podían obtener la bonificación del 20 por ciento, con o sin aversión a las pérdidas —de hecho, los investigadores esperaban que fuese alguno de ellos—, pero, como vemos, no fue así.

¿Cómo pudo una simple moneda conseguir un comportamiento tan diferente? ¿Recuerdan que los participantes recibían mensajes de texto para recordarles que debían ahorrar? Pues bien, cuando se observó la cantidad ahorrada por cada uno los participantes en cada día de la semana, los resultados mostraron que el sistema de la moneda no era superior a los demás en los días de recordatorio, pero sí en todos los demás. La moneda dorada hacía que el tema del ahorro estuviera siempre presente, que la gente modificase sus pensamientos cuando iba a afrontar un nuevo día: de vez en cuando le echaban un vistazo, ocasionalmente la tocaban, hablaban sobre ella, eran conscientes de su presencia, etc. Al estar físicamente presente todo el tiempo, la moneda introdujo en la vida diaria de los participantes la idea del ahorro y, con ella, el acto de ahorrar; puede que no pensaran en ello a todas horas, pero sí con cierta frecuencia, y esto fue suficiente para esforzarse más y marcar la diferencia.

Este es un gran ejemplo de cómo nuestra forma de pensar en el dinero y nuestras limitaciones pueden utilizarse a nuestro favor. Se supone que *deberíamos* considerar que el método mejor es el que maximiza nuestro dinero —el que nos ofrece una bonificación por ahorrar, que es dinero gratis—, pero no lo hacemos, ya que nos vemos más influidos por aquello que altera nuestra memoria, nuestra atención y nuestros pensamientos, como es la moneda. Pues bien, en lugar de lamentarnos por este fenómeno y pensar que es un desorden de nuestra personalidad financiera, podemos diseñar sistemas que nos ofrezcan lo mismo que la moneda dorada en muchos aspectos de nuestras vidas para incentivarnos a ahorrar más.

Podemos coger esta idea básica —que una representación física del ahorro hace las veces de recordatorio constante en el ahorrador— y tratar de extenderla a toda la comunidad que nos interese, ajustando los valores sociales y presionando sutilmente a la gente para que ahorre más y consuma menos.

A menudo calculamos cuál es el nivel apropiado de nuestros propios gastos observando los gastos de nuestros familiares, amigos, colegas o vecinos: sus casas, sus coches, sus vacaciones, etc., pues estas son cosas que podemos ver fácilmente. Los ahorros, sin embargo, no son tan observables, y, a menos que contratemos un detective privado o un grupo de piratas informáticos rusos, no podemos saber cuánto ponen nuestros semejantes en sus planes de pensiones. En general, lo único que podemos saber es cuánto gastan aproximadamente en ropa, reformas y coches. Y este conocimiento se transforma en una cierta presión social, que nos lleva a querer «igualar o superar a los Jones» en los gastos, pero no en los ahorros invisibles.

¿Qué hacen en otras culturas? En algunas partes de África, la gente ahorra comprando cabras; cuanto mejor les va, más cabras tienen, y todo el mundo puede ver cuántas tienen en su corral. En otros sitios ahorran comprando ladrillos, que van apilando en su parcela hasta que tienen suficientes para construir una nueva habitación en su casa; y, como hasta entonces están a la vista de todos, también se puede ver cuánto ahorra cada uno.

En lo que a ahorros se refiere, nuestra moderna cultura digital no tiene nada parecido a esto. Cuando ponemos nuestro dinero en una cuenta de ahorros para la universidad o en un plan de pensiones, no lo anunciamos a bombo y platillo y no solemos poner luces navideñas más brillantes por ello. Cuando gastamos una cierta cantidad de dinero en comprar un regalo para nuestros hijos, ellos son conscientes y pueden sentirse agradecidos, pero no ocurre lo mismo cuando ponemos el mismo dinero en su cuenta de ahorro para la universidad.

Entonces, ¿cómo podemos hacer que estas «cosas invisibles» se vuelvan visibles, no solo para mostrar nuestro buen comportamiento, sino también para iniciar un debate sobre el ahorro entre familias y comunidades, y para obtener el apoyo de los demás a la hora de hacer estos sacrificios para el futuro, que a menudo se hacen en secreto?

En Estados Unidos, cuando cumplimos con nuestro deber cívico ante las urnas electorales, nos dan una pegatina que reza «He votado». En algunos países a los que recientemente ha llegado la democracia, como Irak y Afganistán, muchos ciudadanos han enseñado orgullosos sus dedos manchados de tinta como muestra de su participación en las elecciones. ¿Acaso no podríamos pensar en algo similar para cumplir con el deber de ahorrar, algo que muestre al mundo qué tipos de cuentas hemos abierto para ahorrar para nosotros mismos o para nuestros hijos?

¿No podrían darnos pegatinas cuando logramos ahorrar más del 15 por ciento de nuestros ingresos? ¿Qué tal pequeños trofeos, o estatuas a tamaño natural, o insignias rojas y doradas para llevar con orgullo en nuestras solapas? Tal vez nos resulte demasiado hortera poner una especie de termómetro gigante en el exterior de nuestras casas que muestre nuestro nivel de ahorro, pero no cabe duda de que si lo hiciéramos ahorraríamos más. Mientras no logremos que estos medidores sean culturalmente aceptables y aceptados, tal vez podríamos empezar celebrando a lo grande el día en el que por fin terminamos de pagar nuestra hipoteca o el préstamo para el coche. En lugar de fiestas de cumpleaños, podríamos hacer fiestas para celebrar que por fin podremos permitirnos enviar a nuestros hijos a la universidad.

Puede que estas propuestas no sean demasiado prácticas, pero sin duda debemos fomentar la idea de visibilizar los ahorros invisibles. Para ello, podemos empezar alentando los debates sobre lo que sería razonable ahorrar, no solo para comprarnos coches más grandes, sino también para incrementar nuestros ahorros.

MIRA LO BUENO QUE SOY

Los beneficios obtenidos por mostrar nuestras sabias decisiones y nuestras elecciones altruistas no se limitan al mundo de las finanzas, pues de hecho la celebración del buen comportamiento también puede ser útil en muchos otros aspectos de nuestras vidas. Por ejemplo, en el tema del calentamiento global: aparte de reciclar y asentir con pesar cuando vemos las noticias, muy pocos de nosotros hacemos sacrificios personales que redunden en beneficio del futuro del planeta. ¿Qué pasaría si utilizásemos el sistema de recompensas sustitutivas para mostrar el valor de tales decisiones? ¿Podríamos lograr que la gente haga lo correcto por las razones equivocadas? Pues... sí; podríamos hacerlo, y básicamente es lo que hacemos siempre.

Pensemos en el Toyota Prius y en el Tesla. Estos dos modelos de coche permiten a sus dueños comunicar al resto del mundo que son personas estupendas, generosas, empáticas y en general mejor-que-los-demás. Los conductores del Prius y del Tesla pueden mirarse al espejo, ofrecer su mejor sonrisa y pensar «Soy un buen ser humano», y además pueden mostrar al mundo que han tomado esta decisión; la gente puede mirarlos en sus coches y pensar: «¡Oh! ¡Qué ser humano tan estupendo al volante de esa obra maestra tan ecológica!». Puede que la recompensa directa de luchar contra el cambio climático no baste a todo el mundo, pero si se combina con un poco de ego humano, tal vez se pueda lograr que la gente deje de contribuir al crecimiento del nivel del mar.

Algunos estudios muestran que cuando los padres abren una cuenta de ahorro para la universidad de sus hijos, estos hijos tienden a tener un mejor rendimiento a lo largo de sus vidas. Otros aseguran haber encontrado una conexión entre este hallazgo y otro igual de importante: que, si los pobres reciben algunos activos, comienzan a ahorrar y pasan a tener un futuro financiero mejor. El efecto dotación, la aversión a las pérdidas, la contabilidad mental y el efecto anclaje son algunos de los mecanismos que contribuyen a incentivar estos resultados tan positivos.

Las cuentas para el desarrollo de los niños (CDA, por sus siglas en inglés), son cuentas de ahorro o de inversión diseñadas para dar resultados a largo plazo. Estos planes de ahorro ofrecen de forma automática a los que acaban de ser padres una cuenta de ahorro para la universidad del hijo o hija recién nacido/a, un depósito inicial de 500 o 1.000 dólares, contribuciones equivalentes, estados de la cuenta, información sobre universidades y recordatorios periódicos sobre la necesidad de ahorrar.

¿Por qué funcionan estos programas? Por muchas de las razones por las que funcionó el sistema de la moneda dorada: porque, además de ayudar a ahorrar, las CDA funcionan a nivel psicológico. Estas cuentas recuerdan a los padres y a los hijos que la universidad es una parte de la vida perfectamente posible y deseable, y que es muy importante ahorrar para ello. Los estados de las cuentas permiten a las familias ir comprobando cuál es el nivel de sus activos. Además, los niños que son conscientes de que tienen la capacidad y las herramientas para asistir a la universidad tienen más esperanzas de poder hacerlo, y por ello están más centrados en este objetivo. Y, por último, es más probable que estos niños y sus padres desarrollen ciertas expectativas sobre la idea de ir a la universidad.[3]

Las CDA son otro ejemplo de entorno financiero diseñado para valorar el ahorro y la mentalidad que lo acompaña; funcionan como recordatorio, ofrecen una sensación de propiedad y, al destacar el valor a largo plazo de sus objetivos, ayudan a la gente a superar la pena y el dolor de renunciar a un dinero en el presente. Todo esto hace que la psicología del dinero funcione a nuestro favor.

Escondiendo nuestro dinero

La mayoría de la gente vive con unos ingresos fijos —salario, pagas extras...— y unos gastos más o menos fijos, como alojamiento, transporte, seguros, etcétera. El resultado de restar lo segundo a lo primero es lo que podría llamarse «remanente discrecional». No tenemos que sentirnos incómodos por gastarnos un determinado porcentaje de ese remanente, pero también deberíamos conservar al menos parte de él, reclasificándolo como ahorros, futuros gastos o reservas para los días malos.

El método que utilicemos para determinar qué parte de nuestro remanente clasificamos en cada categoría —desde «Derrochar alegremente» hasta «¡Prohibido tocar!»— puede jugar a nuestro favor. En la actualidad, el método más simple para conocer nuestro remanente es comprobar cuánto tenemos en nuestra cuenta corriente, esto es, nuestro saldo. Si este saldo es reducido —o tenemos la *impresión* de que lo es—, tendemos a restringir nuestro comportamiento de gasto, y si tenemos un saldo relativamente elevado —o así nos lo parece—, tendemos a gastar más.

Existen varias formas para utilizar esta regla del saldo por cuenta corriente en nuestro beneficio. Por ejemplo, podemos sacar una pequeña parte del dinero de nuestra cuenta corriente e ingresarlo en una cuenta de ahorro; con ello conseguimos que nuestra cuenta corriente tenga un saldo artificialmente bajo, lo cual nos hará tener la sensación de que somos más pobres de lo que somos. También podemos obtener un resultado similar pidiendo a nuestro empleador que ingrese directamente parte de nuestro sueldo en una cuenta distinta a la que utilizamos normalmente, con el fin de «olvidarnos» de estos ingresos. Con decisiones como estas, podríamos seguir utilizando nuestra cuenta corriente como indicador de cuánto podemos gastar, pero reduciríamos el número de cenas fuera de casa o de caprichos, y con ello el gasto total.

La idea básica es que podemos gastar menos escondiendo nuestro propio dinero de nosotros mismos. Sí, es cierto que, si nos paramos a pensarlo, sabemos que lo estamos escondiendo y dónde lo estamos escondiendo, pero podemos aprovecharnos de nuestra pereza cognitiva y del hecho de que no solemos pensar en cuánto dinero tenemos en el resto de nuestras cuentas; y pensamos aún menos en ello si el depósito en otras cuentas es automático y no tenemos que hacerlo nosotros. Así pues, el autoengaño es una estrategia sencilla y útil; puede que no sea un engaño permanente, pero sin duda evitaría algunas compras irracionales.

BUENAS PRÁCTICAS

Existen muchos más trucos que podemos usar para ahorrar dinero. Por ejemplo, en Reino Unido, con el fin de utilizar el poder mental del dolor de pagar para reducir sus facturas de electricidad, algunas personas tienen la opción de activar su sistema de calefacción introduciendo monedas en un contador instalado en sus casas. En lugar de hacer una lectura mensual, recibir la factura más tarde y pagarla aún más tarde, estos británicos se obligan a sentir el dolor psicológico de pagar por subir la temperatura en el momento, por lo que es probable que más de uno decida ponerse un buen jersey de lana.

Dejando a un lado los que cuentan hasta el último céntimo para centrarnos en los que tienen tantos céntimos que no pueden contarlos, la empresa Fidelity Investments descubrió recientemente que las carteras de inversión que mejor funcionan suelen pertenecer a aquellas personas que han olvidado por completo que tienen carteras de inversión.[4] Los inversores que dejan sus inversiones en paz —sin intentar gestionarlas o modificarlas, sin dejarse influir por tendencias gregarias, sin exagerar la importancia de la cotización en cada momento, sin sentir aversión al riesgo, sin sobrevalorar lo que tienen y sin verse afectados por las expectativas— son los que tienen mejores rendimientos a largo plazo; al hacer una única «inversión inteligente» y dejar que funcione sola, consiguen minimizar sus errores monetarios. Todos podemos hacer eso. Y también podemos soñar que hay por ahí una gran fortuna esperándonos fruto de una buena inversión que hemos olvidado...

Es verdad que algunos inversores de éxito dejaron en paz sus inversiones simplemente porque murieron, lo cual sugiere que «hacerse el muerto» no es solo un buen método de evitar el ataque de un oso, sino también una buena estrategia de inversión. (Ya que hemos mencionado el tema, podríamos hablar aquí del «mercado oso», pero no nos queda mucho espacio, así que lo dejaremos correr.)

LA ILUSIÓN DE RIQUEZA

La mayoría de las personas reaccionan de manera distinta cuando alguien les dice «Todos los días me bebo un café de 4 dólares» que cuando les dice «Me gasto 1.460 dólares al año en cafés». La forma de describir el marco temporal en el que realizamos nuestros gastos —en horas, semanas, meses o años— influye en gran medida en cómo pensamos en el valor y la sensatez de nuestras decisiones de gasto.

En una serie de experimentos se demostró que los participantes ahorraban menos si se les decía que imaginasen que tenían un sueldo de 35 dólares la hora que si se les decía que imaginasen que tenían un sueldo anual de 70.000 dólares, aunque a fin de año ambas formas de pago acabasen sumando lo mismo. Cuando nuestro salario se presenta como una suma anual, solemos adoptar un punto de vista más a largo plazo, y tendemos a ahorrar más para nuestra jubilación. Por supuesto, como en Estados Unidos la mayoría de los empleos de bajos ingresos se pagan por horas, el problema de la falta de ahorro a largo plazo se agrava aún más. El fenómeno por el que una suma única de 100.000 dólares, en el momento de la jubilación, nos parece más elevada que su equivalente de unos 500 dólares al mes durante lo que teóricamente nos resta de vida al jubilarnos, se denomina «ilusión de riqueza»,[5] y, aunque puede ser considerado como pensamiento erróneo, también puede ser utilizado para diseñar sistemas de ahorro que nos beneficien. En el caso de los ahorros para la jubilación, el hecho de expresarlos en términos mensuales nos puede llevar a la conclusión de que no estamos ahorrando lo suficiente, y que, por tanto, sintamos la necesidad de incrementar el ahorro. En la misma línea, podríamos solicitar que lo primero que aparezca en los informes de la evolución de nuestro plan de pensiones sea una estimación del ingreso mensual que recibiríamos a partir de nuestra jubilación, insistiendo en la importancia de ahorrar más. De hecho, algunos planes de pensiones en Estados Unidos ya han empezado a utilizar esta práctica, con resultados muy positivos.[6]

Una vez que somos conscientes de nuestra peculiar forma de pensar en los números, podemos intentar averiguar cómo utilizarlos a nuestro favor a largo plazo y modificar nuestro comportamiento y nuestras decisiones sobre los ahorros. Parece ser que utilizar el marco temporal adecuado es crucial para conseguir objetivos concretos: para persuadir a la gente de que prescinda de una cantidad mayor de su salario para ahorrar, deberíamos informarles de sus ganancias anuales; y para persuadirles de que necesitan ahorrar más para su futuro, deberíamos informarles de sus gastos mensuales. La imagen de la *dominatrix* que ya hemos mencionado anteriormente también puede ayudar.

Además de estos sistemas, existen otras formas útiles de gestionar nuestros ingresos anuales para incrementar nuestra felicidad y controlar las malas decisiones de gasto. Cuando tenemos unos ingresos regulares —por ejemplo, 5.000 dólares al mes—, tendemos a ajustar nuestros gastos a esos ingresos. ¿Y si nos concediéramos una gratificación adicional? ¿Cómo usaríamos ese dinero?

En una ocasión, Dan pidió a sus alumnos que imaginasen que trabajaban para él, y que les ofrecía un aumento de sueldo, pudiendo elegir entre dos formatos: o bien 1.000 dólares más cada mes, o bien una prima de 12.000 dólares al final de cada año. Prácticamente todos los alumnos se mostraron de acuerdo en que el aumento mensual sería más racional ya que, entre otras cosas, recibirían el dinero antes. Además, casi todos afirmaron que usarían el dinero de forma distinta en un caso que en el otro: el aumento mensual lo integrarían en el flujo habitual de dinero, y lo utilizarían para cosas cotidianas, como facturas y gastos corrientes; la prima anual, por el contrario, no formaría parte de la cuenta mental del salario, por lo que se sentirían más libres para gastarla en compras especiales, que les harían más felices que pagar las facturas. Es de esperar y de desear que no se gastarían los 12.000 dólares de esta manera, solo una parte de ellos.

Así pues, si tuviéramos que elegir entre un sueldo de 6.000 dólares al mes y un sueldo de 5.000 dólares al mes más una prima de 12.000 dólares anuales, ¿qué pasaría con nuestra calidad de vida? El que ganara 6.000 dólares mensuales probablemente incrementaría su calidad de vida, mejorando la calidad general de sus compras: un coche más espacioso, una casa más grande, comida más especial, etcétera, pero no podría darse un capricho realmente caro. El que, por el contrario, recibiera la prima anual, podría hacer cosas más especiales, como comprarse una moto al contado, irse de vacaciones a sitios exclusivos o abrir con buen pie una cuenta de ahorro.

Puede dar la impresión de que esto contradice lo que acabamos de decir sobre cifras redondas y ahorro, pero 1) allí hablábamos de ahorros y aquí de gastos; 2) somos humanos; y 3) nadie ha dicho que el comportamiento humano sea coherente.

En lo referente a los ahorros, se suele decir «ocúpate ante todo de tu yo futuro», y así debería ser. Sin embargo, si disponemos de unos ingresos relativamente estables, una buena forma de aumentar nuestro placer es reducir un poco nuestros ingresos mensuales, ajustar nuestros gastos a estos ingresos, y utilizar ese ahorro para concedernos una recompensa, que podríamos dedicar a algo que realmente deseamos tener o hacer. Sí, es necesario cuidar a nuestro yo futuro, pero siempre podemos reservar algo para nuestro yo presente.

18

Pare y piénselo bien

En los últimos capítulos hemos planteado unas cuantas formas de diseñar entornos que transformen nuestras limitaciones mentales en herramientas al servicio de nuestro éxito financiero.

Podríamos ofrecer muchos más ejemplos de experimentos y estudios realizados en todo el mundo, pero lo importante es constatar que no solo podemos aprovecharnos de nuestras peculiaridades humanas —descritas por la psicología financiera y la economía del comportamiento— sino que, de hecho, ya se están dando pasos para intentar utilizarlas con el fin de mejorar los resultados de nuestra defectuosa forma de pensar. No obstante, teniendo en cuenta lo que aún vemos en el mundo real, está claro que todavía queda mucho trabajo por hacer.

Sería estupendo que fuéramos capaces de diseñar más sistemas como este para intentar mejorar nuestros entornos financieros, reducir el impacto de nuestros errores monetarios y debilitar las fuerzas externas que nos desvían del camino correcto.

El problema es que estas fuerzas no son nuestro único enemigo, y ni siquiera son el enemigo más poderoso: nuestro mayor y más poderoso enemigo somos nosotros mismos. Si no calculásemos tan mal el valor de las cosas, estas fuerzas no serían capaces de manipularnos tanto como lo hacen.

Por ello, es imprescindible comprender y aceptar nuestros defectos y nuestras limitaciones: no se crea todo lo que piensa, deje de ser tan testarudo, y no dé por supuesto que usted es demasiado inteligente como para caer en estas trampas o que solo funcionan con los demás.

Puede que el hombre sabio crea ser un estúpido, pero al hombre estúpido le basta abrir su cartera para no dejar lugar a dudas de que efectivamente lo es.

Reconocer que respondemos a indicadores de valor irrelevantes nos brinda la oportunidad de aprender, crecer y mejorar como individuos financieros, y tener más dinero para celebrarlo (a ser posible retrasando un poco la celebración).

En una de las viñetas del genial humorista gráfico Sam Gross se puede ver a dos hombres ante un gran cartel que dice PARE Y PIÉNSELO, y uno de ellos le está diciendo al otro: «Es como para pararse a pensarlo, ¿verdad?».

Necesitamos esa clase de llamadas de atención para interrumpir nuestros periplos financieros, para despertarnos de nuestro sonambulismo monetario, y, además, necesitamos que se produzcan con mucha frecuencia para ofrecernos un momento de respiro, una pausa, una calma extra; algo que nos haga desconectar el piloto automático, centrarnos en el presente y reconsiderar detenidamente lo que estamos haciendo.

Si nos sentamos en el sofá con una gran bolsa de palomitas o de galletas, es bastante probable que nos las comamos todas sin pensarlo mucho. Sin embargo, si nos dan la misma cantidad, pero dividida en cuatro bolsas más pequeñas, dispondremos de una pausa en el momento en que terminamos una de ellas para reflexionar y decidir si queremos seguir comiendo o no. Se ha demostrado que las pausas provocadas por la existencia de múltiples bolsas nos hacen comer menos que si tenemos una sola bolsa.

Trasladando esta tendencia al mundo de las finanzas, si guardamos en un solo sobre todo el dinero que hemos ganado en un periodo determinado, tenemos la tendencia a gastarlo todo, como cuando nos comemos toda la bolsa grande. Sin embargo, si repartimos la misma cantidad en varios sobres, probablemente pararemos de gastar al vaciar el primero de ellos; y si, como ya hemos comentado, ponemos los nombres de nuestros hijos en estos sobres, la probabilidad de gastar el dinero que hay en ellos se reduce todavía más.[1]

La razón por la que reajustamos nuestros aperitivos o nuestros gastos cuando tenemos que abrir una nueva bolsa o un nuevo sobre es que el acto de abrir un nuevo envase nos fuerza a pararnos a pensar en lo que estamos haciendo, momento en el que se produce un punto de inflexión en el que evaluamos nuestras acciones, aunque sea mínimamente, y reconsideramos nuestros próximos pasos.

A lo largo de todo el libro hemos intentado demostrar que en nuestras vidas financieras nos enfrentamos a muchas decisiones. A menudo no nos paramos a pensar en estas decisiones, y muchas veces ni siquiera nos damos cuenta de que nos estamos enfrentando a decisiones, y aún menos de que las estamos tomando. Sin embargo, lo cierto es que tomamos decisiones financieras constantemente, y en muchas de ellas recibimos numerosos indicadores de valor irrelevantes, que nos influyen una y otra vez. Debemos ser mucho más conscientes de estos factores, pues solo así podremos pararnos a pensar de vez en cuando, y tal vez incluso tomar mejores decisiones.

La vida está llena de decisiones: grandes, pequeñas y recurrentes. Las grandes decisiones —como comprar una casa, casarse o escoger una universidad— son aquellas en las que tiene más sentido que nos paremos a pensar detenidamente en el valor y en el gasto. La mayoría de nosotros ya lo hacemos; no lo suficiente, pero al menos lo hacemos.

En las decisiones pequeñas —como darnos un capricho en una feria o pedir un plato adicional en una cena de aniversario—, no suele merecer la pena que dediquemos tiempo y esfuerzo a preocuparnos por los indicadores de valor. Sí, no estaría nada mal pensar en ellos, pero hacerlo cada vez que tomamos una decisión pequeña volvería loco a cualquiera.

Y luego están las decisiones recurrentes, que son decisiones pequeñas que tomamos una y otra vez. Son hábitos, como pedir un café después de comer, comprar en un supermercado, salir a cenar fuera o comprar flores para tu pareja cada semana. Cada una de estas compras es pequeña por separado, pero, como hacemos muchas, su efecto acumulativo es elevado. Tampoco es necesario que pensemos en estas compras recurrentes cada vez que las hacemos, pero de vez en cuando, tal vez a fin de mes, el último día del año o al acabar un libro, podemos pararnos a pensar en ellas. (Por supuesto, lo de comprar flores era solo una broma: aún no hemos conocido a nadie que se gaste lo suficiente en mostrar su amor a su media naranja.)

***

Así pues, no estamos diciendo que deberíamos cuestionar cada decisión financiera que tomamos, a todas horas y de todas las formas posibles; aunque esto sería bueno a nivel económico, también sería psicológicamente abrumador e insensato, y no deseamos estar siempre asustados o preocupados, o volvernos unos tacaños. No es preciso cuestionarse todo, pues hay que disfrutar algo de la vida, pero sí se puede cuestionar aquello que tiene más probabilidades de causarnos daño a largo plazo.

De vez en cuando, parémonos a considerar cuánto valor o cuanto placer podemos obtener de una compra. Pensemos en qué otras cosas podríamos emplear ese dinero, y por qué estamos tomando esta decisión. Si logramos ser conscientes de lo que estamos haciendo, y por qué lo estamos haciendo, poco a poco iremos adquiriendo la capacidad de mejorar nuestro proceso de toma de decisiones.

El dinero es un concepto abstracto y difícil de entender y manejar, pero esto no significa que estemos indefensos ante él. Si comprendemos las motivaciones, las herramientas y nuestra propia psicología, podremos defendernos. Y si estamos dispuestos a profundizar en la psicología humana, podremos mejorar nuestro comportamiento, nuestras vidas y nuestra libertad, y alejarnos de la presión y la confusión financieras.

El dinero es importante y estúpido... y nosotros también

Hace años, a Jeff le pagaron por redactar un discurso de campaña para una persona que se presentaba al poderoso puesto político de miembro del consejo escolar de quinto de primaria. (La persona obtuvo el puesto; de otro modo no compartiríamos esta anécdota.) Mientras lo escribía, tuvo que asegurar varias veces a los padres del candidato —exitosos gestores de fondos de inversión— que tenía muy buena opinión de ellos, aunque en realidad pensaba que su riqueza y su relación con el dinero habían distorsionado sus valores y la relación con su hijo. ¿Por qué lo hizo, entonces? ¿Por qué aceptó el trabajo? Por dinero, por supuesto. (A él le gusta decir que fue porque le interesaba «adquirir práctica» en trabajos como ese, pero no se lo crean: fue por el dinero.)

El dinero hace que casi todo el mundo haga locuras. Si algo hemos aprendido de los ganadores de lotería y los exdeportistas profesionales arruinados es que tener mucho dinero no hace más fácil pensar en él como es debido. De hecho, por desgracia, a veces ocurre precisamente lo contrario.

¿Qué debemos hacer, entonces? Podríamos intentar renunciar a la economía moderna y encontrar formas de funcionar sin dinero: ingresar en una comuna especializada en la fabricación de cestas de mimbre, o tal vez crear una comunidad económica basada en el trueque, donde cada comida cuesta una blorinia importada de Albania. El problema es que entonces renunciaríamos también al teatro, al arte, a los viajes y al vino. El dinero nos ha permitido desarrollar la vasta y asombrosamente compleja sociedad moderna que todos compartimos, que hace que valga la pena vivir la vida y ganar dinero.

Intentemos, entonces, encontrar la forma de coexistir pacíficamente con el dinero. Cada vez se dan más casos de multimillonarios que renuncian voluntariamente a una parte más o menos importante de sus fortunas, reconociendo el valor de la solidaridad y la beneficencia, y los efectos negativos de la riqueza extrema. También existe una incipiente literatura dedicada a difundir los procesos a seguir para lograr que nuestros gastos tengan más sentido y nos proporcionen más placer y autorrealización (liderada por nuestros amigos Mike Norton y Elizabeth Dunn, con su libro *Happy Money*). También es posible que usted mismo tenga buenas ideas al respecto, así que desde aquí le animamos a compartirlas, a desarrollarlas y a explorar sus posibilidades. Continuemos pensando en el dinero, y en cómo podemos alcanzar una coexistencia más armoniosa con este invento tan complicado, y a la vez tan vital.

También es imprescindible que todos empecemos a hablar de dinero con nuestros amigos. Es cierto que no resulta fácil hablar sobre lo que hacemos con el dinero, cuánto ahorramos, cuánto gastamos y cuántos errores cometemos con él, pero sin duda es muy importante que nos ayudemos mutuamente en los asuntos monetarios y en las complejas decisiones que tenemos que tomar sobre él.

En última instancia, el dinero no es lo único importante de la vida, pero a todos nos importa, y mucho. Pasamos una extraordinaria cantidad de tiempo pensando en él... y por desgracia con demasiada frecuencia lo hacemos mal.

Podríamos seguir permitiendo que los que establecen los precios, los vendedores y los intereses comerciales se aprovechen de nuestra psicología, de nuestro comportamiento, de nuestras tendencias y de nuestra estupidez, o esperar a que los colectivos sociales o los poderes gubernamentales desarrollen e instauren programas que nos protejan de esa estupidez. Sin embargo, también podríamos intentar ser más conscientes de nuestras limitaciones, diseñar sistemas personalizados para corregirlas, y asumir el control de nuestras decisiones financieras, con el objetivo de que nuestras preciosas vidas, limitadas en el tiempo e incalculablemente valiosas, puedan ser más ricas con cada día que pasa.

Depende de nosotros. Desde aquí, alzamos nuestras tazas de café llenas de delicioso vino y proponemos un brindis por un futuro mejor.

Saludos,

Dan y Jeff

Agradecimientos

Dan y Jeff desean ampliar su más sincera gratitud hacia el dinero: gracias por ser tan complejo; gracias por todas las maneras en las que dificultas que pensemos en ti; y gracias por permitir que el mundo financiero se haya convertido en algo tan sumamente complicado.

Gracias por las tarjetas de crédito, por las hipotecas, por las comisiones ocultas, por la banca móvil, por los casinos, por los concesionarios de coches, por los asesores financieros, por amazon.com, por los precios de las viviendas, por la letra pequeña y por las manzanas y las peras.

Sin ti, la vida sería mucho más sencilla, pero no hubiera hecho falta que escribiéramos este libro.

Este libro estaría lleno de puras especulaciones si no hubiese sido por el brillante trabajo de los investigadores, profesores y autores citados en sus páginas.

Además, también sería un revoltijo de palabras sin sentido si no hubiéramos contado con el inmenso talento de Elaine Grant, Matt Trower e Ingrid Paulin.

Y no sería más que un vulgar archivo en nuestros discos duros sin la devoción y el apoyo incondicional de Jim Levine, y sin el entusiasmo y la perspicacia de Matt Harper.

Muchísimas gracias a todos.

A Jeff también le gustaría dar las gracias a sus padres, porque eso es lo que suelen hacer los hijos desagradecidos;

a sus hermanos, por ser pioneros en el campo de la ingratitud; a su esposa, Anne, por su paciencia, inspiración y cariño; a sus hijos, Scott y Sarah, por tener las risas más adorables del mundo; y, por supuesto, a Dan Ariely, por utilizar sin tapujos su marcado acento israelí —que por alguna razón aún no ha perdido, a pesar de vivir en Estados Unidos desde hace décadas— para hacerse oír sobre el bullicio de un restaurante de Carolina del Norte, y preguntar: «Oye, ¿no te parece que deberíamos escribir algo sobre el dinero?».

Dan Ariely también adora a su familia, pero prefiere dejar los detalles a la imaginación de los lectores.

Notas

Introducción

1. Kathleen D. Vohs (Universidad de Minnesota), Nicole L. Mead (Universidad Estatal de Florida), y Miranda R. Goode (Universidad de Columbia Británica), «The Psychological Consequences of Money», *Science* 314, no. 5802 (2006): 1154-1156.

2. Instituto de Analistas Financieros sobre el Divorcio, «Survey: Certified Divorce Financial Analyst® (CDFA®) Professionals Reveal the Leading Causes of Divorce», 2013, https://www.institutedfa.com/Leading-Causes-Divorce/

3. Dennis Thompson, «The Biggest Cause of Stress in America Today», CBS News, 2015, http://www.cbsnews.com/news/the-biggest-cause-of-stress-in-america-today/

4. Anandi Mani (Universidad de Warwick), Sendhil Mullainathan (Universidad de Harvard), Eldar Shafir (Universidad de Princeton), y Jiaying Zhao (Universidad de Columbia Británica), «Poverty Impedes Cognitive Function», *Science* 341, no. 6149 (2013): 976-980.

5. Paul K. Piff (Universidad de Berkeley), Daniel M. Stancato (Universidad de Berkeley), Stéphane Côté (Escuela de Negocios Rotman), Rodolfo Mendoza-Denton (Universidad de Berkeley) y Dacher Keltner (Universidad de Berkeley), «Higher Social Class Predicts Increased Unethi-

cal Behavior», *Proceedings of the National Academy of Sciences* 109 (2012).

6. Maryam Kouchaki (Universidad de Harvard), Kristin Smith-Crowe (Universidad de Utah), Arthur P. Brief (Universidad de Utah) y Carlos Sousa (Universidad de Utah), «Seeing Green: Mere Exposure to Money Triggers a Business Decision Frame and Unethical Outcomes», *Organizational Behavior and Human Decision Processes* 121, no. 1 (2013): 53-61.

CAPÍTULO 2: **La oportunidad llama a su puerta**

1. Shane Frederick (Universidad de Yale), Nathan Novemsky (Universidad de Yale), Jing Wang (Facultad de Administración de Singapur), Ravi Dhar (Universidad de Yale) y Stephen Nowlis (Universidad Estatal de Arizona), «Opportunity Cost Neglect», *Journal of Consumer Research* 36, no. 4 (2009): 553-561.

CAPÍTULO 3: **Una definición de valor**

1. Adam Gopnik, Talk of Town, «Art and Money», *New Yorker*, 1 de junio de 2015.
2. Jose Paglieri, «How an Artist Can Steal and Sell Your Instagram Photos», CNN, 28 de mayo de 2015, http://money.cnn.com/2015/05/28/technology/do-i-own-my-instagram-photos/

CAPÍTULO 4: **Nos olvidamos de que todo es relativo**

1. Brad Tuttle, «JCPenney Reintroduces Fake Prices (and Lots of Coupons Too, Of Course)», *Time*, 2 de mayo de 2013, http://business.time.com/2013/05/02/jc-penney-reintroduces-fake-prices-and-lots-of-coupons-too-of-course/

2. Brian Wansink, *Mindless Eating: Why We Eat More Than We Think* (Nueva York: Bantam, 2010).

3. Aylin Aydinli (Vrije Universiteit, Ámsterdam), Marco Bertini (Escola Superior d'Administració i Direcció d'Empreses [ESADE]) y Anja Lambrecht (Escuela de Negocios de Londres), «Price Promotion for Emotional Impact», *Journal of Marketing* 78, no. 4 (2014).

CAPÍTULO 5: **Compartimentamos**

1. Gary Belsky y Thomas Gilovich, *Why Smart People Make Big Money Mistakes and How to Correct Them: Lessons from the New Science of Behavioral Economics* (Nueva York: Simon & Schuster, 2000).

2. Jonathan Levav (Universidad de Columbia) y A. Peter McGraw (Universidad de Colorado), «Emotional Accounting: How Feelings About Money Influence Consumer Choice», *Journal of Marketing Research* 46, no. 1 (2009): 66-80.

3. *Ibid.*

4. Amar Cheema (Universidad de Washington, St. Louis) y Dilip Soman (Universidad de Toronto), «Malleable Mental Accounting: The Effect of Flexibility on the Justification of Attractive Spending and Consumption Decisions», *Journal of Consumer Psychology* 16, no. 1 (2006): 33-44.

5. *Ibid.*

6. Eldar Shafir (Universidad de Princeton) y Richard H. Thaler (Universidad de Chicago), «Invest Now, Drink Later, Spend Never: On the Mental Accounting of Delayed Consumption», *Journal of Economic Psychology* 27, no. 5 (2006): 694-712.

1. Donald A. Redelmeier (Universidad de Toronto), Joel Katz (Universidad de Toronto) y Daniel Kahneman (Universidad de Princeton), «Memories of Colonoscopy: A Randomized Trial», *Pain* 104, nos. 1-2 (2003): 187-194.

2. Drazen Prelec (MIT) y George Loewenstein (Universidad de Carnegie Mellon), «The Red and the Black: Mental Accounting of Savings and Debt», *Marketing Science* 17, no. 1 (1998): 4-28.

3. Nina Mazar (Universidad de Toronto), Hilke Plassman (Institut Européen d'Administration des Affaires [INSEAD]), Nicole Robitaille (Universidad de Queens) y Axel Lindner (Instituto Hertie de Investigación Clínica Neurológica), «Pain of Paying? A Metaphor Gone Literal: Evidence from Neural and Behavioral Science», INSEAD Working Paper No. 2017/06/MKT, 2016.

4. Dan Ariely (MIT) y Jose Silva (Escuela de Negocios Haas, Universidad de Berkeley), «Payment Method Design: Psychological and Economic Aspects of Payments», (Working Paper 196, 2002).

5. Prelec y Loewenstein, *loc. cit.*

6. Para un buen análisis: Dilip Soman (Universidad de Toronto), George Ainslie (Universidad de Temple), Shane Frederick (MIT), Xiuping L. (Universidad de Toronto), John Lynch (Universidad de Duke), Page Moreau (Universidad de Colorado), George Zauberman (Universidad de Carolina del Norte en Chapel Hill), *et al.*, «The Psychology of Intertemporal Discounting: Why Are Distant Events Valued Differently from Proximal Ones?» *Marketing Letters* 16, nos. 3-4 (2005): 347-360.

7. Elizabeth Dunn (Universidad de Columbia Británica) y Michael Norton (Escuela de Negocios de Harvard), *Happy Money: The Science of Happier Spending* (Nueva York: Simon & Schuster, 2014): 95.

8. Drazen Prelec (MIT) y Duncan Simester (MIT), «Always Leave Home Without It: A Further Investigation of the Credit-Card Effect on Willingness to Pay», *Marketing Letters* 12, no. 1 (2001): 5-12.

9. Richard A. Feinberg (Universidad Purdue), «Credit Cards as Spending Facilitating Stimuli: A Conditioning Interpretation», *Journal of Consumer Research* 12 (1986): 356-384.

10. Promotesh Chatterjee (Universidad de Kansas) y Randall L. Rose (Universidad de Carolina del Sur), «Do Payment Mechanisms Change the Way Consumers Perceive Products?», *Journal of Consumer Research* 38, no. 6 (2012): 1129-1139.

11. Uri Gneezy (Universidad de California en San Diego), Ernan Haruvy (Universidad de Texas en Dallas) y Hadas Yafe (Instituto Tecnológico de Israel), «The Inefficiency of Splitting the Bill», *Economic Journal* 114, no. 495 (2004): 265-280.

CAPÍTULO 7: **Confiamos en nosotros mismos**

1. Gregory B. Northcraft (Universidad de Arizona) y Margaret A. Neale (Universidad de Arizona), «Experts, Amateurs, and Real Estate: An Anchoring-and-Adjustment Perspective on Property Pricing Decisions», *Organizational Behavior and Human Decision Processes* 39, no. 1 (1987): 84-97.

2. Amos Tversky (Universidad Hebrea) y Daniel Kahneman (Universidad Hebrea), «Judgment under Uncertainty: Heuristics and Biases», *Science* 185 (1974): 1124-1131.

3. Joseph P. Simmons (Universidad de Yale), Robyn A. LeBoeuf (Universidad de Florida) y Leif D. Nelson (Universidad de Berkeley), «The Effect of Accuracy Motivation on Anchoring and Adjustment: Do People Adjust from Provided Anchors?», *Journal of Personality and Social Psychology* 99, no. 6 (2010): 917-932.

4. William Poundstone, *Priceless: The Myth of Fair Value (and How to Take Advantage of It)* (Nueva York: Hill & Wang, 2006).

5. Simmons, LeBoeuf y Nelson, *op. cit.*

6. Dan Ariely (Universidad de Duke), *Las trampas del deseo* (Barcelona; Ariel, 2013).

CAPÍTULO 8: **Sobrevaloramos lo que tenemos**

1. Daniel Kahneman (Universidad de Princeton), Jack L. Knetsch (Universidad Simon Fraser) y Richard H. Thaler (Universidad de Chicago), «The Endowment Effect: Evidence of Losses Valued More than Gains», *Handbook of Experimental Economics Results* (2008).

2. Michael I. Norton (Escuela de Negocios de Harvard), Daniel Mochon (Universidad de California, San Diego) y Dan Ariely (Universidad de Duke), «The IKEA Effect: When Labor Leads to Love», *Journal of Consumer Psychology* 22, no. 3 (2012): 453-460.

3. Ziv Carmon (INSEAD) y Dan Ariely (MIT), «Focusing on the Forgone: How Value Can Appear So Different to Buyers and Sellers», *Journal of Consumer Research* 27, no. 3 (2000): 360-370.

4. Daniel Kahneman (Universidad de Berkeley), Jack L. Knetsch (Universidad Simon Fraser) y Richard H. Thaler (Universidad de Cornell), «Experimental Tests of the Endowment Effect and the Coarse Theorem», *Journal of Political Economy* 98 (1990): 1325-1348.

5. James R. Wolf (Universidad Estatal de Illinois), Hal R. Arkes (Universidad Estatal de Ohio), y Waleed A. Muhanna (Universidad Estatal de Ohio), «The Power of Touch: An Examination of the Effect of Duration of Physical Contact on the Valuation of Objects», *Judgment and Decision Making* 3, no. 6 (2008): 476-482.

6. Daniel Kahneman (Universidad de Columbia Británica) y Amos Tversky (Universidad Stanford), «Prospect Theory: An Analysis of Decision under Risk», *Econometrica: Journal of Econometric Society* 47, no. 2 (1979): 263-291.

7. Belsky y Gilovich, *op. cit.*

8. Dawn K. Wilson (Universidad de Vanderbilt), Robert M. Kaplan (Universidad de California en San Diego) y Lawrence J. Schneiderman (Universidad de California en San Diego), «Framing of Decisions and Selection of Alternatives in Health Care», *Social Behaviour* 2 (1987): 51-59.

9. Shlomo Benartzi (UCLA) y Richard H. Thaler (Universidad de Chicago), «Risk Aversion or Myopia? Choices in Repeated Gambles and Retirement Investments», *Management Science* 45, no. 3 (1999): 364-381.

10. Belsky y Gilovich, *op. cit.*

11. Hal R. Arkes (Universidad de Ohio) y Catherine Blumer (Universidad de Ohio), «The Psychology of Sunk Cost», *Organizational Behavior and Human Decision Processes* 35, no. 1 (1985): 124-140.

CAPÍTULO 9: **Nos preocupamos por la justicia y el esfuerzo**

1. Alan G. Sanfey (Universidad de Princeton), James K. Rilling (Universidad de Princeton), Jessica A. Aronson (Universidad de Princeton), Leigh E. Nystrom (Universidad de Princeton) y Jonathan D. Cohen (Universidad de Princeton), «The Neural Basis of Economic Decision Making in the Ultimatum Game», *Science* 300 (2003): 1755-1758.

2. Daniel Kahneman (Universidad de Berkeley), Jack L. Knetsch (Universidad Simon Fraser) y Richard H. Thaler (Universidad de Cornell), «Fairness as a Constraint on Profit Seeking: Entitlements in the Market», *American Economic Review* 76, no. 4 (1986): 728-741.

3. Annie Lowrey, «Fare Game», *New York Times Magazine*, 10 de enero de 2014.

4. On Amir (Universidad de California en San Diego), Dan Ariely (Universidad de Duke), y Ziv Carmon (INSEAD), «The Dissociation Between Monetary Assessment and Predicted Utility», *Marketing Science* 27, no. 6 (2008): 1055-1064.

5. Jan Hoffman, «What Would You Pay for This Meal?», *New York Times*, 17 de agosto de 2015.

6. Ryan W. Buell (Escuela de Negocios de Harvard) y Michael I. Norton (Escuela de Negocios de Harvard), «The Labor Illusion: How Operational Transparency Increases Perceived Value», *Management Science* 57, no. 9 (2011): 1564-1579.

CAPÍTULO 10: **Creemos en la magia del lenguaje y los rituales**

1. John T. Gourville (Universidad de Harvard) y Dilip Soman (Universidad de Colorado, Boulder), «Payment Depreciation: The Behavioral Effects of Temporally Separating Payments From Consumption», *Journal of Consumer Research* 25, no. 2 (1998): 160-174.

2. Nicholas Epley (Universidad de Chicago), Dennis Mak (Universidad de Harvard) y Lorraine Chen Idson (Escuela de Negocios de Harvard), «Bonus or Rebate? The Impact of Income Framing on Spending and Saving», *Journal of Behavioral Decision Making* 19, no. 3 (2006): 213-227.

3. John Lanchester, *How to Speak Money: What the Money People Say—and What It Really Means* (Nueva York: Norton, 2014).

4. Kathleen D. Vohs (Universidad de Minnesota), Yajin Wang (Universidad de Minnesota), Francesca Gino (Escuela de Negocios de Harvard) y Michael I. Norton (Escuela de

Negocios de Harvard), «Rituals Enhance Consumption», *Psychological Science* 24, no. 9 (2013): 1714-1721.

Capítulo 11: **Sobrevaloramos las expectativas**

1. Elizabeth Dunn (Universidad de Columbia Británica) y Michael Norton (Escuela de Negocios de Harvard), *Happy Money: The Science of Happier Spending* (Nueva York: Simon & Schuster, 2014).

2. Michael I. Norton (MIT) y George R. Goethals, «Spin (and Pitch) Doctors: Campaign Strategies in Televised Political Debates», *Political Behavior* 26 (2004): 227.

3. Margaret Shin (Universidad de Harvard), Todd Pittinsky (Universidad de Harvard), y Nalini Ambady (Universidad de Harvard), «Stereotype Susceptibility Salience and Shifts in Quantitative Performance», *Psychological Science* 10, no. 1 (1999): 80-83.

4. *Ibid.*

5. Robert Rosenthal (Universidad de Riverside) y Leonore Jacobson (Escuela Unificada del Distrito de South San Francisco), *Pygmalion in the Classroom: Teacher Expectation and Pupils' Intellectual Development* (Nueva York: Holt, Rinehart & Winston, 1968).

6. James C. Makens (Universidad Estatal de Michigan), «The Pluses and Minuses of Branding Agricultural Products», *Journal of Marketing* 28, no. 4 (1964): 10-16.

7. Ralph I. Allison (National Distillers Products Company) y Kenneth P. Uhl (Universidad Estatal de Iowa), «Influence of Beer Brand Identification on Taste Perception», *Journal of Marketing Research* 1 (1964): 36-39.

8. Samuel M. McClure (Universidad de Princeton), Jian Li (Universidad de Princeton), Damon Tomlin (Universidad de Princeton), Kim S. Cypert (Universidad de Princeton), Latané M. Montague (Universidad de Princeton) y

P. Read Montague (Universidad de Princeton), «Neural Correlates of Behavioral Preference for Culturally Familiar Drinks», *Neuron* 44 (2004): 379-387.

9. Moti Amar (Onno College), Ziv Carmon (INSEAD) y Dan Ariely (Universidad de Duke), «See Better If Your Sunglasses Are Labeled Ray-Ban: Branding Can Influence Objective Performance», (working paper).

10. Belsky y Gilovich, *op. cit*, 137.

11. Baba Shiv (Universidad de Stanford), Ziv Carmon (INSEAD), y Dan Ariely (MIT), «Placebo Effects of Marketing Actions: Consumers May Get What They Pay For», *Journal of Marketing Research* 42, no. 4 (2005): 383-393.

12. Marco Bertini (Escuela de Negocios de Londres), Elie Ofek (Escuela de Negocios de Harvard) y Dan Ariely (Universidad de Duke), «The Impact of Add-On Features on Consumer Product Evaluations», *Journal of Consumer Research* 36 (2009): 17-28.

13. Jordi Quoidbach (Universidad de Harvard) y Elizabeth W. Dunn (Universidad de Columbia Británica), «Give It Up: A Strategy for Combating Hedonic Adaptation», *Social Psychological and Personality Science* 4, no. 5 (2013): 563-568.

14. Leonard Lee (Universidad de Columbia), Shane Frederick (MIT) y Dan Ariely (MIT), «Try It, You'll Like It», *Psychological Science* 17, no. 12 (2006): 1054-1058.

CAPÍTULO 12: **Perdemos el control**

1. Polyana da Costa, «Survey: 36 Percent Not Saving for Retirement», *Bankrate*, 2014, http://www.bankrate.com/finance/consumer-index/survey-36-percent-not-saving-for-retirement.aspx

2. Nari Rhee (Instituto Nacional sobre Seguridad en la Jubilación) y Ilana Boivie (Instituto Nacional sobre Seguri-

dad en la Jubilación), «The Continuing Retirement Savings Crisis,» 2015, http://www.nirsonline.org/storage/nirs/documents/RSC%202015/ final_rsc_2015.pdf

3. Wells Fargo, «Wells Fargo Study Finds Middle Class Americans Teeter on Edge of Retirement Cliff: More than a Third Could Live at or Near Poverty in Retirement», 2012, https://www.wellsfargo.com/about/press/2012/20121023_Middle ClassRetirementSurvey/

4. Financial Planning Association Research and Practice Institute, «2013 Future of Practice Management Study», 2013, https://www.onefpa.org/business-success/ResearchandPracticeInstitute/Documents/RPI%20Future%20of%20Practice %20Management%20Report%20-%20Dec%202020 13.pdf

5. Hal Ersner-Hershfield (Universidad Stanford), G. Elliot Wimmer (Universidad Stanford) y Brian Knutson (Universidad Stanford), «Saving for the Future Self: Neural Measures of Future Self-Continuity Predict Temporal Discounting», *Social Cognitive and Affective Neuroscience* 4, no. 1 (2009): 85-92.

6. Oscar Wilde, *Lady Windermere's Fan* (Londres, 1893).

7. Dan Ariely (MIT) y George Loewenstein (Universidad de Carnegie Mellon), «The Heat of the Moment: The Effect of Sexual Arousal on Sexual Decision Making», *Journal of Behavioral Decision Making* 19, no. 2 (2006): 87-98.

8. Bram Van den Bergh (Universidad de Leuven), Sigfried Dewitte (Universidad de Leuven) y Luk Warlop (Universidad de Leuven), «Bikinis Instigate Generalized Impatience in Intertemporal Choice», *Journal of Consumer Research* 35, no. 1 (2008): 85-97.

9. Kyle Carlson (Instituto de Tecnología de California), Joshua Kim (Universidad de Washington), Annamaria Lusardi (Escuela de Negocios de la Universidad George Washington) y Colin F. Camerer, «Bankruptcy Rate, among NFL Players with Short-Lived Income Spikes», *American Eco-*

nomic Review, Asociación de Economistas de Estados Unidos, 105, no. 5 (mayo de 2015): 381-84.

10. Pablo S. Torre, «How (and Why) Athletes Go Broke», *Sports Illustrated*, 23 de mayo de 2009, http://www.si.com/vault/2009/03/23/105789480/how-and-why-athletes-go-broke

11. Ilana Polyak, «Sudden Wealth Can Leave You Broke», CNBC, http://www.cnbc.com/2014/10/01/sudden-wealth-can-leave-you-broke.html

CAPÍTULO 13: **Damos demasiada importancia al dinero**

1. Rebecca Waber (MIT), Baba Shiv (Universidad Stanford), Ziv Carmon (INSEAD) y Dan Ariely (MIT), «Commercial Features of Placebo and Therapeutic Efficacy», *JAMA* 299, no. 9 (2008): 1016-1017.

2. Baba Shiv (Universidad Stanford), Carmon Ziv (INSEAD) y Dan Ariely (MIT), «Placebo Effects of Marketing Actions: Consumers May Get What They Pay For», *Journal of Marketing Research* 42, no. 4 (2005): 383-393.

3. Felix Salmon, «How Money Can Buy Happiness, Wine Edition», Reuters, 27 de octubre de 2013, http://blogs.reuters.com/felix-salmon/2013/10/27/how-money-can-buy-happiness-wine-edition/

4. Christopher K. Hsee (Universidad de Chicago), George F. Loewenstein (Universidad Carnegie Mellon), Sally Blount (Universidad de Chicago) y Max H. Bazerman (Escuela de Negocios de Harvard), «Preference Reversals Between Joint and Separate Evaluations of Options: A Review and Theoretical Analysis», *Psychological Bulletin* 125, no. 5 (1999): 576-590.

Capítulo 14: **Ponga el dinero en lo que importa**

1. Florian Zettelmeyer (Universidad de Berkeley), Fiona Scott Morton (Universidad de Yale) y Jorge Silva-Risso (Universidad de Riverside), «How the Internet Lowers Prices: Evidence from Matched Survey and Auto Transaction Data», *Journal of Marketing Research* 43, no. 2 (2006): 168-181.

Capítulo 16: **Contrólese**

1. Christopher J. Bryan (Universidad Stanford) y Hal E. Hershfield (Universidad de Nueva York), «You Owe It to Yourself: Boosting Retirement Saving with a Responsibility-Based Appeal», *Journal of Experimental Psychology* 141, no. 3 (2012): 429-432.

2. Hal E. Hershfield (Universidad de Nueva York), «Future Self-Continuity: How Conceptions of the Future Self Transform Intertemporal Choice», *Annals of the New York Academy of Sciences* 1235, no. 1 (2011): 30-43.

3. Daniel Read (Universidad de Durham), Shane Frederick (MIT), Burcu Orsel (Goldman Sachs) y Juwaria Rahman (Oficina Nacional de Estadística), «Four Score and Seven Years from Now: The Date/Delay Effect in Temporal Discounting», *Management Science* 51, no. 9 (2005): 1326-1335.

4. Hal E. Hershfield (Universidad de Nueva York), Daniel G. Goldstein (Escuela de Negocios de Londres), William F. Sharpe (Universidad Stanford), Jesse Fox (Universidad Estatal de Ohio), Leo Yeykelis (Universidad Stanford), Laura L. Carstensen (Universidad Stanford), y Jeremy N. Bailenson (Universidad de Stanford), «Increasing Saving Behavior Through Age-Progressed Renderings of the Future Self», *Journal of Marketing Research* 48 (2011): S23-S37.

5. Nava Ashraf (Escuela de Negocios de Harvard), Dean Karlan (Universidad de Yale) y Wesley Yin (Universidad de Chicago), «Female Empowerment: Impact of a Commitment Savings Product in the Philippines», *World Development* 38, no. 3 (2010): 333-344.

6. Dilip Soman (Escuela de Administración Rotman) y Maggie W. Liu (Universidad de Tsinghua), «Debiasing or Rebiasing? Moderating the Illusion of Delayed Incentives», *Journal of Economic Psychology* 32, no. 3 (2011): 307-316.

7. Dilip Soman (Escuela de Administración Rotman) y Amar Cheema (Universidad de Virginia), «Earmarking and Partitioning: Increasing Saving by Low-Income Households», *Journal of Marketing Research* 48 (2011): S14-S22.

8. Autumn Cafiero Giusti, «Strike It Rich (or Not) with a Prize-Linked Savings Account», *Bankrate*, 2015, http://www.bankrate.com/finance/savings/prize-linked-savings-account.aspx

Capítulo 17: Nosotros contra ellos

1. Jordan Etkin (Universidad de Duke), «The Hidden Cost of Personal Quantification,» *Journal of Consumer Research* 42, no. 6 (2016): 967-984.

2. Merve Akbaş (Universidad de Duke), Dan Ariely (Universidad de Duke), David A. Robalino (Banco Mundial) y Michael Weber (Banco Mundial), «How to Help the Poor to Save a Bit: Evidence from a Field Experiment in Kenya», IZA Discussion Paper No. 10024, 2016.

3. Sondra G. Beverly (Escuela de Trabajos Sociales George Warren Brown), Margaret M. Clancy (Escuela de Trabajos Sociales George Warren Brown), y Michael Sherraden (Escuela de Trabajos Sociales George Warren Brown), «Universal Accounts at Birth: Results from SEED for Oklahoma Kids», CSD Research Summary No. 16-07, Centro de De-

sarrollo Social, Escuela de Trabajos Sociales George Warren Brown Washington, St. Louis, 2016.

4. Myles Udland, «Fidelity Reviewed Which Investors Did Best and What They Found Was Hilarious», *Business Insider*, 2 de septiembre de 2004, http://www.businessinsider.com/forgetful-investors-performed-best-2014-9

5. Daniel G. Goldstein (Departamento de Investigación de Microsoft), Hal E. Hershfield (UCLA) y Shlomo Benartzi (UCLA), «The Illusion of Wealth and Its Reversal», *Journal of Marketing Research* 53, no. 5 (2016): 804-813.

6. *Ibid.*

Capítulo 18: **Pare y piénselo bien**

1. Soman y Cheema, «Earmarking and Partitioning», *cit.*, S14-S22.

Índice onomástico